다시 언론자유를 생각한다

다시 언론자유를 생각한다

이상희 지음

한길사

Freedom of Speech Revisited

by Lee Sang Hee

Published by Hangilsa Publishing Co., Ltd., Korea, 2010.

이 도서의 국립중앙도서관 출판시도서목록(CIP)은
e-CIP 홈페이지(http://www.nl.go.kr/ecip)에서 이용하실 수 있습니다.
(CIP제어번호: CIP2010000363)

'언론'은 말하는 것이다.
'말한다는 것'은 자기 생각을 나타내는 것이다.
인간이 환경을 인식하고 표현하는 것,
그것이 '말한다는 것'이며, 곧 언론이다.

제3부 몇 가지 '화두'들

잃어버린 세대의 이삭 줍기

• 책머리에

나는 1929년생이다. 1929년은 요즈음 들어 새삼 자주 거론되는, 저 악명 높은 세계 대공황이 일어났던 해다. 제1차 세계대전에서 무기를 팔아 자본주의 강국이 된 미국은 초기 자본주의가 제도적으로 안고 있던 필연적인 벽에 부딪히게 되었다. 공황이 일어난 미국은 문자 그대로 국가 파산상태였다. 존 스타인벡은 당시의 미국 상황을 『분노의 포도』 속에 정확하게 그려내고 있다.

미국 월 스트리트에서 시작된 경제공황은 미국을 '분노의 포도' 속에 몰아넣었을 뿐 아니라, 전 세계를 실업과 좌절, 빈곤과 기아 속에 허덕이게 했다. 이러한 상황이 되자 궁지에 몰린 정치가와 패권주의자들은 침략과 전쟁 속에서 탈출구를 찾으려 했다. 경제공황이 일어난 2년 후 1931년에는 일본의 군국주의자들이 만주를 침탈하며 무모한 팽창정책을 추진해나간다. 그리고 1937년의 중일전쟁, 1941년의 진주만 공격으로 이어진다.

역사가 이렇게 제2차 세계대전을 향해 움직이고 있는 동안, 1929년 공황과 더불어 태어난 나는 초등학교와 중학교를 다니게 되고, 1945년에는 이른바 해방을 맞이하게 된다. 해방된 조국은 남북으로 갈라지고,

국내는 좌우로 대립하는 상황이 펼쳐졌다. 그러다 1950년에 기어코 한국전쟁이 터지고 만다. 나이가 나와 비슷한 또래들은 이쪽저쪽 군대에 끌려가서 거의 반은 죽었지 않나 생각된다. 미안하게도 나는 살아남아 지금껏 생을 영위하고 있지만, 우리 세대는 공황과 전쟁, 남북분열과 좌우대립 속에서 제각기 살아남아야만 했다. 참으로 우리 세대야말로 '잃어버린 세대'(lost generation)라고 할 수 있을 것이다.

우여곡절 끝에 나는 서울대학교의 교수가 되었고 한평생을 연구자로 살게 되었다. 내가 교수 생활을 한 것은 마지막 몇 년을 빼면 내내 군사 정권 밑에서였다. 개학을 하고 2~3주쯤 지나면 으레 계엄령이 선포되고, 페퍼포그의 매연 속에서 학생과 경찰의 난투극이 벌어지곤 했다. 분을 이기지 못해 자기 몸에 시너를 뿌리고 분신자살을 하는 학생도 있었고, 이른바 '녹색사업'이라 하여 학생들이 군대에 끌려가서 모진 기합을 받는 것도 예사였다. 그중 몇몇은 스파이 역할을 하도록 강요당했으며, 끝내 항거하다 맞아 죽은 학생도 있었다.

이런 상황 속에서 태연히 교수 노릇을 한다는 것은 참으로 힘겨운 일이었다. 연구자랍시고 책을 쓰고 논문을 쓴다는 것도 한심하고 허무하게만 느껴졌다. 나는 이 핑계 저 핑계로 책도 안 쓰고 논문도 잘 쓰지 않았다. 다만 그때그때 중요한 문제라고 생각되는 주제에 대해 짧은 '화두' 같은 논문을 남겨놓는 정도였다.

'커뮤니케이션'이라 하면 신문·방송 등 이른바 '매스커뮤니케이션'을 연상하게 되고, 그것이 갖는 영향력이나 문제점이 주로 연구의 대상이었던 시기에, 매스커뮤니케이션 현상이 갖는 근원적인 문제점을 파악하기 위해서는 인간이 생득적(生得的)으로 가지고 있는 '인간 커뮤니케이션'의 본질을 알아야 한다는 글을 쓰기도 했다. 또 매스미디어가 사회의 근대화에 공헌하기 위해서는 한 사회의 집권 세력과 긴밀한 협조관계를 유지해야 한다는 이른바 '커뮤니케이션의 근대화이론'이 물밀듯 들어올 때는, 매스미디어가 정통성 없는 독재권력의 도구로 전락해서는 안 된다는 글을 쓰기도 했다.

1970년대로 접어들어 영화, 방송 산업이 활발해지면서 한국사회에도 '대중문화'가 본격적으로 자리를 잡기 시작했다. 나는 대중문화 현상이 단지 문화 차원에서뿐만 아니라 사회·정치 차원에서 엄청난 문제점을 안고 있다고 글을 쓰기도 했다. 그 외에도 얼마간의 논문을 쓰면서 그때그때 느꼈던 문제의식들을 하나의 '화두'를 제시하듯 불쑥 내던지곤 했다.

책도 안 쓰고 논문도 안 썼다는 이야기를 한다는 것이 변명을 하고 말았다. 변명을 한 김에 한 가지만 더 하자. 책을 안 쓰는 대신 나는 1980년에 서울대학교 대학원에 '비판 커뮤니케이션론'이라는 강좌를 개설했고, 다음해에는 학부에도 같은 강좌를 설치했다. 그리하여 비판 커뮤니케이션론이 우리나라에 뿌리를 내리게 되었고, 주로 이 분야 이론을 연구하는 학회인 '한국언론정보학회'도 꾸준히 성장하여 2008년에는 창립 20주년을 맞기도 했다.

한편 한국적 커뮤니케이션 현상을 알아볼 필요가 있다는 생각에서, 커뮤니케이션을 축으로 한 조선 왕조 사회의 정치적·제도적·문화적 현상을 알아보기도 했다. 이러한 작업이 『조선조 사회의 커뮤니케이션 현상 연구』라는 단행본으로 묶여 나왔다. 나는 지금, 책도 안 쓰고 논문도 잘 안 쓴 연구자의 나태함을 '비판 커뮤니케이션론'을 도입한 것으로, 그리고 '한국적 커뮤니케이션 현상'을 좀 알아보았다는 변명으로 책임을 면해볼까 애걸하고 있는 셈이다.

아무튼 게으른 연구자는 연구업적을 별로 남기지는 못했으나, 그때그때 주제발표나 논문청탁을 받아 썼던 단편적인 글들이 얼마간 남아 있다. 여기저기 흩어져 있어서 나 자신조차 어떤 글이 어디서 뒹굴고 있는지 알지 못하던 차에, 더 늦기 전에 몇 편을 골라서 한 권의 책으로 묶을 생각을 하게 되었다. 여기저기 뒹굴고 있는 글들을 이삭 줍듯 주워서 한 줌 곡식으로 모아볼까 하는 것이다. '낙수록'(落穗錄)이라고나 할까?

여기에 모은 글은 그다지 대중성이 없다. 이런 글을 한 권의 책으로 엮어준 한길사의 김언호 사장께 깊은 감사를 드린다. 또한 제각기 다른 글들, 다양한 양식의 글들을 조화롭게 잘 다듬어준 직원 여러분에게 진심으로 감사드린다. 그리고 흩어져 있는 글들을 함께 찾아서 주워주고 여러 가지 귀찮은 일들을 도와준 아들 이지원 교수에게도 고마움을 전하고 싶다.

2010년 새해 삼각산 기슭에서
이상희

제1부 지식인은 누구인가

20세기가 바로 해를 넘기던 서기 2000년 어느 날, '교수신문'이 주최가 되어 '한국 지성사의 회고와 성찰'이라는 주제로 심포지엄이 제법 크게 열렸다.

  이 심포지엄이 내세우고 있는 '한국지성사'의 배경은, 새로운 세기를 맞기 전의 지난 한 세기, 즉 지난 100년 동안의 한국의 지성을 성찰하고 논하는 것이었다. 이때의 지난 100년이란 전반부는 일본 제국주의의 억압 하에 있던 시기이고, 후반부는 이승만의 독재와 군사정권의 폭정 하에 놓여 있던 시기이다. 지식인들에게는 참으로 살아남기 힘든 시대 상황이었다.

  이 글은 이런 고난의 시기를 배경으로 '지식인은 누구인가'에 대한 이야기를 나누어본 것이다. 그래서 지식인은 분노에 차 있기도 하고, 울분하기도 하고, 현실도피도 하는 존재로 그려진다. 지식인도 시대 상황의 규제를 받을 수밖에 없기 때문이다.

  따라서 이 글에서의 지식인은 비생산적이고 비현실적인 존재로 그려질 수밖에 없었다. 그러나 시대 상황의 변화에 따라서 지식인의 존재양식은 달라진다. 사회가 어느 정도 민주화되고 권력 또한 일정한 정통성을 갖게 되면 지식인도 자기의 이념이나 가치관에 따라 정치권력이나 사회·경제적 조직에 참여할 수 있을 것이다. 다만 그 권력이나 조직이 갖는 정당성이나 공익성의 정도에 따라서, 거기에 참여한 지식인에 대한 역사적 평가는 달라질 것이다.

  이 심포지엄에서 발표된 논문들과 그에 대한 깊이 있는 토의들은 『한국의 지성 100년』으로 엮이어 출판되었다. 이 글 '지식인은 누구인가'는 이 심포지엄의 기조논문이었음을 밝혀둔다.

●장회익·임현진 외, 교수신문 엮음, 『한국의 지성 100년』, 민음사, 2001.

제1장 지식인은 누구인가

―지난 100년을 중심으로

지식인은 주변인이다

인간은 누구나 역사적 상황의 규제를 받는다. 지식인도 마찬가지이며 오히려 일반인들보다 더욱 민감하게 그 규제를 느낀다. 그렇기 때문에 지식인은 시대적 상황에 대해 남들보다 더 민감한 촉각(觸角)을 지닌다. 마치 곤충의 더듬이와 같은…….

따라서 지식인은 그 시대, 그 사회의 문제점을 지적하고, 해부하고, 비판하고, 대안을 제시한다. 비판의 대상은 언제나 기성 구조(establishment)이며, 구체적으로는 그 시대, 그 사회의 권력이나 기득권 세력이다. 그렇기 때문에 지식인은 항상 권력의 기피 인물이며 기득권 세력으로부터 백안시된다. 그래서 언제나 지식인은 '주변적 존재'이며 권력에게 사육당하지 않는 존재이다.

지식인은 현상(現狀, status quo)에 적응하고 동화되기보다는 현상을 개혁하고 변화·발전시키는 쪽으로 작동한다. 지식인이 갖는 '역사적 방향 감각'은 항상 진보와 혁신, 변화와 실험 쪽을 가리키고, 현존 상태에 안주하는 것을 거부한다.

더욱이 지난 100년 동안의 우리 역사는 조선 왕조의 몰락, 일본 제국주의의 식민 통치, 일본 강점하의 끈질긴 독립 투쟁, 해방과 남북 분단, 그리고 한국전쟁, 이승만의 독재와 계속된 군사정권의 통치로 이루어졌다. 그리하여 이 시기 우리의 역사는 격동과 가혹함의 연속이었다. 이러한 역사 속에서 본질적으로 반골체질인 지식인은 박해와 추방의 대상이었다. 그리하여 우리의 지식인들은 투옥과 처형, 망명과 표류를 일삼는 존재일 수밖에 없었다.

망명과 독립운동에 직접 가담하지 못한, 양심적이기는 하나 다소 '허약한 지식인'들 또한 대개 사회에 정착도 적응도 안주(安住)도 하지 못하고 '주변적 인물'로, '불평분자'로, '기인'(奇人)으로 전락함으로써 조국 안에 살면서도 '지적 망명자'가 될 수밖에 없었다.

해방 후의 반세기 역사에서도 지식인들은 조국의 분단과 격렬한 냉전 이데올로기 속에서 탄압과 투옥, 고문과 추방의 대상이었다. 현실적으로 대다수 지식인들은 '소외된 존재'요 '지적 망명자'로 오로지 숨만 쉬고 있었다.

그러나 지식인은 그들이 가진 '시대적 촉각'으로 끊임없이 불평하고 지적하고 비판한다. 그리하여 그들은 운명적으로 사회와 민족에 복무하고 역사에 공헌한다. 이러한 과정에는 고난과 박해와 자기희생이 수반되며, 일신의 영달과 출세와는 거리가 있다.

인텔리겐치아와 인텔렉추얼

역사 속에서 우리는 '인텔리겐치아'(intelligentsia)와 '인텔렉추얼'(intellectual)을 만날 수 있다.

인텔리겐치아는 제정 러시아 사회 속의 지식인들로 서구의 계몽사상으로 무장되어 있으며, 노예제와 전제정치로부터 인민을 해방시키고 제정 러시아 체제를 구조적인 차원에서 변혁시키는 지적 운동을 전개했다. 인텔리겐치아는 체제 비판적이고, 변혁운동에 적극적으로 가담하는 지식인층이었다.

한편 인텔렉추얼은 근대 유럽에서 지식이나 문화를 창출하고 그것을 발전 보급시키던 사람들이다. 이들은 대중을 계몽하고, 특정의 계급 이해로부터 자유로운 입장에서 비판적 정신을 발휘하던 지식인들이었다. 그래서 이들 인텔렉추얼들은 이른바 '기술적 지식인'이 아니라 '인문적 지식인'이었다. 그들은 특정 분야의 전문 지식만을 터득한 것이 아니라 사회, 문화의 전 영역에서 폭넓은 교양과 지식을 두루 갖추고, 무엇보다 자유로운 양식과 시대정신으로 사회에 기여하던 사람들이었다.

인텔리겐치아와 인텔렉추얼은 다소 성격을 달리하는 지식인들인데, 이는 그들 지식인들이 놓여 있던 역사적 시대 상황과 무관하지 않다. 지식인들도 시대 상황의 규제를 받을 수밖에 없는 것이다. 인텔리겐치아가 인텔렉추얼보다 더욱 혁신적이며 행동적인 것은 당시 제정 러시아의 상황이 부패와 모순으로 가득 차 있었고, 체제 말기 현상을 드러내고 있었기 때문이다.

지난 100년 동안의 우리의 역사적 상황은 한마디로 군화에 짓밟혀 사는 처절한 상태였다. 전반부는 일본 제국즈의의 군화였으며, 후반부는 일단의 정치 군인들의 군화였다. 참으로 처절하고 가혹한 그것이었다. 이러한 역사적 상황 속에서 우리 지식인들은 어떠한 상태로 존재할 수 있었으며, 그들은 과연 누구였던가.

우리 사회에도 이 시기 동안 인텔리겐치아가 있었으며, 인텔렉추얼도 있었다. 100년 동안의 전반부, 식민 통치 시대는 좀더 과감하고 행동적인 지식인의 망명과 독립운동, 지하 조직과 투옥, 처형 등으로 얼룩진다.

이들은 자기희생은 물론이고, 처자식과 다른 가족의 희생까지 감수했다.

이런 지식인들은 인텔리겐치아의 유형에 속한다고 할 수 있을 것이다. 여기에 반해서 다소 온건하고 최소한으로 현실에 적응하면서 민족 계몽운동과 문명개화운동에 정성을 다한 지식인들은 인텔렉추얼의 유형에 속한다고 할 수 있을 것이다.

100년의 후반부, 해방 후의 우리 사회에도 인텔리겐치아와 인텔렉추얼은 있었다. 분단된 민족의 통일과 완전한 독립을 목표로 하고 냉전 이데올로기를 거부한 사람들, 그들은 인텔리겐치아의 부류에 가깝고, 반면에 남쪽의 한국사회 내에서 반독재 투쟁과 민주화 투쟁, 그리고 그때그때의 시대 상황을 날카롭게 비판함으로써 권력과 기득권 세력에 저항한 지식인들, 이들은 인텔렉추얼의 부류에 가깝다.

지난 100년 동안의 우리 역사 속에서 얼마나 많은 인텔리겐치아와 인텔렉추얼들이 그들의 열정과 생명을 불태우고, 자기희생을 감수하면서 민족과 역사에 복무했는가를 생각하면 다시 한 번 숙연해질 수밖에 없다.

조선 시대의 지식인 세계

지난 100년 동안 수없이 많은 훌륭한 지식인들이 우리 사회에 배출될 수 있었던 것은 우리의 지적 전통과 무관하지 않다. 우리의 지식인들에게는 훌륭한 유산이 있었다. 바로 조선조 사회의 지식인들인 사림(士林)이나 '선비'들의 정신이 그것이다. 사림은 그들이 신봉하는 성리학적 이념을 관철하기 위하여 상소(上疏)를 올리고 직간(直諫)하고, 혼자서 안 되면 연소(聯疏)·만인소(萬人疏)를 올리고, 그래도 안 되면 권당(捲堂)을 했다. 권당이란 유생이나 사림들이 집단적으로 항의 시위를 하는 일이다. 궁궐이나 정청에 몰려가 연좌시위도 했던 것이다. '집단

시위'는 오늘날에만 있는 것이 아니었다.

성리학적 이념은 한마디로 '왕도 정치'를 구현하는 일이다. 백성이 나라의 근본이요, 백성이 튼튼해야 나라가 평온하다(민위방본[民爲邦本] 본고방녕[本固邦寧])는 것이 성리학의 핵심 사상이다. 사림들은 그들의 이념인 왕도 정치를 구현하기 위해서 자기 자신과 한 가문의 운명을 걸고 직간했던 것이다. 사림들 중에서 문장이 뛰어나고 성품이 강직한 선비들은 주로 언론 삼사(言論三司), 즉 사헌부(司憲府), 사간원(司諫院), 홍문관(弘文館)에 배치되었다. 언론 삼사에 모여 있던 선비들이 이른바 언관(言官)인데, 언관의 직책은 '논집시정득실'(論執時政得失)하거나 '교정풍속'(矯正風俗) 하는 것이다. 또한 그들은 '간쟁'(諫諍) · '논박'(論駁) 하기도 하는데, 이러한 것들은 정책이 올바로 세워져서 제대로 시행되고 있는지, 사회의 기강은 올바로 잡혀 있는지, 국왕은 통치자로서의 역할을 다하고 있는지 등을 논하는 일이다. 이러고 보면 언관은 오늘날의 사회 정치적 평론을 담당한 셈인데, 특히 홍문관의 관원들은 경연(經筵)과 계(啓)를 통해서 직접 왕에게 시사적이고 정책적인 문제를 이야기할 수 있었다.

조선 시대 사림들은 구습이나 기성 제도들을 혁파하고 새로운 제도와 정책을 시행할 것을 요구했다. 이러한 과정은 자연히 훈구 집권 세력과 기득권 세력들에 대한 비판, 공격일 수밖에 없었다. 논리와 명분에서 궁지에 몰린 훈구 집권 세력들은 사림파를 모함과 모략으로 역습했다. 조선 시대의 수많은 사화(士禍)들은 훈구 집권 세력들이 행한 신진 사류(士類)들에 대한 숙청 작업에 불과했다. 사림들은 진보적이고 혁신적이며 민(民)을 소중히 생각했다. 그리고 그들은 주로 글과 말로 의사를 표시하고 투쟁했다. 그 결과 많은 경우 파직당하고 귀양 가게 되거나, 때로는 사약을 받아야 했다. 참으로 지식인의 원형(原型)이라 할 수 있지 않겠는가. 이와 같은 우리의 지적, 정신적 전통이 지난 100년 동안의 우리 지식인들에게 유전 인자를 전하고 있었던 것이다.

기능적 지식인 테크노크라트

그러나 지난 100년 동안 지식인들 중에 인텔리겐치아와 인텔렉추얼만 있었던 것은 아니다. 고난의 역사에도 불구하고 사회는 전문화, 기능화되어갔다. 지식인도 상당수는 전문화, 기능화된 이른바 전문인, 기능인으로 자리 잡아갔다. 이들 대다수는 '직업적, 기능적 지식인'들이다. 말하자면 일군의 테크노크라트(technocrat)가 탄생하게 되었던 것이다. 이들의 특징은 그들이 가진 전문 지식을 권력이나 자본에 제공함으로써 안주와 영달, 출세를 보장받는 것이다. 이들 직업적, 기능적 지식인 대다수는 권력과 자본의 정당성이나 정통성에 대해서는 별로 신경을 쓰지 않는다. 오로지 보수의 크기에만 신경을 쓴다. 그리고 이들 직업적, 기능적 지식인들은 주어진 상황이나 기성 구조에 잘 적응하고 순응하는 체질을 가졌다. 인텔리겐치아와 인텔렉추얼들이 저항적이고 반골 정신으로 가득 차 있는 것과는 아주 대조적이다.

지난 100년 동안 우리 사회의 인텔리겐치아와 인텔렉추얼들이 민족의 수난을 고뇌하고 자기희생을 무릅쓰고 있는 동안에도 이들 직업적, 기능적 지식인들은 일본 식민 통치집단에 고용되어 협력함으로써 안주와 풍요를 누려왔다. 그리고 또한 정통성 없는 정권에 적극적으로 빌붙어서 허망한 출세와 영달을 꾀해왔다.

지식인도 생활인의 한 사람이기 때문에, 그들이 어떠한 환경에 적응해서 살아남고 삶을 꾸려나가는 것을 비난할 수만은 없다. 그러나 식민 통치집단이나 정통성 없는 비민족적, 비민주적 정권에 자발적으로 협력하고 일신의 영달을 꾀한 자들을 지식인이라고 부를 수는 없다. 그들이 설령 전문적인 지식의 소유자라 하더라도 그들은 결코 지식인일 수 없다. 그들은 오로지 지식이 많은 기능인일 따름이다.

내셔널리즘은 인터내셔널리즘에 배치되지 않는다

참다운 지식인은 민족과 사회와 역사에 복무한다고 했다. 그런데 현대사회의 테두리는 한 민족과 한 국가의 틀 안에 머물지 않고 전 지구에 걸쳐 인류 전체와 밀접하게 얽혀 있다. 지난 100년 동안의 역사 속에서 우리의 지식인은 다분히 민족주의적인 경향을 띨 수밖에 없었다. 그것은 우리 민족이 강력한 외부 세력의 영향 아래 놓여 있었기 때문이다. 전반부에는 일본 제국주의의 영향 아래에 있었고, 해방 후에는 미국과 소련 양대국의 영향 아래 놓여 있었다. 따라서 우리의 지식인들은 '민족주의자'일 수밖에 없었다.

그런데 간혹 우리의 '민족주의자'들에 대한 오해와 비방이 일었다. 우리의 독립운동가나 투사들에 대해서 '국수주의자'라고 비난하는 세력이 있었던 것이다. 이는 '민족주의'와 '국수주의'를 혼동했기 때문이다. 특히 현대사회에서 모든 인류의 공통된 이념이나 가치(universal value)를 벗어난 특정 민족만의 이익은 용납되지 않는다. 따라서 참다운 내셔널리즘은 인터내셔널리즘과 배치되지 않는다. 지난 100년 동안의 우리 '민족주의자'들은 결코 인류의 이념에 배치되는 일은 없었던 것이다.

다만 현대사회로 접어들면서 인류 전체의 공동체적인 유대성이 강화되고 그 연관성의 밀도가 극도로 높아지는 상황 속에서 우리의 지식인들이 얼마만큼 국제적인 시야를 가지고, 또는 전 인류적인 관점에서 문제에 접근하고 사태에 대응했는가는 반성할 여지가 있다고 생각된다.

구체적으로 박정희 정권이 젊은이들을 베트남전으로 내몰고 고엽제에
알몸으로 노출시키는 상황 속에서 우리의 지식인들은 얼마나 전 인류
적인 '보편적 가치'의 입장에서 문제를 제기하고 비판했던 것일까. 또
는 우리 젊은이와 베트남의 민중들이 공통의 피해자라는 시각을 어느
정도 부각시킬 수 있었던 것일까. 미국의 베트남 침공은 후진적인 농경
사회의 백성들에게 초현대적인 군사력과 물량을 신경질적으로 투입한
광란에 불과했다. 그리고 미국은 이 베트남 전쟁에서 전투로든 도덕적
으로든 완전히 패배하고 말았다. 이러한 사례는 현대사회를 살아가는
우리 지식인의 문제이기도 한 것이다.

　이라크를 초토화했던 '걸프 전쟁'이나 '코소보 사태'는 '정의'의 이
름으로 자행되는 국가 간 이해 다툼의 산물에 불과하다. 걸프 전쟁의
경우, 이라크가 쿠웨이트를 침공한 것이 그 원인이었으나 미국은 그 사
태가 일어나기 얼마 전(1989~90년)에 스스로 파나마를 침공하고 얼
마 동안 그곳을 점거하고 있었다. 그뿐 아니라 미국의 동맹국인 인도네
시아가 1970년대 중반에 동티모르를 불법 침공하고 문자 그대로 수십
만의 양민을 학살한 사실을 미국은 잘 알고 있었다. 그리고 사반세기가
지난 지금도 동티모르는 당시의 무리한 처사로 인해 심각한 부작용을
겪고 있다. 또한 우리의 비극적인 '광주 민주화운동' 때도 미국은 사태
의 추이를 소상히 알고 있었을 뿐만 아니라 오히려 그 사태의 간접적인
지원자였던 것이 최근에 밝혀지고 있다. '동티모르 사태'나 '광주 민주
화운동' 때 미국은 '걸프 전쟁'을 일으키지 않았으며 인권 문제를 들고
나온 적이 없었다. 세계의 지식인들에게, 그리고 우리의 지식인들에게
이러한 미국의 태도는 과연 어떻게 비칠까.

　이제는 우리의 지식인들도 보편적 가치와 전 인류의 입장에서 현대
사회의 문제에 접근하고, 국가와 특정 권력의 벽을 넘어서 민족과 민

족, 시민과 시민이 연대하는 차원에서 지적 비판 활동을 전개해야 한다고 생각한다.

어떻게 전달할 것인가

오늘날 우리의 지식인들은 점점 변질되고 있는 것 같다. 변질의 방향은 전문화, 기술화, 기능화 쪽이며 이러한 경향은 테크노크라트의 확대를 의미한다. 테크노크라트들, 즉 직업적, 기능적 지식인은 주어진 환경에 적응하고 환경 속의 여건들을 자기에게 유리하게 활용할 줄 안다. 주로 권력과 자본에 자기의 지식을 제공함으로써 비싼 대가를 받기를 원한다. 그 대가는 돈일 수도 있고, 지위나 명예일 수도 있다. 전문적 지식을 고가로 팔기 위해서는 명성(name value)이 필요하고, 명성을 얻는 데 손쉬운 길은 제도적 매스커뮤니케이션의 물결을 타는 것이다. 제도적 언론들은 본질적으로 '분위기의 지배'를 확대 재생산한다. 오늘날 한국사회의 분위기는 미국 지배하의 '세계 체제'와 신보수주의, 국제 자본의 논리와 생산성의 신화로 가득 차 있다. 제도적 언론들은 이러한 분위기를 확대 재생산하고, 조작된 대중의 다수 의견으로 세상을 충전(充塡)한다. 말하자면 제도적 언론들은 '지배적 이데올로기'(dominant ideology)와 스테레오타입화된 사고를 양산하고 있는 것이다. 제도적 언론은 본질적으로 체제지향적이며 현상 유지적이다. 이러한 언론은 진보와 혁신, 개혁과 변화와는 체질을 달리한다.

시대 상황에 대한 비판 활동을 전개해야 하는 지식인들로서는 그들의 의견을 손쉽게 표출할 수 있는 수단을 구하기 힘든 것이 오늘의 상황이다. 사회 전체의 구성원들에게 음성(의견)이 도달되는 데는 제도 언론이 손쉬운 수단이 된다. 그러나 제도 언론 역시 엄연한 한계를 지니고 있다.

그것의 체질이 체제지향적인 것이기 때문이기도 하지만, 매체의 성격상 지식인의 의견 전달은 파편적이고 일회적일 수밖에 없다. 그런 방식으로는 지식인의 처절한 문제의식과 깊은 사고는 전달될 여지가 없다.

그리하여 역사 속의 인텔리겐치아와 인텔렉추얼의 상당수는 그들의 사상을 책으로 발표하거나 시나 소설, 노래 그리고 그림이나 조각 등의 작품으로 표출하고 있었던 것이다. 시인 윤동주도 그렇고, 윤이상의 오페라 「심청전」, 피카소의 「게르니카」, 체르니셰프스키의 『무엇을 할 것인가』 등도 그렇다. 그리고 상당수의 인텔리겐치아와 인텔렉추얼들은 직접 신문이나 잡지를 발행해서 그들의 의견을 강력하게 지속적으로 발표할 수밖에 없었다. 우리나라의 경우 장준하의 『사상계』나 함석헌의 『씨올의 소리』 등이 그 대표적인 예다.

참다운 지식인의 길은 이처럼 언제나 고난의 연속이며, 일생을 걸고 가는 고행길이다.

그 모오든 껍데기는 가라

지난 100년 동안 배출된 수많은 우리나라 지식인들을 여기서 일일이 열거하는 것은 불가능하다. 다만 전형적인 지식인 한두 분만을 상징적으로 예시할까 한다.

앞에서 언급한 장준하는 일제 강점기와 해방 후부터 1970년대까지의 시기 동안에 활약했던 가장 전형적인 지식인 중 한 사람이었다. 그는 일본 유학중이던 1944년 1월에 일본군 학도병으로 징집되었고, 중국 땅에 배속되고 나서 6개월 후에 소속 부대를 탈출, 광복군에 합류하게 된다. 거기서 그는 김준엽, 윤재현과 함께 필사본으로 된 『등불』 1, 2호를 발행한다. 조선의 독립을 역설하고 일제의 만행을 폭로하는 내용이었다. 1945년 초, 국내 침투 명령을 받고 있던 시기에 역시 김준엽과 함께 『제단』 1, 2호를 펴냈다. 조국의 광복을 위해서 목숨을 걸고 투쟁하는 과정에서도 그는 그의 사상과 주장을 글로 표현하고 있었던 것이다. 지식인의 전형이 아닐 수 없다. 1945년 11월 김구 등 임시정부 요인들과 함께 조국에 돌아온 그는 해방된 조국이 남북으로 분단되고 냉전 이데올로기의 소용돌이에 휘말리는 처절한 모습을 목격하게 된다. 연이어 한국전쟁이 터지면서 부산으로 피난한 그는 그 전쟁 와중에도 1952년 9월에는 『사상』을 발간한다. 맨주먹 상태에서 자기주장을 펼치고 동지를 끌어 모으며 민족을 고난에서 구해나고자 했던 그의 의지는 초인간적인 것이었다. 이 『사상』이 1953년 4월에 창간된 『사상계』의 전신이라는 것은 두말할 나위가 없다.

『사상계』는 자유당 독재정권의 전횡과 부패, 불의를 공격하면서 젊은 지식인과 학생들의 정의감을 불러일으켰다. 1961년 5월 16일, 박정희가 군사 쿠데타를 일으키자 장준하는 전보다도 더 결연한 자세로 군부 통치와 정면으로 대결하고 끈질기게 싸우다가 결국 의문사를 당하게 된다. 1975년 8월 17일, 포천군 이동면 약사봉의 호젓한 산중에서였다.

장준하는 역사의 격동기 속에서 굽힐 줄 모르는 의지와 정확한 역사적 방향 감각으로 권력과 불퇴진의 투쟁을 전개한 전형적인 지식인이었다. 그의 주된 무기는 언론이었으며, 그 언론은 그의 사상을 표출하는 데 알맞은 수단이었다. 제도 언론은 그에게 무용지물이었던 정도가 아니라 오히려 거추장스러운 방해물에 불과했다.

장준하와 유형을 달리하는 또 한 사람의 지식인으로 시인 신동엽이 있었다. 그의 대표작인 서사시 「금강」(錦江)은 그의 사상과 시대정신을 극명하게 드러내고 있다. 그 장시를 여기서 소개할 도리는 없고, 그의 사상을 압축해서 드러내고 있는 대표작 「껍데기는 가라」를 읽기로 한다.

껍데기는 가라.
사월(四月)도 알맹이만 남고
껍데기는 가라.

껍데기는 가라.
동학년(東學年) 곰나루의, 그 아우성만 살고
껍데기는 가라.

그리하여, 다시
껍데기는 가라.
이곳에선, 두 가슴과 그곳까지 내논
아사달 아사녀가
중립(中立)의 초례청 앞에 서서
부끄럼 빛내며
맞절할지니

껍데기는 가라.
한라(漢拏)에서 백두(白頭)까지
향그러운 흙가슴만 남고
그, 모오든 쇠붙이는 가라.

　　우리는 신동엽의 이 짧은 시 한 편에서 그의 지고(至高)한 사상과 시
대정신을 읽는다. 냉전 이데올로기가 기승을 부리던 그 냉혹한 시절에
시인은 감히 '중립의 초례청'을 마련하고 시대적 누더기를 훌훌 벗어버
린 알몸의 아사달과 아사녀를 맞절시키려고 한다. 이데올로기를 벗어

던진 남북의 우리 민족끼리 통일을 이룩하는 것이다. 미국도 소련도 아닌 중립의 땅에서……

그것이 신동엽의 시대정신이며 간절한 소원이었다. 그리고 시인은 이 시에서 "동학년 곰나루의, 그 아우성만 살고/껍데기는 가라"고 외친다. 순수한 민중의 힘으로 치러졌던 그 동학력명의 정신만 남고 껍데기는 가라는 것이다. 민중이 주인 되는 세상을 꿈꾸며, 그것의 저해 요인은 모두 물러가라는 것이다. 또한 시인은 이 시에서 "향그러운 흙가슴만 남고/그, 모오든 쇠붙이는 가라"고 끝맺고 있다. 시인은 정치적인 중립만을 소망했던 것이 아니라 '자연의 섭리'가 우리 사회를 지배하기를 원했고, 인공적이고 물리적인 제도와 장치들을 거부했던 것이다. "흙가슴"으로 상징되는 자연주의는 일찍이 오늘날의 환경 문제를 꿰뚫고 있다. 그뿐 아니라 남북 분단의 공간 속에서 정치적, 행정적 제도들이 갖는 불합리하고 비자연적인 요소들 또한 "향그러운 흙냄새"일 수는 없는 것이다. 그리하여 "모오든 쇠붙이는 가라"는 제도적이고 물리적인 폭력들, 아사달과 아사녀를 위협하고 질식시키는 억압 구조들은 가라는 것이다.

신동엽은 이 짧은 시 한 편에 참으로 방대하고 적합한 시대정신을 표출하고 있다. 신동엽이야말로 '역사적 촉각'을 가진 지식인의 전형이었다. 그는 그가 혐오했던 '쇠붙이', 즉 물리적 힘보다도 훨씬 강인하고 처절한 정신력의 소유자였으며, 그의 사상과 열정은 지금도 우리 앞에 작품으로 빛나고 있다. 그는 한때 김수영과 함께 극우 논객에게 공격을 받고 수난을 당한 적이 있었는데, 그때의 논쟁은 그의 문학 사상과 세계관을 여실히 드러내고 있기도 하다.

전형적인 지식인 두 사람만의 편린을 엿보았지만, 지난 100년 동안의 그 가혹한 시대 상황 속에서 민족과 사회와 역사에 몸 바쳤던 수많은 우리 지식인들을 다시 한 번 회상하며 숙연한 생각에 잠기게 된다.

김영삼 정부는 박정희 이후 군사정권의 정치경제 구조의 틀을 기본적으로 유지하면서, 말하자면 미국과 일본의 정치경제 구조에 편입된 채 지엽적인 부분만 손질하면서 지탱해오다가 결국 국가부도를 맞게 된다.

김영삼 정부가 저물어가던 시절 『역사비평』 편집부에서 원고 청탁이 왔다. 주어진 논제는 '한국의 문명과 사회는 퇴락하는가'라는 것이었고, 1997년 봄호의 '시론'으로 싣겠다는 것이었다.

『역사비평』은 원래 역사에 관한 글이나 역사적인 안목의 글들을 주로 싣는다. 말하자면 나에게 주어진 논제는 해방 후 한국사회에 대한 문명비판적인 진단을 하라는 것이었다. 이러한 거시적인 논제는 정치, 경제, 사회, 문화 전반에 관한 폭넓은 안목이 필요한데 나에게는 벅찬 논제일 수밖에 없었다. 그러나 어쩌랴. 내가 가진 안목의 수준 이상을 바랄 도리는 없지 않은가. 별수 없이 내가 그동안 우리 사회에 대해서 느끼고 생각한 것을 그대로 토로하고 말았다.

'문명비판적'인 글이었기 때문에 그동안의 우리 사회의 어두운 면, 부정적인 면이 부각되고 긍정적인 면은 덮어진 감이 없지 않다. 또한 오래전에 쓴 글이라 당시로서는 현재진행형의 사건이었으나 부득이 오늘 읽게 될 독자의 시선과는 맞지 않는 부분도 더러 있음을 미리 밝혀둔다.

● 「한국의 문명과 사회는 퇴락하는가」, 『역사비평』 1997년 봄호.

제2장 한국의 문명과 사회는 퇴락하는가

―인간미 넘치는 공동체를 꿈꾸며

문제의 근원을 찾아서

한국사회는 지금 어디에 와 있을까?

1965년 박정희 정권은 이른바 '한일회담'을 타결시키고, 몇푼 안 되는 돈을 35년간의 식민통치에 대한 보상금으로 받아냈다. 그 돈으로 시작한 것이 이른바 '근대화'나 '산업화'라는 것이었다. 박정희 정권 시절 한국의 산업화는 한마디로 일본 경제체제의 하층구조로 편입됨으로써 노동집약적 저가상품 생산에 열을 올리는 것이었다. 이 과정에서 한국의 노동자들은 저임금과 장시간노동에 시달리고 가혹한 노동환경 속에서 젊음이 시들어갔다. '전태일 사건'과 'YH 사건' 등이 이 시기의 상징들이다.

박정희 시대의 통치 이데올로기는 '잘 살아보세, 우리도 한번 잘 살아보세'였다. 이 구호는 점잖게 '근대화 이론'이나 '사회발전론' 등으로 포장되었다. 이 이론의 뒤에는 공업화 논리가 숨어 있었으며, 공업화의 뒤에는 자본의 논리가 숨어 있었다. 자본의 논리는 축적으로 끝난다. 가급적이면 많은 이윤을 올려 최대한의 축적을 이룩하는 것이 자본의 목적이다. 박정희 정권은 산업화란 이름으로 기업을 키우고, 그것도 주로 대기업을 육성해나갔다. 그 과정에서 노동자들은 무자비하게 허리띠를 졸라매야 했으며, 중소기업들은 수없이 포말화(泡沫化)되어갔다. 더 많은 축적을 위해서 일본의 공해산업을 예사로 끌어들이고, 젊은이들을 베트남전선에 투입하기도 했다. 더 많은 자본을 위해서, 더 많은 축적을 위해서 못 할 일이 없었다.

이 무렵부터 우리의 자연환경이 극도로 파괴되기 시작했을 뿐 아니라 우리의 사회환경도 오염되고 병들어가기 시작한다. 사회적 가치는 물질적 풍요와 소비·향락에 초점이 맞추어졌다. 인간적 품격과 생산·절약·검소 등의 가치는 점점 빛이 바래어갔다. '생산의 우상'이 '소비의 우상'으로 바뀌었던 것이다. 이 시대의 통치 이데올로기가 제시하던 사회적 가치는 부, 권력, 지위 등이었다. 이러한 가치들은 모든 사회 구성원들에게 동등하게 제시되고 있었으나, 그 가치에 도달하는 수단은 동등하게 주어져 있지 못했다. 삶의 목표는 동일한데 거기에 도달하는 조건은 사람에 따라서 차이가 있었던 것이다. 가령 1만 미터 달리기 경주를 하는데 골인 지점은 같지만 출발점이나 그 목적지에 도달하는 조건이 다른 것이다. 어떤 사람은 출발점을 훨씬 앞질러 자전거로 달리고 어떤 사람은 자동차로 간다. 그런가 하면 어떤 사람은 출발점 훨씬 뒤에서 무거운 짐을 지고 가기도 한다. 말하자면 게임의 룰이 불공평한 것이다. 게임의 룰이 불신당하면 이른바 '무규범' 상태에 빠지고 사회에는 아노미 현상이 만연하게 된다. 한국사회는 '산업화'가 진전되는 과정에서 극도의 아노미에 빠져들기 시작했던 것이다.

이 시기에 급속도로 진전된 사회현상은 청소년 비행이나 범죄의 증가, 가족기능의 약화와 해체, 빈부격차의 심화, 사회적 불안의 증가, 사이비종교의 발호, 생존경쟁의 격화 등이다. 사회는 공동체적 성격, 즉 '더불어 함께 살아간다'는 분위기는 소멸되고, 오로지 생존을 위한 '만인의, 만인에 대한 전쟁'이 펼쳐지는 시대로 접어들었던 것이다. 성장·발전 이데올로기로 포장된 '자본의 논리'는 공동체를 서서히 해체시키면서 사회 구성원들을 극도의 생존경쟁으로 몰아넣었다. 그 결과 분배의 불평등, 노동시장 조건의 악화, 자유와 인권의 축소 같은 문제를 야기했다. 이렇게 함으로써 자본은 축적을 이룩해나갔으나 한편 민중으로부터의 반격 또한 받지 않을 수 없었다. 자본의 보호자였던 권력이 이 반격의 표적이었다. 자본을 키우고 자본의 후견인 역할을 했던 권력은 민중의 복수로 사라졌으나 자본은 건재하게 살아남았다. 박정희 정권은 사라졌으되, 한국의 대기업들은 새로운 '보디가드'를 고용하면 그만이었던 것이다.

여기에 새로운 '보디가드'를 자청하고 나선 것이 전두환 정권이다. 전두환 신군부집단은 폭력조직이 특정 지역의 이권을 장악하는 수법으로 정권을 차지했다. 전두환 정권은 대기업을 폭력조직이 운영하는 업소 정도의 지위로 자리매김시켰다. 전두환 정권은 기업에 대한 통제를 강화함으로써 기업이 올리는 이윤의 일정 부분을 정기적으로 상납받았다. 그것을 '정치자금'이라든가 '통치자금'이라든가 하는 이름으로 받아들였다. 전두환 정권은 이미 기업에 대한 '후견인'의 가면을 벗어던지고 '앵벌이'의 두목으로 군림했던 것이다. 이러한 현상을 목도하고 연구자들은 점잖게 '정경유착'이라 했던가.

정권의 지배논리와 자본의 하모니

아무튼 전두환 정권 시기에는 '벌거벗은 자본'의 논리만이 횡행했다.

원래 '자본주의' 이데올로기는 다음과 같은 옷으로 장식되어 있었다. 즉 물질적 욕구를 충족시켜준다, 개인의 능력에 따라서 분배받을 수 있다, 자유와 인권, 민주주의로 충만된 사회를 이룩할 수 있다 등이었다. 그러나 한국의 '자본주의'에서는 개인의 능력에 따른 분배가 아니라 구조적으로 주어진 신분이나 지위에 따른 분배가 이루어졌으며, 따라서 분배의 양극화 현상은 점점 더 심화되었다. 계층간의 골은 더욱 깊어만 갔다. 자유와 인권이 확대되기보다는 억압과 폭력이 사람들을 짓눌렀다. 환경은 파괴되고 삶의 조건은 더욱 악화되어갔다. 원래 '자본주의의 윤리'라고 할 수 있는 '적당한 양보'와 '억제된 욕구'를 벗어던지고 벌거벗은 자본의 논리만이 작동한 결과 한국사회는 사회해체 현상을 드러내기 시작했다.

이 시기에 재야 민주화 세력들은 혹독한 탄압을 받아야 했으며, 학생들은 페퍼포그 세례와 투옥, 고문을 당해야 했다. 노동자들은 유례가 없는 악법으로 탄압받아야 했다. 국가의 공권력, 경찰·검찰·법원·군대·정보기관들은 시민·학생·노동자들에게는 문자 그대로 폭력조직이나 다름없었다. 이러한 국가적 폭력조직들은 노골적으로 국민들을 탄압하면서 집권 세력과 기득권 세력만을 보호하는 데 급급했다. 이러한 상황은 1987년 '6·29선언'이라는 것에서 보듯이 서서히 종착점에 이르고 있었다. 전두환과 노태우는 일단 시민 학생들의 포위망을 뚫고 탈출구를 마련했다. 그것이 '6·29선언'이라는 것이며, 이것은 그들에 의해 공모(共謀)되고 연출된 국민 기만극이었다.

노태우 정권은 전두환 정권의 아류였다. 본시 '아류'라는 것은 그 원본에 비해 저질일 수밖에 없다. 전두환 정권은 박정희 정권의 아류였으니, 노태우 정권은 '아류'의 '아류'였던 셈이다. 노태우 정권은 전두환 정권의 폭력기구와 자금 염출기구인 기업을 인수받아 이른바 '6공화국'이라는 것을 운영해나간다. 6공은 스스로를 5공과 차별화하기 위해 이른바 '민주화조치'라는 것을 시행해나간다. 그러나 그것은 처음부터 미봉책에 불과했으며 실질적 성과를 기대하기는 어려웠다. 사회 · 정치 적 불안의 심화와 민주화 욕구가 증폭되는 데 따라서 노태우 정권은 '물태우 정권'으로 야유받게 된다. '노태우'가 '물태우'로 야유받은 까닭은 그가 전두환에 비해서 추진력이 약하다거나 심성이 부드러워서라 기보다는 5공 때와는 달라진 사회 · 정치즈 여건에서 비롯되었다고 보아야 할 것이다. 6월 시민항쟁으로 드러난 시민들의 역량과 일정한 성과는 노태우로 하여금 더 이상 5공식 통치방법을 관철할 수 없게 하였던 것이다.

노태우 정권은 정권 말기에 이르러 커다란 위기에 봉착하게 된다. 1991년 명지대의 강경대 군이 경찰에 의해 타살되는 사건이 발생했던 것이다. 학생들과 시민들의 분노는 하늘을 찔렀으며, '범국민대책회의'가 결성되고 학생 · 시민들은 성난 파도와 같이 길거리를 메웠다. 격분한 시민 중에는 끝내 분을 참지 못해 스스로 목숨을 끊는 이도 있었다. '6·29선언'을 연출할 수밖에 없었던 노태으 정권은 다시 한 번 학생 · 시민들의 분노에 휩싸이면서 몸서리를 치게 된다.

역설적으로 한국의 민주화 세력과 시민 역량은 30년 동안의 군사 폭력정권 하에서 단련될 대로 단련되었던 것이다. 일찍이 이승만 독재정권 하에서 비롯된 학생운동과 민주화 세력은 유신체제, 5공, 6공을 거치면서 조직 · 투쟁의 모든 면에서 크게 성장한 것이 사실이다. 이른바 '문민정부'의 탄생도 이러한 민주역량의 성장 바탕 위에서 성립 가능했던 것이다.

문민정부는 집권 전반부에 상당한 성과를 이룩했다. 군부에 대한 일정한 숙정과 '하나회'의 해체, 금융실명제와 토지실명제 실시, 지방자

치제 실시와 선거법 개정, 그리고 정계, 관료제에 대한 일정한 사정 등을 단행했다. 그러나 이러한 사정과 개혁을 추진하는 과정이 다분히 '자의적'이라고 해서 비판을 받기도 했다. 한편 지하 깊이 감추어두었던 비자금이 탄로나면서 노태우, 전두환 두 전직 '대통령'이 구속되고 재판을 받기도 했다.

김영삼 정부는 중반기를 넘어서면서 개혁과 사정은 둔화되고 기득권 세력의 역습에 휘말리고 있다는 느낌이다. 이러한 현상은 권력에 대한 기업의 역습으로 볼 수 있다. 5공, 6공 시기까지는 기업에 대한 권력의 통제가 압도적이었다면, 김영삼 정부가 들어선 1990년대에 와서는 자본의 논리가 권력을 압도하는 형국이 펼쳐지고 있다. 자본에 대한 국가권력의 약화는 비단 1990년대의 한국에서만 일어난 현상은 아니다.

1989년 소련이 붕괴되면서 자본주의는 세계를 제패하게 되고 이른바 '세계 체제'가 성립된다. 종래 사회주의와 대결하고 있던 자본주의는 체제 경쟁의 차원에서 노동자들에 대한 일정한 양보나 사회복지 면에 신경을 쓸 수밖에 없었다. 그러나 체제 경쟁에서 승리했다고 생각하는 자본주의는 더 이상 그러한 측면에 신경을 쓸 필요가 없게 되었다. 자본주의는 오로지 세계시장 논리와 자본 축적 논리를 적나라하게 드러내게 되었던 것이다. 김영삼 정부 하에서, 한국의 대기업들이 국가권력에 순종하기보다는 그들이 원하는 정책을 정부에 강요하고, 정권은 그것을 수용할 수밖에 없는 처지는 이른바 세계 체제가 갖는 자본의 논리와 무관한 것이 아니다.

한국은 이미 세계 체제에 편입되어 있으며 한국의 재벌들 또한 세계적 규모에서 기업활동을 전개하고 있다. 김영삼 정부는 '세계화'를 통치 이데올로기로 높이 치켜들고 있다. 이러한 정치권력에게 자본의 논리가 먹혀들어가는 것은 자연스러운 귀결인지 모른다. 1990년대의 한국사회는 이미 재벌이 지배하기 시작했으며, 그런 조건 하에서 새로운 노동법과 안기부법이 날치기로 통과되었다. 노동법은 자본의 직접적 필요를 충족시키기 위해서 개정되었으며, 안기부법은 자본이 필요로 하는 사회·정치적 여건을 조성하기 위해 개정된 셈이다.

이리하여 한국의 민주화 세력과 노동자들은 재벌과 정부를 상대로 일대 결전을 벌이고 있다. 한국은 이제 여기까지 와 있는 것이다.

승자의 희열보다 패자의 상처를 깊게 하는 것이 경쟁이다

김영삼 정부의 국가경영 전략은 한마디로 '세계화'이다. 세계화는 세계 체제의 메커니즘과 궤도를 같이한다는 뜻이다. 세계 체제는 선진 자본주의국가의 대기업들이 국경을 뛰어넘어 시장을 개척하고 자본을 투자하는 메커니즘이다. 값싼 노동력을 찾아서 공장을 차리고 지구 표면 어디에서나 상품을 팔 수 있는 메커니즘이 세계 체제이다. 세계 체제 하에서는 관세장벽을 허물어야만 하고 민족국가의 국경도 점점 담의 높이가 낮아지게 된다. 특정 국가의 기업은 으레 그 나라에 생산공장을 차리고 그 나라의 노동자를 고용한다는 상식은 역사 속으로 사라져가고 있다. 자본은 값싼 노동력이 있는 곳이면 국경을 넘어 어디라도 찾아나서며, 노동자들 또한 좋은 조건의 임금을 찾아서 국경을 넘는다. 세계 체제는 거대 자본의 자본 축적을 달성하기 위한 지구 표면대의 장치이다. 한국도 이 장치 속에 편입됨으로써 사회·문화적, 정치·경제적 갖가지 현상들을 드러내고 있다.

세계화 이데올로기가 자아내는 가장 두드러진 부작용은 시장의 논리, 경쟁의 논리이다. 이 시장의 논리는 비단 경제적 측면에서만 작용하고 있는 것이 아니라 사회의 모든 영역에 침투하고 있다. 시장의 논리는 자본의 논리이며, 자본의 논리는 수요·공급의 논리이다. 수요를 창출해서 더 많은 공급을 추진하고, 그렇게 함으로써 최대의 이윤을 획득하는 것이 자본의 논리이다. 이러한 목표를 달성하기 위해서는 연관되는 모든 영역에 경쟁을 가속화시키고, 그리하여 이른바 생산성과 효율성을 극대화시켜간다. 경쟁은 긴장의 연속이며 반드시 승자와 패자를 갈라놓는다. 승자는 소수이며 패자는 다수이다. 경쟁이 있는 곳에는 필연적으로 승자와 패자가 있게 마련이다. 승자의 희열보다 패자의 상처를 깊게 하는 것이 경쟁의 결과이다. 경제와는 한참 거리가 있어 보이는 교육의 영역에서도 경쟁의 논리가 강도 높게 적용되고 있다. 수요·공급의 논리가 교육에도 강요되면서 학생이 원하는 교과를 공급해야만 하는 풍토가 만연하고 있다. 학생은 수요자요 학교당국은 공급자다. 이른바 인기 학과나 과목은 공급을 늘리고, 수요가 없는 학과와 과목은 도태되어도 별수 없다는 논리가 대학사회를 지배하고 있다. 이렇게 되면 '교육'은 있을지 모르나 '학문'은 존립할 땅이 없어진다.

경쟁의 논리가 가장 극심하게 적용되는 장(場)이 바로 노동시장이다. 가혹한 취직시험장의 경쟁은 물론이거니와 괜찮은 직장을 잡았다 하더라도 매일매일이 경쟁의 연속이다. 동료끼리의 수평적 경쟁은 물론 상사와 부하 간의 수직적 경쟁 또한 불꽃을 튀긴다. 동료끼리는 승급을 둘러싸고 경쟁이 벌어지며, 상사와 부하 사이에서는 자리를 고수하느냐 탈취하느냐의 경쟁이다. 입체적인 경쟁이 끊임없이 전개되고 경쟁 과정에서 수많은 패배자들이 탈락되어나간다. 승리자들도 지위가 올라가면 갈수록 경쟁이 격화되고 승리자의 수는 점점 줄어들게 마련이다. 이와 같은 직장에서의 경쟁을 '지위공황'(statue panic)이라고 하던가.

세계화가 통치 이데올로기가 된 오늘날에는 이 지위공황이 그 도를 더욱 격화시켜 그나마 노동시장의 경쟁레이스는 40대 안팎에서 막을 내리게 된다. 40대에 접어들면 임금만 높아지고 생산성은 떨어진다고 해서 정리해고, 명예퇴직 등으로 폐품처리되고 만다. 오늘날 인구의 많은 부분은 봉급생활자들이다. 봉급생활자는 기본적으로 노동자들이다. 노동자는 좋건 싫건 노동시장의 경쟁에 참가할 수밖에 없다. 이 시대를 살아간다는 것은 세계화 이전의 속도보다 엄청 빨라진 무한궤도의 컨베이어 벨트 위를 달린다는 뜻이다. 컨베이어 벨트의 속도를 따라가지 못하면 탈락하는 것이며, 경쟁에서 낙오되는 것이다.

세계화는 경쟁의 논리를 삶의 모든 영역에 침투시켰으며, 이 논리에 노출된 인간들은 대다수가 실패자로 전락되어간다. 실패자는 욕구불만과 심리적 불안에 빠지게 마련이다. 실패자의 가족들도 심리적으로 전염되고 정서적 불안에 시달리게 된다. 그리하여 오늘날 한국사회는 불안과 초조로 가득 차 있다. 경쟁에서 패배한 다수는 불평분자가 되기도 하고 범법자가 되기도 한다. 사이비종교에 빠지기도 하고 심지어 정신병원에 가야 할 사람도 제법 생겨난다. 우리 사회가 이렇게 황량하게 된 데는 그동안의 산업화 과정 속에서 그 원인을 찾을 수 있을 것 같다.

박정희 정권 이래 급격히 서둘러온 공업화는 다분히 인위적이고 무리한 과정이었다. 특정 기업인에 대한 국가적 차원의 특혜와 노동자들에 대한 무자비한 억압이라는 양날의 칼로 이루어진 것이 그동안의 공업화라는 것이었다. 서구의 산업화와 도시화는 역사적 시간의 길이를 두고 완만하게 이루어졌다. 거기에 비하면 우리의 산업화는 다분히 인위적이며 강압적으로 서둘러 진행되어왔다.

이러한 부자연스런 과정 속에서는 전통적 가치는 사라지게 되며 공동체적 요소는 빛을 잃게 된다. 한 사회를 지탱해줄 규범이나 가치가 사라지면 그 사회는 인간성을 잃게 되고 동물적인 이기주의만이 난무하는 거친 사회가 된다. 인간성이 넘쳐흐르는 공동체는 사라지고 황량한 인간집단으로 변하고 마는 것이다.

우리는 우리 전통사회가 지니고 있던 아름다운 전통적 가치들, 가령 상호 부조하는 두레의 가치라든가 부모형제와 이웃을 아끼는 인간애라든가, 약자를 보호하고 노인을 공경하는 풍습, 서로 간에 신의를 지키고, 불의를 보면 자기희생을 각오하고라도 과감히 일어서는 의로움, 이웃에 폐를 끼치거나 잘못을 저질렀을 때의 수치심 같은 인간다운 정서와 가치들을 잃어가고 있는 것이다.

우리는 산업화와 도시화 과정에서 전통적 가치와 규범들을 현대에 살리는 작업을 제대로 하지 못했다. 영국, 독일, 프랑스 등을 들먹일 것도 없이 이웃 나라 일본만 하더라도 '메이지(明治) 유신' 이래, 그들의 전통적 가치와 제도를 근대화 과정에 잘 적응시켜왔다. 지금부터라도 우리의 정신적 구심점이 될 인간적 가치나 규범을 되살려야 한다. 자본의 논리가 필요로 하는 기능적인 경주마(競走馬)를 키울 것이 아니라, 인간미 넘치고 가슴이 따뜻한 인간다운 인간을 키워야 한다. 그리하여 우리 사회를 인간미 넘치는 공동체사회로 재구성해나가야 한다.

인간성 넘치는 공동체를 위하여

'공동체'라는 사회학적 개념도구는 대단히 애매한 말이기도 하다. 전통적 농경사회의 한 지역사회를 일컫기도 하고, 한 민족국가 단위를 지칭할 때도 있으며, 어떤 때는 인류사회 전체를 포괄하기도 한다. 다만 일반적으로 '공동체'는 동일한 지역성과 동일한 생활정서를 갖는 인간 집단을 일컫는다. 그러한 공동체는 그 안에 살고 있는 인간들을 정신적으로 지탱해줄 가치관과 규범을 가지고 있으며, 그 규범에 따라서 행동하면 자기의 전인적(全人的)인 삶을 의탁할 수 있다는 믿음을 준다. 그러한 공동체 안에서는 서로가 서로를 보살피며 전체를 위해서 상호 협동한다. 원래 '일을 한다'는 것에는 혼자서 하기보다 '더불어 함께 한다'는 뜻이 함축되어 있다. '노동'은 곧 '협업'(協業) 하는 것이다. 인간은 노동으로 삶을 영위하며, 삶은 타인과 더불어 하는 것이다. 그것이 자연의 섭리이며 가장 인간적인 것이기도 하다.

자기를 의탁할 규범이나 가치관이 사라졌을 때, 서로가 서로를 경쟁 상대로 생각하고 '정글'의 법칙이 난무하는 사회에서는 불안과 공포, 사회해체 현상이 두드러지게 된다. 아직 인생을 체념하기에는 이른 젊은이들이 '지존파'나 '막가파'로 조직화되기도 하고 나이가 들어 풀이 죽으면 '종말론'이나 '아가교' 따위 사이비종교에 자신을 의탁하기도 한다. 그래도 비교적 제정신이 남아 있는 사람들은 '고개 숙인 아버지'가 되어 가족 몰래 공원이나 기원으로 출근하고 퇴근시간에 맞춰 집으로 돌아온다. 어쩌다 우리 사회는 여기까지 와 있다.

지금 우리의 정부는 국가경영전략으로서 '세계화'를 강력히 내세우고 있다. 재벌들 또한 세계화의 주역으로서 어깨에 힘을 주고 있다. 좋건 싫건 이제 우리 사회는 '세계 체제'에 편입되어 전 지구적 무한경쟁의 소용돌이에 휘말려 있다. 이 와중에 우리 사회는 지금 갖가지 사회적 갈등과 사회해체 현상을 겪고 있는 것이다. 빈부격차, 계층갈등, 노동운동의 심화, 산업 불균등, 지역 차별 등의 사회병리 현상을 드러내고 있다. 소수의 가진 자는 사치와 과소비를 일삼고, 중산층도 근검절약보다는 소비와 향락을 좇고 있다. 우리 사회의 지배적 문화라고 할 수 있는 대중문화는 소비와 향락을 더욱 부추기고, 그렇게 함으로써 자본의 축적 논리를 북돋워주고 있다.

한국의 정부와 재벌들은 굳게 동맹을 맺고서 '세계화'를 추진하고 있다. 한국의 세계화는 구체적으로 '세계 체제' 내의 경쟁에서 살아남는 일이다. 이 국제적 규모의 경쟁논리가 국내에서 작동되면 재벌은 존재하되 노동자는 존립할 땅이 없어진다. 김영삼 정부가 '노동법 개정'을 둘러싸고 내세우는 논리가 바로 이것이다. 국제적 경쟁에서 이기기 위해 재벌을 키워야 하고, 재벌을 키우기 위해서는 노동자를 억누를 수밖에 없다는 논리이다. 그러나 노동자가 없는 기업은 존재할 수 없으며, 노동자의 협력 없이는 기업이 커질 수도 없는 것이다. 오늘날과 같이 세계적 규모의 경쟁이 심하면 심할수록 노·사 간의 합의를 도출해내야 하는 것이며, 그래야만 비로소 경쟁력도 생겨나는 것이다. 재벌과 권력이 결탁해서 노동자를 일방적으로 억압할 수 있었던 시대는 이미 지났다. 노동자들의 조직력과 역량도, 시민들의 양식이나 뭉친 힘 또한 옛날과는 다르다.

우리는 눈앞의 갖가지 사회병리 현상을 목격하면서도, 한편으로는 지난 반세기 동안에 자라온 우리 사회의 민주적 역량과 시민운동, 노동운동의 도도한 흐름을 마음 든든하게 생각할 수 있는 여유 또한 생겨났다. 삶의 질을 높이기 위한 환경운동, 소비자의 권리를 지키기 위한 소비자운동, 자녀교육을 올바로 세우기 위한 참교육운동, 언론을 감시하고 정당한 언론을 되찾기 위한 바른언론운동, 방송의 질을 개선하기 위한 시청자운동, 농촌과 농업을 되살리기 위한 유기농운동, 정치인을 감시하기 위한 유권자운동 등 이루 다 헤아릴 수 없을 정도의 시민운동들이 삶의 각 영역에서 일어나고 있다. 이러한 시민들의 자각된 역량이 아직은 미흡한 점이 있기는 하지만, 이것은 분명히 우리 사회의 희망적인 싹이다.

이 싹을 키워서 인간성이 넘치는 공동체를 재구축하고 물질적 재화와 바꾼 인간다운 삶을 되찾자.

김대중 정부가 들어서고 나서 얼마 지난 후에 우리 사회에서는 신문개혁을 둘러싸고 온 사회가 날카로운 의견대립을 보이고 있었다.

한편에서는 수많은 시민단체, 언론연구자 및 교수, 여러 종교단체 들, 노동조합, 전교조, 심지어 문인들까지 신문개혁을 강력히 주장하고 있었고, 다른 한편에서는 당시의 야당 정치인들과 보수진영, 기득권 세력과 보수 언론인, 보수적 지식인 들이 언론사에 대한 세무조사는 언론탄압이라고 강력하게 반발하고 있었다. 신문개혁을 주장하는 세력은 지난 군사정권 시기에 민주화를 부르짖던 세력이고, 세무조사를 신문탄압이라고 주장하는 세력은 보수 기득권 진영이었다.

신문개혁을 둘러싸고 온 사회가 날카로운 의견대립의 소용돌이에 빠져 있을 때, 관훈클럽과 한국언론학회가 공동 주최로 세미나를 개최했다. 이 세미나는 2001년 5월 11일부터 12일까지 1박2일로 열렸다.

그런데 원로 언론인들과 중견 언론인들의 모임인 관훈클럽과 언론학회의 원로, 중견 연구자들 사이에서도 상당 부분 '언론자유'가 갖는 절대적 가치가 손상되어서는 안 되며, 언론사에 대한 세무조사는 결국 언론탄압이 아닌가 하고 생각하는 분위기가 암암리에 깔려 있었다. 이러한 분위기 속에서 나는 언론개혁을 지지하는 쪽으로, 원로 언론인인 조용중 선생은 언론탄압을 반대하는 쪽으로 주제발표를 하게 되었다.

평소 '언론자유'를 주장하고 있던 나로서는, 언론사에 대한 세무조사가 결국은 언론자유에 대한 탄압이라고 주장하는 논리에 대해, 그 논리가 갖는 단순함이나 허구성을 어떻게 밝혀야 할지 어려움과 당혹감을 느끼게 되었다. 결국 나는 직접적인 논리 대결이나 반론은 하지 않기로 하고 참다운 '언론자유'란 무엇인가 하는 것을 본질적이고 원천적인 차원에서 밝히기로 했다. 즉 언론의 자유란 원천적으로 인간 한 사람 한 사람에게 주어져 있는 생득적(生得的) 권리이며, 신문·방송 등 언론사의 언론자유는 독자나 시청자들이 갖는 언론의 자유를 위임받아 대행하고 있을 따름이라는 것, 그렇기 때문에 독자나 시청자의 '알 권리', '말할 권리'와 배치되는 언론은 '참언론'이 아니라는 것, '공익'을 벗어난 이야기를 언론사가 자기 입맛대로 할 수 있는 '언론의 자유' 같은 것은 결코 언론사에 주어져 있지 않다는 것을 주장했던 것이다.

●『언론과 정부』, 2001년 춘계세미나 자료집, 관훈클럽·한국언론학회 엮음.

제3장 다시 '언론자유'를 생각한다
— '언론사의 이익' 아닌 '공공의 가치'를 위해

인간은 커뮤니케이션의 산물이다

새삼스럽지만 '언론이란 무엇인가?'라는 물음이 떠오른다. 원래 인간은 커뮤니케이션의 산물이다. 태어나면서부터 '고고(呱呱)의 소리'를 힘차게 지르며 자신의 존재를 세상에 고한다. 자라면서는 어머니와 가족에서 시작해 점차 많은 사람과 커뮤니케이션 접촉을 하게 되고, 스스로 옹알이를 하면서 말을 배워나간다. 말 속에는 사회적 가치와 생활방식이 담겨 있어, 말을 배우면서 인간으로 형성돼간다. 말을 듣고 말을 하는 존재로 자라는 것이다. 따라서 인간은 '말하는 존재'다.

'언론'은 말하는 것이다. '말한다는 것'은 자기의 생각과 느낌을 있는 그대로 표현하는 것이다. 말하자면 인간은 환경이나 외계의 변화를 인식하고, 사고하며, 그 결과를 논리적·심리적·감성적으로 외부에 표출한다. 쉽게 말해서 인간이 환경을 인식하고, 사고하고, 표현하는 것, 그것이 '말한다는 것'이며, 곧 '언론'이다. 'Freedom of speech'를 우리말로 번역하면 '말할 자유'가 아니겠는가? 언론은 인간의 생득적 권리인 동시에 천부(天賦)의 권리다. 따라서 우리는 '알 권리', '말할 권리'(표현의 자유, 언론의 자유)가 인간 한 사람 한 사람에게 주어진 고유의 권리라는 것을 알게 된다.

언론의 자유는 '말할 자유'다

여기서 우리는 '언론의 자유', '표현의 자유', '말할 자유'를 다시 생각하게 된다. '언론의 자유'를 논할 때 우리는 흔히 영국의 시인 존 밀턴의 「아레오파지티카」(Areopagitica)를 근거로 삼는다. 이것은 1644년 말(11월 23일로 추정)에 출판된 팸플릿으로, 근세 개막기 '언론자유론'의 고전으로 대접받고 있다.[1]

이 팸플릿의 핵심은 절대왕정과의 투쟁 속에서 집회·결사·청원의 자유 등 시민의 저항권을 주장하는 것이었다. 언론의 자유, 표현의 자유, 출판의 자유 등이 정치적 자유의 수단으로서 강조되었던 것이다.

1640년 시작된 청교도 혁명은 억압되어 있던 시민들의 절대왕정에 대한 불만과 비판의 소리를 폭발적으로 쏟아내게 하였으며, 다양한 의견과 출판물을 범람시켰다. 이런 사태에 놀란 절대왕정은 1643년 다시 검열조례를 선포하고 사전검열을 부활, 출판물 통제를 강화했다. 이에 대한 강한 항의로 비합법적으로 출판된 것이 「아레오파지티카」이다. 여기서 주장한 '표현의 자유', '출판의 자유', '언론의 자유'는 어디까지나 시민들의 정치적 자유의 일환이었으며, 정치적 자유를 쟁취하는 수단으로 강조되었다. 당시에는 오늘날과 같은 신문이나 방송은 존재하지 않았으며, '언론의 자유'는 당연히 시민의 '말할 자유'였다.

---

1) 원제는 'Areopagitica : A Speech of Mr. John Milton/for the Liberty of Unlicensed Printing to the Parliament of England'이다.

조선의 '언론'들

번역어로서의 '언론'이 아닌 순수한 우리말로서의 '언론'은 일찍이 우리나라에도 존재했다. 조선조의 언론 삼사(言論三司)는 사헌부와 사간원, 홍문관을 합쳐서 이르는 말로, 이들 언론 삼사에 종사하는 사람들이 이른바 언관이었다. 언관의 임무는 바로 '언론'하는 것이었다.[2]

사헌부의 언관은 '논집시정득실'(論執時政得失), '교정풍속'(嬌正風俗), '고찰공과'(考察功過), '포거탄핵'(褒擧彈劾)이 주요 직무였다. 즉 시사적인 정치문제나 행정의 득실을 정확히 파악하여 그것을 비평하는 일, 사회의 기강이나 풍속을 바로잡는 일, 그리고 대소 관리들의 공과를 따져 포상할 것은 포상하고 탄핵하여 벌줄 것은 벌주는 것이 사헌부 언관의 일이었다.

사간원의 직무는 '간쟁'(諫諍)과 '논박'(論駁)이 그 핵심이었다. 간쟁은 군주의 과오를 지적하고 그것을 광정(匡正, 잘못을 바로잡아 고침)하도록 언론하는 일이며, 논박은 정부 인사문제의 공정 여부를 비평하는 동시에 시사적인 문제에 대해서도 비판을 가하는 일이다.

한편 홍문관은 원래 궁중의 경적(經籍)과 문한(文翰)을 다스리고 왕의 고문에 응하며, 경연(經筵, 임금 앞에서 경사·강의하는 일)을 담당하는 학자들의 연구기관으로 집현전의 후신이다. 따라서 홍문관은 제도적으로는 언론을 담당하는 곳은 아니었으나, 그 주요 직무 중 하나가 왕을 모시고 경사를 강론하는 경연이었기 때문에 때로 시사적인 사회·정치적 문제에 대해서도 의견을 개진할 수밖에 없었다. 특히 경연은 왕

---

2) 언론 삼사와 민중들의 언론에 관한 자세한 내용은 이상희, 「조선조 사회의 제도적 및 사회 문화적 언로」, 『조선조 사회의 커뮤니케이션 현상 연구』, 나남출판, 1993 참조.

의 면전에서 말로 직접 언론하는 것이기 때문에 그 영향력이 컸다.

언론 삼사에 속한 언관들의 언론 외에도 조선조에는 많은 언론이 존재했다. '소차제도'(疏箚制度)라는 것은 말하고자 하는 이는 누구든 왕에게 상소할 수 있는 제도였다. 다만 상소는 일반적으로 서진(書進), 즉 글로 써서 올리는 것이어서 사림들에 한정될 수밖에 없었다.

상소에는 왕이 적극적으로 시사문제에 관한 의견을 널리 구하는 '구언'(求言)·'순문'(詢問)도 있었고, 조정에 있건 재야에 있건 사람이 시사문제에 관해 왕에게 간곡한 뜻을 올리는 것도 있었다. 혼자 상소를 올려 그 뜻이 받아들여지지 않으면 만인소(萬人疏), 연소(聯疏)를 올리기도 했다. 즉 연판장을 돌리거나 서명운동을 전개하기도 했던 것이다.

상소문을 작성할 능력이 없는 일반 민중들은 제도적 언론에서 거의 소외되어 있었다. 그들은 항상 울분과 억울함에 가득 차 있었다. 그리하여 그들에게는 '규혼'(叫閽)과 '복합'(伏閤)이라는 분출구가 자연발생적으로 생겨났다. 규혼은 왕이나 고관들의 행차길에 뛰어들어 엎드려 부르짖음으로써 직접 호소하는 것이었다. 복합은 대궐문에 엎드려 호소하는 제도였으나 신문고(申聞鼓)와 마찬가지로 거의 실효성이 없었다. 이외에 '등장'(等狀)이라는 것이 있었는데, 이것은 지방관서에 집단적으로 몰려가 억울한 점을 항의하고 시정을 호소하는 일이었다.

이와 같이 조선조에도 갖가지 차원의 언론이 존재했다. 결국 '언론'이란 글로 쓰든지 직접 만나서 말로 하든지, 아니면 행동으로 의견이나 생각, 신념, 소신 등을 표출하는 일이다.

율곡의 언론관

율곡 이이 선생은 존 밀턴의 「아레오파지티카」가 출판되기 근 100년

도 전에 이미 언론 현상에 대한 분석적이고 과학적인 관찰을 했다.[3]

율곡 선생의 정치철학은 유교적 민본주의(民本主義)이며, 왕도정치(王道政治)를 실현하는 것이었다. 왕도정치를 실현하는 길은 민심과 공론(公論)에 근거한 정책을 수행하는 것이었다. 따라서 그는 언론 현상에 각별한 관심을 가지고 있었다.

'공론'은 겸선(兼善)과 공선(共善)을 바탕으로 한 올바른 다수 의견이라 생각했는데, 말하자면 더불어 좋고 다 같이 좋은, 그리하여 모두에게 이익이 되는 의견이라는 것이다. 그렇기 때문에 공론은 나라의 원기라고 생각했다. 이러한 공론의 주체는 사림인데, 율곡에 의하면 사림은 조정에 있든지 야(野)에 있든지 항상 부정과 불합리한 점을 지적하고, 나아가 현실적 대안을 언론을 통해 제시하는 것을 그들의 의무로 생각하고 있었다. 율곡 선생은 다음과 같이 말하고 있다.

마음으로는 옛 법도를 사모하고, 몸으로는 유가의 행실을 실천에 옮기고, 입으로는 법언(法言, 바른 도리로 법도가 올바로 되게 하는 말)을 말함으로써 공론을 유지하는 자를 사림이라고 하옵니다. 사림이 조정에서 사업(事業, 정책수행)에 베풀어지면 나라가 잘 다스려지고, 사림이 조정에 없어서 공언(空言, 타당성이나 공익성이 없는 허망된 말)에 붙여지면 나라가 어지러워지옵니다.[4]

그리고 또한 공론을 담당해야 될 사람에 대해 이렇게 말하고 있다.

---

3) 같은 책, 「이율곡의 커뮤니케이션 사상」 참조.
4) 이율곡, 「玉堂陳時弊疏」.

예로부터 국가가 믿고 유지하는 것은 사림이라 하는데, 사림은 나라의 원기이므로 사림이 성하고 화목하면 그 나라는 다스려지고, 사림이 과격하고 분열되면 그 나라는 어지러워지고, 사림이 패망하여 다하면 그 나라는 망하는 것이니 지난날의 사적(史籍)에 환히 실려 있사옵니다.[5]

이와 같이 율곡 선생은 사림이 전개하는 공론이야말로 국가의 원동력이요, 정책수행의 기초라고 생각했던 것이다. 그뿐 아니라 사림은 '중론'(衆論)이나 '부의'(浮議), '유언'(流言) 들을 올바로 식별하여 참다운 공론을 유지할 수 있다고 율곡 선생은 생각했다. '중론'이란 자선(自善)만을 좇는 잘못된 의견인데, 말하자면 자기 자신이나 한 당파의 이익만 추구하는 비합리적이고 타당성 없는 의견이라는 것이다. 중론에 대한 평가로는 다음과 같은 언급이 눈에 띈다.

이런 당론을 만들어낸 것은 사류(士類)가 다 그래서가 아니며, 그 사이에 지식이 깊고 생각이 먼 데 미치는 선비가 없는 것도 아닌데 '중론'에 몰려 자기 주장을 못 한 것이니 선비의 논의(士論)가 무너진 것을 언제나 다시 정립할 수 있사올는지……[6]

말하자면 불합리한 중론에 몰려 참다운 '공론'이 무너진 것을 안타까워하고 있는 것이다.

우리는 여기서 율곡 선생이 언론 현상을 관찰하면서 사용하고 있는

---

5) 이율곡, 「辭大司諫兼陳洗滌東西疏」.
6) 같은 글.

용어들에 대해 놀라움을 금할 길이 없다. 현대 사회과학에서 여론 현상을 분석할 때 올바르고 합리적이며 공익성 있는 자주적 다수 의견을 'Public Opinion'이라 하고, 비합리적이고 공익성 없는 조작된 (manipulated) 다수 의견을 'Mass Opinion'이라고 하는 것과 거의 같지 않은가? '부의'와 '유언'이라는 용어도 마치 'demagogy'와 'rumor'와 부합하는 격이다. 이외에 '언로'(言路)라는 용어는 'communication channel'과 같고, '광개언로'(廣開言路) 운운하는 대목은 'communication channel'을 'canalize'하라는 말씀이다.

율곡 선생은 400년도 훨씬 전에 언론에 대한 놀라운 관찰을 했는데, 특히 주목되는 것은 공론에 대한 그의 생각이다. 공론은 '진유'(眞儒), 즉 참다운 유자인 사림이 담당하는 것이며, 그들은 겸선과 공선에 바탕한 공론을 형성할 수 있다고 보았다. 겸선과 공선이란 오늘날의 '공익'(公益) 개념과 거의 같으며, 공익에 부합되는 공론이야말로 참다운 언론이라고 생각했던 것이다.

언론사의 생산품은 공공의 것이다

오늘날 우리는 '언론'이라고 하면 흔히 언론사가 전개하는 언론활동을 연상하게 된다. 그리고 '언론의 자유'라고 하면 언론사가 갖는 표현의 자유로 쉽게 받아들이기도 한다. 그러나 현대사회의 신문·방송 등 언론사가 갖는 표현의 자유는 따지고 보면 독자나 시청자, 즉 시민이 갖는 '알 권리', '말할 권리'를 위임·위탁받아 있는 것이지, 본래 자기 자신에게 속해 있는 것은 아니다.

현대사회를 살고 있는 인간들은 무한히 크고 복잡한 환경 속에서 생을 영위하고 있다. 인간은 주어진 환경, 그것이 자연적 환경이건 사회·경제적 환경이건 그 환경에 적응하면서 살아간다. 현대사회의 인간 환경은 공간적으로는 전 지구적으로 확대되어 있고, 그 환경은 또한 엄청나게 복잡하고 까다로운 요인들로 가득 차 있다. 인간 한 사람 한 사람은 아무리 고등교육을 받고 특정 분야의 전문지식을 갖고 있더라도 도저히 환경의 구성 요소 전부를 자기 능력으로 인식하고 이해할 도리가 없다. 그리하여 현대를 살고 있는 인간들에게는 자기를 대신해서 환경을 인식하고 그곳에서 일어나는 움직임을 알려주는 전문기관이 필요해졌다. 그 전문기관이 언론기관이며 언론인들이다.

따라서 신문·방송 등 언론기관은 독자나 시청자로부터 권한을 위임받아 언론활동을 한다고 보는 것이 논리적 귀결이다. 말하자면 언론기관은 시민의 '알 권리', '말할 권리'를 대신해서 환경 속의 변화를 정확하게 인식하고, 그 움직임을 그대로 시민들에게 알려야 하는 것이다. 이와 같이 시민으로부터의 위임사항을 충실히 수행하는 일이야말로 '언론의 사회적 책임'이며, '공기'(公器)로서의 언론활동인 것이다.

언론기관을 흔히 '공기'라고 하는데, 공기를 국어사전에서 찾아보면 다음과 같이 적혀 있다.

①공공의 물건
②사회 개개인 모두에게 영향을 미치는 공공성을 띤 기관(신문이나 방송 등).[7]

말하자면 신문이나 방송 등 언론기관은 그것이 이윤 추구를 목적으로 하는 사적 기업체라 하더라도, 그것이 생산하는 상품은 절대적인 공공

---

7) 이기문 감수, 『동아 새국어사전』, 동아출판사, 1993.

성을 띠고 있다는 것이다. 그렇기 때문에 언론기관은 어디까지나 시민의 입장에서, 또는 공익성에 기초해서 언론활동을 전개해야만 하는 것이다. 신문사나 방송국이 갖는 '언론의 자유', '표현의 자유'라는 것도 공익성에 부합되지 않는 경우에는 '정당성'을 인정받을 수 없으며, 자의적(恣意的)인 것으로 평가받고 말 것이다. 다시 말하거니와 언론사가 갖는 언론의 자유, 표현의 자유라는 것은 시민의 알 권리, 말할 권리를 대행(代行)하고 있을 따름이지 본질적으로 자기에게 주어져 있는 권리는 아닌 것이다.

공공의 가치에 앞서는 '언론사의 언론자유'는 없다

여기서 우리는 '공익이란 무엇인가?'라는 참으로 난감한 문제에 직면하게 된다. '공익'이란 물론 '공공의 이익'(public interests)을 축약한 말이다. 공익이란 한마디로 '사익'(私益)에 대비되는 개념이다. 한 사회나 공동체 내에서 개인이나 특정 집단의 사적 이익에 대한 그 사회 대다수 구성원의 공통 이익이 공익인 셈이다. 공익은 현대사회의 정치과정에서 빈번히 사용되고 있으며 이 공익 개념을 떠나서는 정치적 담론이 성립되지 않을 정도다. 공익이 일의적(一義的) 명확성을 결여하고 있음에도 불구하고 사익으로부터 독립된 객관적 공익은 현실적으로 존재한다는 것이 오늘날 하나의 사회적 통념이 되어 있다.

가령 행정관료들의 재량권이 자의적으로 행사되는 것을 막기 위해 그 재량권을 규제하는 기준으로서 공익 개념이 적용되고 있다. 또는 국회에서 행해지는 정치적 토론의 경우도 공익 개념으로 뒷받침되지 않는 경우는 자의적 주장으로 끝나고 말 것이다. 정치가나 국회의원이 특수이익이나 사적 이익을 고집하거나 주장하면, 공익을 저버린 자로 낙인

찍혀 시민들로부터 버림받는 존재로 전락하고 말 것이다. 여기서 우리는 공익이라는 것이 현실정치 과정이나 사회 과정에 엄연히 존재하고 있다는 것을 알게 된다.

'공공의 이익', '공공의 복지', '공공의 행복' 등의 개념은 오늘날 여러 나라의 헌법에서 많은 헌법 조항들의 전제가 되어 있다. 개인의 권리나 이익을 보장하는 조항에서도 "공공의 이익이나 공공의 복지를 손상하지 않는 테두리 안에서……"라는 단서가 붙어 있게 마련이다. 말하자면 공익이라는 것이 객관적으로 존재한다는 생각이며, 사실 공익 개념을 부정하면 국가의 존재는 허공에 뜨고 만다.[8]

우리나라 헌법 제21조는 ①항에서 "모든 국민은 언론·출판의 자유와 집회·결사의 자유를 가진다"고 했고, ④항에서 "언론·출판이 타인의 명예나 권리 또는 공중도덕이나 사회윤리를 침해한 때는 피해자가 이에 대한 피해 보상을 청구할 수 있다"고 했다. 또 제23조 ②항은 "재산권의 행사는 공공복리에 적합하도록 하여야 한다"고 했다.

우리는 헌법의 이러한 권리보장 조항들에서 개인의 자유와 권리가 타인의 자유와 권리를 침해해서는 안 되며, 나아가 공중의 도덕이나 사회윤리, 그리고 공공복리에 부합되도록 행사되어야 한다는 헌법 정신을 읽을 수 있다. 즉 개인의 자유나 권리에 앞선 공공의 기준이나 가치, 공공의 복리나 공공의 이익이 객관적으로 존재함을 알 수 있다.

---

8) 역사상 중요한 헌법적 문서로서 최초의 근대헌법으로 일컬어지는 「버지니아 권리장전」(1776)에는 '공동의 이익'(common benefit), 「미 합중국 헌법전문」(1787)에는 '일반의 복지'(general welfare), 프랑스의 1789년 「인권선언 전문」에는 '전체의 행복'(bonheur de tous), 1793년 헌법에 붙여진 「인권선언」에는 '공동의 행복'(bonheur commun) 등의 용어가 사용되고 있다. 독일 최초의 사회국가 헌법인 「바이마르공화국 헌법」(1919)에서는 '공공의 복리'(Attentliche Wohlfahrt)라는 말이 사용되고 있다.

언론사에게 자사의 이익을 '언론'할 자유는 없다

지금까지의 논의의 핵심은 다음과 같이 정리될 수 있다.

첫째, '언론'이란 인간 한 사람 한 사람이 자기의 생각이나 의견, 신념 따위를 타인이나 사회에 표출하는 것, 즉 '말하는 것'이다.

둘째, 오늘날과 같은 신문·방송 등 이른바 언론사가 없던 시대에도 '언론'은 존재했다. 따라서 언론이란 용어는 본질적으로 '언론사의 언론활동'을 뜻하는 것은 아니다. 이율곡의 시대에도 그러했으며, 존 밀턴의 시대에도 그러했다.

셋째, '언론의 자유'란 '말할 자유'다. 따라서 언론의 자유와 '언론사의 언론활동의 자유'는 본질적으로 그 뜻이 다르다. 언론의 자유는 인간에게 주어진 생득적 권리이자 천부의 권리이며, '언론사의 언론자유'는 시민으로부터 권한을 위임받아 그 권한을 대행하고 있을 따름이다.

넷째, 따라서 '언론사의 언론자유'는 시민의 권리와 시민의 이익, 즉 공공의 이익에 부합되었을 때만 성립할 수 있는 것이다. '언론사의 사회적 책임' 또는 '언론인의 사회적 책임'이란 시민의 위탁사항을 충실히 이행할 때 이루어진다. 그렇기 때문에 언론사는 시민의 '알 권리'와 '말할 권리'를 충실히 대행해야 하며, 그 언론활동은 어디까지나 공익성으로 뒷받침되어 있어야만 정당성을 얻을 수 있는 것이다.

다섯째, 그렇기 때문에 신문·방송 등 언론사에는 공익성을 떠나 자사의 이익이나 특정집단의 이익만을 언론할 자유는 주어져 있지 않다.

박정희, 전두환, 노태우로 이어지는 군사정권은 무려 32년 동안이나 계속되었다. 32년이라는 시간은 일제 식민통치 35년과 거의 맞먹는 시간이다. 이 아득히 긴 시간 동안에 우리의 신문, 방송 들은 완전히 관보화(官報化)되고 어용화되고 말았다. 무미건조한 관보화를 넘어서 문학적 윤색(潤色)에 아부를 더해서 '전비어천가'(全飛御天歌, 전두환 씨를 찬양하는 글)을 실어대고, 방송은 '땡전뉴스'로 일관했다. 땡전뉴스란 9시만 되었다 하면 "전두환 대통령께서는……"하며 말도 안 되는 혐오스러운 이야기부터 늘어놓는 방송을 비꼬아 당시의 시청자들이 붙여준 이름이다.

말하자면 언론기관들의 신뢰도는 땅에 떨어질 대로 떨어져서 독자나 시청자들이 그것을 믿으려고 하지 않았다. 이렇게 되자 항간에는 이른바 '유비통신'(流蜚通信)과 '카더라방송'이 횡행하게 되었다. 말하자면 유언비어가 일상화되어 사회의 모든 통로를 휘젓고 다니게 되었던 것이다.

이러한 현상이 기승을 부리고 있던 1981년경에 고려대학교 신문방송학과의 원우현 교수가 『유언비어론』이란 책을 편찬할 계획을 세우고 나에게도 논문 한편을 부탁해왔다. 이 책에는 유언비어에 대한 세계적 석학들의 논문들이 실린다고 했다. 책이 나온 후에 보니, 올포트(G.W. Allport), 포스트먼(Leo Postman), 시미즈 이쿠타로(清水幾太郎), 카를 융(Carl G. Jung), 시부타니(T. Shibutani), 로완(Roy Rowan) 등의 논문이 실려 있었고, 우리나라 학자 중에도 원우현, 박석기, 최동식, 윤희중 교수 등의 논문이 실려 있었다.

●원우현 엮음, 『유언비어론』, 청람문화사, 1982.

제4장 유언비어의 생태학
―불안정한 사회와 비민주적 통치세력의 사생아

유언비어는 욕구와 소망의 반영이다

유언비어는 그늘지고 습기 찬 사회 속에서 자란다. 그런 사회는 폐쇄적이고 억압적이며 불안한 위기감으로 가득 차 있다. 이런 사회 분위기가 유언비어를 위해서는 가장 알맞은 풍토가 된다.

유언비어는 꼬리가 없다. 꼬리가 없다기보다 있으되 결코 잡히지 않는다. 왜냐하면 유언비어는 공공연하게 길거리에서 떠들 수 있는 것이 아니라 비밀리에 은밀히 유통해야만 하기 때문이다. 말하자면 야행성이다. 믿을 수 있는 한 사람이나 많아도 두서너 명에게만 "이건 비밀인데……"라는 단서를 달고서 입에서 입으로 전달된다. 따라서 유언비어는 여간해서 그 꼬리가 잡히지 않는다.

유언비어는 발이 없어도 하루에 천 리도 달리고 만 리도 달린다. 아마 그것은 날개를 달고 있을 것이다. 유언비어는 어떤 사회가 불안정하고 위기적 상황에 놓여 있을 때 발생하는 괴물이기 때문에, 그럴 때일수록 사람들은 마치 수상한 소리의 정체를 포착하려는 셰퍼드와도 같이 귀를 쫑긋하고 세운다. 말하자면 사람들은 자기 환경 속의 변화를 포착하려는 노력을 본능적으로, 그리고 거의 필사적으로 전개하는 것이다.

　불안정하고 위기적 요소로 가득 차 있는 사회 속에서, 친지로부터 상황에 대한 어떤 정보를 얻을 수 있다는 것은 마치 굶주린 사람이 먹이를 얻는 것과 다를 바 없다. 그뿐 아니라 그는 또한 이 소식을 가까운 사람들에게 재빨리 전하는 것이다. 그러한 행동은 인간이면 누구나가 가지고 있는 과시 본능, 즉 다른 사람이 아직 모르고 있는 소식을 자기는 알고 있다는 우월감의 충족과 순수한 뜻에서의 친지 동료들에 대한 협조심 때문에 그러한 것이다. 그렇기 때문에 유언비어는 대단한 속도로 번져나간다.

　유언비어는 민중들의 욕구나 소망을 반영한다. 억압적이고 비민주적인 사회에서는 일반 민중들의 의견이 정책결정 과정에 반영되기가 현실적으로 거의 불가능하다. 현대사회에 있어서는 초기의 시민민주주의 시대와는 달리 여론집단이 현실적으로 손에 잡히는 범위를 훨씬 넘고 있으며, 정치적 전문인이나 여론 주도자가 고정화되거나 전문화되고 일반 민중은 어디까지나 추종자(follower)의 위치로 전락해 있는 것이 사실이다. 그리하여 이른바 '여론'이라는 이름 속에 흡수되지 못한 잔류 의견들은 사회의 요소 요소에 깔려 있는 것이다. 이와 같은 잔류 의견이나 잠재적 여론들은 결코 사라지는 것이 아니라 살아 남아서 변형된 모습을 취하면서 사회의 뒷골목을 누비는 것이다. 그것이 또한 유언비어이다.

　유언비어는 주로 통치 세력을 불쾌하게 하거나 위협한다. 유언비어는 소문과는 달리 주로 사회 정치적인 내용을 주제로 하고 있다. 소문이 주로 개인적인 사사로운 문제인 데 비해서 유언비어는 비록 그 이야기 내용이 한 개인에 관한 것이더라도 그 이야기의 주인공은 사회 정치적으로 높은 지위에 있거나 이른바 공인이어서, 그 주인공의 이야기가 곧 사회 정치적인 뜻을 갖는 것이다.

앞에서 나는 유언비어가 억압적이고 폐쇄적인 비민주적 사회 속에서 자란다고 이야기했다. 그와 같은 사회에서는 필연적으로 통치세력에 대한 민중들의 비판이나 욕구불만이 누적되어 있는 법이다. 그리고 이들 민중들의 욕구나 소망은 이른바 '여론' 속에 담기지 못하는 것이다. 바로 그러한 곳이야말로 햇볕 한 점 들지 않는 그늘지고 습기 찬 곳이어서 유언비어의 가장 좋은 배양토가 되는 것이다. 그런데 이와 같은 배양토, 즉 그러한 사회에서 자란 유언비어는 아이러니하게도 바로 그런 사회 풍토 자체를 싫어하고 미워한다. 유언비어는 그런 사회 정치적 풍토를 조성한 통치 세력의 사생아이기 때문이다. 그와 같은 사회의 통치 세력은 결과적으로 유언비어를 탄생케 해놓고 책임을 지기보다는 오히려 유언비어를 탄압하는 것이다. 따라서 그러한 통치 세력이야말로 유언비어의 증오의 대상이 되는 것이다. 또 그렇기 때문에 유언비어에 대해 가장 신경을 많이 쓰는 사람들도 통치 세력이며 전전긍긍하는 사람들 또한 그들인 것이다.

유언비어는 꼬리도 있지만 뿌리도 있다. 흔히 유언비어를 두고 근거 없는 낭설이라고 비난한다. 그러나 유언비어는 황당무계한 공상이나 환상이 결코 아니다. 그 사회에서 실현 가능성이 있고 개연성이 있는, 즉 많은 사람들이 충분히 그럴 수 있을 것으로 믿는 일이 아니면 유언비어로 성립되지 않는다. 한 사회를 순식간에 휩쓰는 강력한 유언비어는 사실과의 차이가 있으면서도 오히려 사실 그 이상으로 사태의 본질을 드러내 보인다. 말하자면 유언비어는 뿌리, 즉 그럴 만한 근거가 없이는 성립되지 않는다.

유언비어는 훌륭히 보도의 기능을 해낸다. 현대사회에 있어서 보도의 기능은 매스미디어의 전담물이기도 하다. 그런데 이 매스미디어들이 그 자율이나 공공성을 잃고 관보화되거나 집권세력의 홍보 매체로 전락할 때, 사람들은 매스미디어들을 믿으려고 하지 않는다. 즉 신뢰도가 떨어지는 것이다. 원래 유언비어의 싹은 통치 세력에 대한 불신과 보도 기관에 대한 회의 속에 깃들어 있는 것이다. 의심하기 시작하고 믿을 수가 없어질 때 인간은 불안해지고, 자기를 둘러싼 주변 환경의 변화를 포착하려고 여기저기를 기웃거린다. 이러한 상황 속에 나타나는 사람이 이른바 도피스터(dopester)이다.

도피스터란 이른바 정보통을 말한다. 이들은 보통사람들이 미처 모르고 있는 정계 주변의 이야기나 내막을 잘도 캐내서 주변에 있는 친지들에게 전해준다. 그렇게 함으로써 자기과시 본능을 충족시키고, 사람들에게는 소중한 존재로 받아들여진다. 이른바 '오프 더 레코드'는 신문·방송에 공공연하게 보도는 안 되겠지만, 순식간에 사회의 대다수 부분으로 퍼져나간다. 그것도 본래의 뜻보다도 더욱 중대한 뜻으로 인상 지어지면서 전파된다. 말하자면 보도를 전담한 매스미디어가 제구실을 다하지 못할 때 유언비어는 더욱 중요한 부분을 전달하는 보도기능을 수행하는 것이다.

어떤 사회의 정국이 급변하고 있는데 매스미디어들이 그 사태를 명쾌하게 설명하지 못하고 있으면, 사람들은 여기저기서 그 사태에 관한 단편적인 정보를 물고 온다. 그러한 단편적인 정보들은 취사선택되고 모자이크처럼 하나로 체제가 잡힌 이야기를 만들면서 문제가 된 사태의 전모를 거의 완벽하게 그려내기도 한다. '유비통신'이나 '카더라방송'이 얼마만큼 근거 있는 보도를 했는가 하는 것을 우리는 불과 며칠 후에 확인하곤 한다.

유언비어는 꼬리가 아홉 개 달렸다는 구미호가 둔갑한 원귀인지도 모른다. 이 원귀는 인간이 되려고 갖은 노력과 재주를 다 피우나 결코 참다운 인간은 될 수가 없다. 말하자면 밝은 세상에서 떳떳한 존재로 승화하고 싶으나 결국 뜻을 이루지 못한다. 말하자면 개방적이고 민주적인 사회 속에서 현재적 여론으로 표면화·행동화하고 싶으나, 억압적이고 폐쇄적인 비민주적 정치 풍토는 그것을 용납하지 않는다. 따라서 유언비어는 한 맺힌 원귀와도 같이 사회의 밑바닥에 침전된다. 이 원귀의 한은 개방적이고 민주화된 사회에서만 풀릴 수 있는 것이며, 그런 사회는 언론·표현의 자유와 정치적 자유가 보장된 사회이기 때문에 유언비어 자체가 발붙일 땅을 잃게 된다. 따라서 유언비어는 아이러니하게도 자기 자신이 소멸돼서 없어지는 사회가 실현되기를 갈망하고 있는 것이다.

유언비어는 위기와 불안감의 반영이다

지금까지 유언비어에 대한 몇 가지 스케치를 함으로써 그것이 갖는 대략의 모습과 특성을 살폈다. 이제는 유언비어가 발생할 수밖에 없는 상황을 살펴볼 차례다.

인간이 생을 영위한다는 것은 일차적으로는 환경에 대한 적응이요, 이차적으로는 주어진 환경을 운명적으로 받아들이는 데 그치지 않고 자기에게 더욱 알맞은 것으로 개조해나가는 활동을 전개하는 일이다. 인간이 환경에 적응하고 환경을 개조해나가기 위해서는 필연적으로 환경에 대한 인식이 전제되어야만 한다. 환경에 대한 인지작용은 살아 있는 개체의 본능이며 천부의 권리이기도 하다. 특히 인간은 부단히 환경에 대한 인지활동을 전개하고 있다. 그것이 의식적이건 무의식적이건, 또는 그 차원이 높든지 낮든지 간에 그러하다.

그런데 현대사회의 인간환경은 문자 그대로 전 지구 표면에 걸쳐 있으며, 환경을 구성하는 요인 또한 대단히 복잡하고 차원 높은 것들로 이루어져 있다. 원래 '환경'이란 인간들에게 유의미한 요소들이 얽히고 설켜서 하나의 체계를 이루고 있는 것을 말한다. 말하자면 자연적 환경은 물론 사회 정치적·경제적·문화적인 요인들이 얽히고설켜 있는 복합체, 그것이 바로 우리가 살아가는 환경인 것이다. 이와 같은 것들은 현대사회에서는 인간이 도저히 자기 혼자의 힘으로는 인지하거나 파악하기 힘들다. 인간이 가진 오관만으로는 도저히 닿을 수 없는 곳에 중요한 환경의 요소들이 산재해 있는 것이다. 그리고 그 요소들이란 보통 사람들의 지식 수준으로는 도저히 이해하기 힘든 차원 높은 것들로 짜여 있다.

따라서 인간은 자기 환경을 전문적으로 인식해주는 기관이나 전문인들에게 의존할 수밖에 없게 된다. 바로 그러한 기관이나 전문인이 언론기관이며 언론인이다. 그러나 사람들이 신문이나 방송이 전하는 것을 무조건 신뢰하고 받아들인다고는 할 수 없다. 왜냐하면 사람들은 생활의 현장을 통해 자기 나름대로의 구체적 체험이나 사실들을 얻고 있고, 주변에 있는 친지들로부터도 언론기관의 보도와는 다른 정보를 얻고 있는 것이다. 자신이 구체적으로 알고 있는 사실과 매스미디어가 전하는 보도 사이에 갭이 생기기 시작하면, 결국 사람들은 보도기관을 의심하게 된다. 심지어는 '청개구리'를 닮아가기도 한다. 풍년이 든다고 하면 흉작을 은폐하기 위한 것이 아닐까 하면서 쌀을 미리 매점해두기도 하고, 절대로 환율을 올리지 않는다고 신문과 방송에서 대대적으로 보도하면 돈 있는 사람들은 오히려 달러를 사두기도 한다. 이와 같은 극단적인 현상은 언론기관이 자율성을 잃고 관보화되었다고 생각할 때 일어난다. 언론기관에 대한 불신 속에 유언비어의 소지는 이미 마련되는 것이다.

그뿐 아니라 한 사회가 기본적인 민주적 조건을 구비하고 있다 하더라도 현대사회에서는 이른바 '정보화'가 진전되어 있기 때문에 정보의 양이 홍수와도 같이 우리를 휩쓸고 있다. 그러나 홍수처럼 정보의 양이 많다고 해서 반드시 질적으로 다양하고 어떤 의견을 형성하는 데 충분한 자료를 제공한다고는 할 수 없다. 거기에다 인간이 적응해야 할 환경은 복잡하고 확대되어 있기 때문에 사람들의 관심 영역도 극도로 확대되어 있다. 그럼에도 불구하고 그러한 관심 영역을 충족시켜줄 만한 정보나 지식은 그리 쉽사리 손에 잡히는 것은 아니다. 따라서 항상 모호한 부분은 늘어만 간다. 그리하여 우리는 갑작스런 환경의 변화에 따라가기 위해서 부득이, 그리고 필연적으로 가까이 있는 사람들과의 이야기나 귀엣말에 의존할 수밖에 없다. 이와 같은 의사 소통은 다분히 '유언비어'의 성격을 띠고 있다. 그리하여 이른바 권위 있고 공식적인 보도가 홍수처럼 쏟아져 나오는 데도 불구하고, 때와 장소를 가리지 않고 끊임없이 흘러나오는 지하수 같은 뒷공론이나 소문이 사람들을 사로잡는 것이다.

현대사회가 매스커뮤니케이션의 시대라고 해도 그것은 여전히 사회적 커뮤니케이션의 일부분에 지나지 않는 것이며, 이른바 공식적이고 피상적인 보도에 지나지 않는다. 거기에 반해서 사람들이 얼굴과 얼굴을 맞대고 주고받는 이야기는 친밀감과 신뢰, 그리고 해학을 바탕으로 한다. 세상 돌아가는 이야기도 좋고 이른바 높은 자리에 있는 사람들에 대한 비판이나 조롱도 좋다. 때에 따라서는 증오하고 저주하기까지 한다. 현대사회의 표면을 공식적인 매스커뮤니케이션이 뒤덮고 있다면 그 밑바닥에는 지하수 같은 은밀한 이야기의 샘이 줄기차게 흐르고 있는 것이다. 이러한 이야기의 샘은 다분히 유언비어의 소지를 마련해주고 있다.

현대사회의 특성 중 하나로 이른바 관료제(bureaucracy)의 비대화를 들 수 있다. 관료제라 하면 행정조직을 연상케 하지만 비단 행정영역만을 지칭하는 것은 아니고, 생산조직·금융조직·노동조직·군대조직·종교단체 및 기타 여러 가지 정당이나 사회단체 등 모든 집단이나 조직이 거대해지는 것을 말한다. 조직과 집단의 거대화, 그것이 관료제이다. 이러한 관료제가 현대사회에 등장하면서 여론 현상에 중요한 변질을 가져왔다. 즉 거대한 집단이나 조직의 성원들은 활동적 소수(active minority)와 수동적 다수(passive majority)로 분화되는데, 모든 중요한 결정은 활동적 소수에 의해 이루어진다. 나머지 대다수의 의견은 무시당하거나 정책결정 과정에 흡수되지 못하고 개개인의 마음속에 침전되고 만다. 그리하여 결국 하나의 거대한 집단이나 조직은 몇몇 실권자의 과두제에 의해 움직이고 집단 성원들의 이해나 관심의 동질화는 파괴되며 자발적 결사의 성격은 사라지고 만다. 이와 같은 관료화의 과정 속에서도 집단 성원들의 욕구불만은 누적되게 마련이다. 이러한 욕구불만 또한 유언비어를 발생시키는 적합한 풍토가 됨은 말할 것도 없다.

　그리고 또한 유언비어가 잠재적 여론의 일종이기 때문에 여론 형성과정과 밀접한 관계를 갖는다는 것은 당연한 일이다. 원래 여론이라는 것은 사회성원 대다수의 합의(consensus)가 아니라 쟁점(issue)을 둘러싸고 서로 다른 의견들이 각자의 논리나 주장을 펴나가는 과정이다. 말하자면 상반된 복수의 여론들의 투쟁 과정이 현실적 여론현상인 것이다. 영국의 라스키(H. Laski)는 "여러 가지 여론 중에서 어느 것이 다른 여론보다 우세해질 것인가 하는 것은 그 여론이 지배할 수 있는 지식과 조직에 달려 있다"고 보는 동시에 여론의 정보량이나 조직성은 경제력에 의해서 크게 좌우된다고 보았다.[1] 부의 배분이 불균등한 사회에서는 여론의 조직성과 정보량 자체도 불균등 하기 때문에 여론의 힘은 부의 사회적 불균형에 의해서 왜곡이나 편견이 생길 수밖에 없다. 즉 "여론이 주장하는 정의란 항상 불평등한 힘이 밀어붙이고 있는 이해관계에 의해서 일그러진 것에 불과하다"고 라스키는 말하는 것이다.

일본의 저명한 논객 하세가와 뇨제칸(長谷川如是閑)도 다음과 같이 말한 바 있다.

여론이란 다수의 의견이 아니라 대립되는 계급이나 집단의 의견이다. 그것이 유리한 여론이 되기 위해서는 의견의 내용이 갖는 실질적 가치보다는 오히려 그러한 의견을 주장하는 사람들의 지위가 중요한 것이며, 그러한 주장을 실행할 수 있는 사회 정치적 집단이나 또는 그러한 집단을 좌우할 수 있는 인물들의 의욕이 그 속에 들어 있다는 점에서 유력한 여론이라고 할 수 있다.[2]

이와 같이 여론을 둘러싼 현대사회의 상황 속에는 여론의 도관(channel)을 막는 요인들이 도사리고 있다. 첫째, 집단이나 조직의 거대화·관료화 때문에 그 집단 내부는 몇몇 지도자와 대다수 추종자로 분화되어서 대다수 성원들의 의견이 소외되어 있으며, 둘째, 집단이나 계층 간의 역학관계가 사회구조에 의해서 직접적인 제약을 받고 있기 때문에 부득이 이해집단이나 계층 간에 불균형이 생기지 않을 수 없다. 그 결과 여론의 통로는 한쪽에만 많이 열리고 다른 한쪽에는 폐색(閉塞)이 오게 마련이다. 말하자면 여론의 통로가 막히고 고장을 일으키고

1) H. Laski, *An Introduction of Politics*, 橫越英一 譯, 『政治学入門』, p.69.
2) 長谷川如是閑, 『新聞論』, p.69.

있는 것이다. 이것이 우리가 살고 있는 현대사회의 한 측면으로, 거기에는 필연적으로 잡다한 소수 의견이라고 덮어두기에는 너무나도 중요한 의견들이 누적되어 있는 것이다.

그뿐 아니라 그러한 의견들은 표면화되고 공식화될 기회를 봉쇄당함으로써 지하수가 되어 사회의 밑바닥을 흐르게 마련이다. 이런 지하수는 때로 적당한 사회 정치적 계기를 잡아서 지표 위로 샘솟기도 하고 바위틈에서 흘러나오기도 한다. 그것이 약수인지 아닌지는 몰라도 적어도 수도물보다는 나은 신선한 생수임에는 틀림이 없다. 타르드(G. Tarde)도 다음과 같이 이야기하고 있다.

여론의 전달 통로(facteur) 중에서 가장 계속적이고 가장 보편적인 것으로 확인된 것, 말하자면 흐름의 강약은 때에 따라 변하지만 어떤 시대, 어느 장소에서든지 사람의 눈에 띄지 않고 솟아 흐르고 있는 작은 샘, 즉 믿을 수 있는 사람들 사이의 회화는 여론의 기본적 통로이다.[3]

사실 인간은 '말'을 함으로 해서 인간이며, 말이 있음으로 해서 인간 사회는 성립한다. 말, 즉 커뮤니케이션을 빼고 사회는 존재할 수 없으며, 또한 말(문자화·기호화된 말까지를 포함해서)을 빼고서 인간의 문화를 생각할 수도 없다. 인간이 생물학적인 존재가 아니라 사회 문화적인 존재라고 할 때 바로 이 말, 서로 주고받는 이 말이야 말로 인간 존재를 위한 가장 기본적인 요건이다. 때문에 이러한 말은 인간의 사회가

---

3) G. Tarde, *L'Opinion et la Foule*, 稻葉三千男 譯, 『世論と群衆』, 未來社, 1964, p.90.

아무리 폐쇄적이고 억압적인 사회라 하더라도 결코 없앨 수 없으며 없어지지도 않는 것이다. 따라서 사람들의 의견은 그 사회가 얼마만큼 민주적이고 개방적인가에 따라서 공개적이고 정당한 여론으로 표면화되기도 하고, 반대로 사회의 밑바닥이나 뒷골목으로 떠돌아다니는 유언비어가 되기도 한다. 그렇기 때문에 유언비어가 많이 발생하는 사회는 그만큼 비민주적이고 억압적인 사회 정치적 풍토에 바탕을 두고 있다는 사실을 증명하는 것이기도 하다.

결국 현대사회는 이른바 정보화 시대여서 수많은 정보가 난무하는 바람에 인간들의 관심 영역은 넓어지나 그것을 충족시킬 만한 믿을 수 있는 정보는 그리 많지 않다. 오히려 믿을 수 없는 정보의 난무는 모호한 부분을 더욱 확대시키고 더욱 회의와 추측을 조장하게 된다. 특히 한 사회가 위기적 상황에 빠지고 정치적 공황이 일어났을 때, 사람들은 불안감과 위기의식에 사로잡히고, 바로 이러한 때에 유언비어는 우후죽순처럼 솟아나는 것이다.

유언비어는 보호색을 가진다

앞에서 유언비어가 생겨날 사회 정치적 상황을 살펴보았다. 이제 유언비어가 갖는 구체적 구조나 성격을 알아보기로 하자.

올포트(G.W. Allport)와 포스트먼(L. Postman)은 그들의 『유언의 심리학』에서 유언비어의 기본적 조건으로 다음과 같은 점을 들고 있다. "첫째, 그 이야기의 주제가 말하는 사람이나 듣는 사람 모두에게 무엇인가 중요성을 지니고 있어야 하고, 둘째, 그 참다운 사실(true fact)이 어떤 애매함(ambiguity)으로 감추어져 있어야 한다"고 하면서 이른바 유언의 공식을 다음과 같이 제시한다.

$$R(유언의 유포량) = i(중요성) \times a(애매함)$$

그리고 애매함이 왜 일어나는가에 대해서 이렇게 설명한다.

애매함은 뉴스가 전혀 없거나 불충분할 때, 또는 뉴스가 모순된 성질의 것이어서 신뢰할 수 없을 때, 혹은 공표된 사실이 사람들에게 어떤 감정적인 긴장을 일으켜서 그것을 믿기 어렵게 하고 혹은 믿고 싶지 않게 할 때 일어난다.[4]

올포트와 포스트먼의 유언비어에 대한 공식이나 설명은 극히 당연하고 상식적인 이야기라고 할 수 있다. 이들의 정의에서는 뭔가 피상적인 사전적 정의를 읽고 있다는 감을 금치 못한다. 사람들이 어떤 이야기를 주고받는 것은 상호간에 그에 대한 관심이 있기 때문이며, 관심이 있는 것은 또 그만큼 중요성을 지니고 있는 것이다. 그와 같은 상호의 관심사가 애매모호함으로 덮여 있을 때 유언비어가 생겨나리라는 것은 쉽게 생각할 수 있는 일이다. 그러나 이들이 제시한 유언비어에 대한 공식은 우리에게 많은 것을 시사해주고 있다. 관심과 중요도가 높은 사건이 안개와 같은 모호함으로 덮여 있을 때, 그 중요도와 모호함의 크기에 따라서 유언의 양도 많아지리라는 것은 당연한 것이기 때문이다.

흔히 유언비어는 근거 없는 이야기라고 비판받을 때가 있다. 그러나 유언비어는 결코 근거가 없거나 꼬리가 없는 게 아니다. 유언비어는 일정한 사실과 소재가 없이는 결코 성립되지 않는다. 그렇다고 해서 어떤

---

4) G.W. Allport and L. Postman, *The Psychology of Rumor*, 南博 譯, 『デマの心理学』.

사태에 대한 이야기가 완전무결한 논리를 가지고 있어서도 안 된다. 이를테면 이야기를 구성하는 요소와 요소들 사이에 무엇인가가 빠져 있고 모호한 부분이 남아 있어야 한다. 그러니까 정보와 정보의 단편들만이 주어져 있고 그것들을 연결하는 수미일관(首尾一貫)된 논리는 주어져 있지 않은 상태에서 유언비어는 성립된다. 말하자면 정보의 단편과 단편을 연결해야 할 부분, 그것이 있어야만 이야기의 줄거리가 생겨나고 논리가 성립되는 부분이 빠져 있는 것이다. 빠져 있는 부분은 메워져야만 하고, 그래야만 사람들의 궁금증은 풀리는 것이다. 즉 주어져 있지 않은 부분은 결정되어 있는 부분에 맞게 만들어져야만 한다. 이와 같은 여건에서 유언비어는 성립되는 것이다. 이 문제에 대하여 일본의 사회심리학자 시미즈 이쿠타로(清水幾太郎)는 일찍이 다음과 같이 설명했다.

지금 주어져 있는 것을 a와 c라고 하자. a와 c가 있기 위해서는 아무래도 그 중간에 b가 있어야 한다. b가 있어야만 비로소 a-b-c라는 하나의 통일된 전체가 성립될 수 있다. 그러나 b를 본 사람은 하나도 없고 당국도 b에 대해서는 아무 발표가 없다. 그러나 a와 c를 통일하기 위해서는 아무래도 b가 필요하다. 그렇다면 b를 만들어낼 필요가 있다. b를 만들어내서 전체를 수미일관된 것으로 만드는 것은 상상력의 작용이다. 그러나 b는 하나만이 아니라 b′도 있고 b″도 있으며 b‴ ……도 있다. (중략) 가령 실제로 그 사건을 목격한 제1의 인물이 제2의 인물에게 a와 c라는 두 가지 사실에 대해서 말했다고 하자. 그런데 제2의 인물이 제3의 인물에게 이것을 전달할 때는 다소 과장해서 b라는 사실도 있지 않았을까 하고 자기 느낌을 말할 것이다. 또 제3의 인물이 제4의 인물에게 이것을 알릴 때는 다시 또 과장하게 될 것이며, 이 경우 '있지 않았을까'라는 추측이 '있었다'는 단언으로 변할지도 모른다. 그리고 이러한 계열은 무한히 연장된다.[5]

이와 같이 유언비어는 일정한 사실이나 근거, 즉 a와 c가 주어졌을 때 b', b'', b'''……가 첨가됨으로써 성립된다. b', b'', b'''…… 등은 그것을 만들어내는 사람들의 사회적 지위나 이해관계에 좌우되는 바가 클 것이다. 일부 사회심리학자들은 b'를 만들어내느냐 b''를 만들어내느냐 하는 것은 그것을 만드는 인간의 성격에 좌우될 것이라고 하지만, 그것보다는 오히려 그들의 사회 경제적 지위나 이해관계에 따라서 b'냐 b''냐가 결정될 것이다. 왜냐하면 인간은 그들의 사회 경제적 입장이나 이해관계에 따라서 관심의 방향이 정해지게 마련이기 때문이다.

주어진 사실 a와 c사이에 b'가 들어가느냐 b''가 들어가느냐의 문제에서 우리가 알 수 있는 것은 그곳에 그것을 선택하는 인간의 강력한 욕구와 관심이 작용하고 있다는 사실이다. 가령 한 사람이 거의 동시에 $a-b'-c$라는 이야기와 $a-b''-c$라는 이야기를 들을 수도 있을 것이다. 그럴 때 그가 어느 쪽에 더 공감을 표시하고 어느 논리를 더 믿는가 하는 것은 역시 그것을 취사선택하는 사람의 이해관계나 그가 처해 있는 사회 정치적 입장에 따라서 달라질 것이다. 이와 같은 측면에서도 유언비어가 갖는 잠재적 여론으로서의 성격을 적나라하게 들여다볼 수 있는 것이다.

유언비어는 앞에서 본 바와 같이 일정한 사실과 일정한 조건이 주어졌을 때 발생한다. 특히 유언비어가 문제가 되는 것은 한 사회가 위기

---

5) 淸水幾太郞, 『流言蜚語』, 이효성 옮김, 『유언비어의 사회학』, 청남문화사, 1977, 31~32쪽.

에 직면해서 사회 정치적 질서가 동요하고 있을 때이다. 이런 시기에 유연비어는 가장 많이 발생하고 번식은 가장 왕성해진다. 한 사회가 사회 정치적 위기에 처해 있을 때는 그 사회를 지배하고 있는 통치집단도 극도의 신경과민증이나 위기의식에 사로잡혀 있게 마련이다. 그런 때는 으레 보도기관에 대한 신경질적인 간섭이 있게 마련이며, 직접적이든 간접적이든 또는 사전이건 사후건 간에 실질적인 검열이 있게 마련이다. 이렇게 되면 보도기관은 자율성을 상실하고 보도기능은 지리멸렬 상태에 빠진다. 사태에 대한 일관성 있는 설명도 못 할 뿐 아니라 전후가 모순된 기사가 나가기도 하고, 사실이 상당히 왜곡된 기사를 싣기도 하며, 보도해야 할 사실을 전혀 보도하지 못하는 일도 허다해진다. 신문 독자나 방송의 시청자들은 민감하게 보도기관의 변화를 감지하며, 보도기관에 대한 신뢰도는 갑자기 땅에 떨어진다. 사회 정치적 위기에 처하여 궁금증이 가장 높을 때에 보도기관이 제대로 보도를 못 한다고 여겨지면, 사람들 사이에는 걷잡을 수 없이 수많은 이야기의 샘들이 쏟아지고, 그것은 재빨리 사회의 밑바닥으로 스며들어간다.

보도기관에 대한 신뢰가 떨어진다는 것은 곧 통치세력에 대한 신뢰마저도 떨어진다는 것을 의미한다. 언론기관에 대해서 어느 정도의 자율성을 주고 있는가 하는 것은 곧 정부의 공명정대함이나 자신감을 나타내는 것이기도 하다. 따라서 한 사회의 언론기관을 어용화하는 것이 긴 안목으로 볼 때 통치집단에게 반드시 플러스가 된다고 생각하는 것은 속단인지도 모른다. 언론기관이 관보화됐다고 생각하는 국민들 사이에는 사사건건, 그리고 계속적으로 유언비어가 떠돌게 될 것이기 때문이다. 이른바 '유비통신'과 '카더라방송'이 아예 사회의 뒷골목에 상설되고 마는 것이다. 시미즈 이쿠타로도 이렇게 표현하고 있다.

신문이 관보화될 때 정부와 민중 사이가 단절되는 것은 당연하다. 신문의 관보화는 민중으로 하여금 눈과 귀를 잃게 할 정도는 아니더라도 적어도 그 눈이 근시가 되고 그 귀가 서서히 멀게 함을 의미한다. 당국의 방침이나 의견에 대한 구체적인 해명을 금지시킨 채 그저 신뢰하라고만 하는 것을 보고 민중은 안심할 수 없다. 신문을 선두로 잡지나 방송이 다 같이 관보화되면서 그 대상(代償)으로 비정치적인 흥미 본위 기사를 아무리 풍부하게 제공하더라도 역시 부족한 점은 그대로 남는다. 이러한 여건 속에서 민중의 생활과 관련되어 있는 사회적 · 정치적 사실을 주제로 한 풍문이 신문도 잡지도 관보도 아닌 가두에서 생겨난다. 주어지지 않는 것은 만들어낼 도리밖에 없다. 백주에 할 수 없는 일은 어두운 밤에 하면 된다. 유언비어는 이런 틈 사이에서 생겨난다. (중략) 신문이 독자적인 기능을 상실하고 관보화되면 될수록 그 공백을 메우는 유언비어가 만연한다. '검열이 엄격한 정도와 유언비어의 양은 일반적으로 정비례한다'는 법칙이 성립될 수 있을지도 모른다.[6]

시미즈 이쿠타로가 지적하고 있는 바와 같이 유언비어는 위기적 상황과 보도기관의 어용화와 밀접한 관계가 있다. 따라서 '위기적 상황―민중들의 불안감―보도기관의 어용화―유언비어의 발생―또 다른 위기적 상황'이라는 악순환이 계속될 가능성은 얼마든지 존재하는 것이다.

한편 유언비어는 구조상 보호색을 띤다. 대낮에 못 하는 일은 밤에 해야 하고, 당국이 금지하는 이야기는 몰래 해야 하기 때문이다. 따라서 유언비어는 통치 세력으로부터 자기 자신을 보호해야만 한다. 민주적

---

6) 같은 책, 40~41쪽.

이고 개방적인 사회에서는 '우리는 A를 요구한다'고 당당히 주장할 수 있지만 비민주적이고 폐쇄적인 사회에서는 어떤 처벌을 감수하지 않고는 그러한 요구를 공공연하게 할 수 없다. 그와 같은 상황 속에서는 누구라도 그런 이야기를 공공연하게 할 리가 없다. 그러나 요구가 사라져서 없어지는 것은 아니다. 그와 같은 요구는 형식을 달리해서 나타난다. 또한 이해관계를 같이하는 사람들 사이에서만 은밀히, 낮은 목소리로 돌아다닌다.

따라서 이러한 민중의 요구나 욕구는 일인칭을 사용하는 것을 피한다. 그뿐 아니라 '요구한다'는 표현도 사라진다. 그 대신 만약 요구가 실현되면 이룩할 수 있는 결과를 보도의 형식으로 나타낸다. 주 요구가 이룩되었을 때 나타날 결과를 B라고 한다면 '우리는 A를 요구한다'가 아니라 'B가 있었다'라는 형식으로 나타난다. 일인칭과 '요구한다'는 표현은 처벌의 대상이 되기 때문에 사라지고, 그 대신 희구하는 대상이 이미 단절된 것으로 이야기하는 것이다. 즉 'B가 있었다'라는 것이 유언비어가 되는 것이다. 이래서 유언비어는 잠재적 여론의 성격을 강하게 띠는 것이다. 그뿐 아니라 이러한 유언비어는 더욱 교묘한 보호색을 띠기도 한다. 유언비어는 'B가 있었다'라고 말할 뿐만 아니라 '……한다더라', '……라더라'가 붙기도 하고 심지어는 '……라는 이야기지만 설마 그러기야 하겠어?'라는 표현으로 자기보호를 꾀하면서도 전하고자 하는 이야기는 끝내 전하고 만다. 이와 같이 민중의 절실한 욕구는 당국의 엄격한 금지나 억압적인 풍토에도 불구하고 유언비어라는 형태로 노출되는 것이다.

결국 유언비어는 비민주적이고 억압적인 사회 정치적 풍토 속에서 민중의 원망이 일그러진 형태로 노출된 것이다. 민중의 원망은 결코 쉽게 사라지는 것이 아니라 어떤 형태로든 자기성취를 이룩하려고 노력하기 때문이다.

유언비어는 비밀이라는 조건을 달고 민첩하게 움직인다

이제 유언비어의 유통구조를 알아보기로 하자.

유언비어가 갖는 유통구조의 특성은 커뮤니케이션 당사자간에 비밀을 전제로 하고 이야기가 오간다는 것이다. 비밀을 전제로 하기 때문에 서로 믿을 수 있는 사람, 신뢰할 수 있는 사람이 아니면 이야기는 전달되지 않는다. 그리고 비밀이기 때문에 이야기는 은밀히 이루어진다. 비밀스러운 이야기를 믿을 수 있는 사람끼리 은밀히 주고받을 때, 그 이야기의 내용은 어떠한 것이든 간에 의심할 바 없이 받아들여질 가능성이 크다. 유언비어는 이 '비밀'이라는 전제조건으로 해서 위축되기보다는 오히려 활기를 띠고 민첩하게 살아서 움직인다. 역시 이 대목에서도 시미즈 이쿠타로의 이야기를 소개하기로 하자.

'이건 절대로 비밀인데……'라는 전제 아래 누가 어떤 이야기를 했을 경우, 바로 그 내용이 신문에 활자화되었더라면 아마 일소에 붙였을 만한 것이라도 곧이 곧대로 받아들이는 것이 보통이다. 왜 그럴까?

(1) 비밀 이야기를 듣는다는 것은 아무도 모르는 세계에 자기만 들어갈 수 있다는 기쁨을 느끼게 한다.

(2) 그리고 이런 세계로 자기를 이끌어준 상대에게 감사와 신뢰를 느끼게 된다.

(3) 더욱이 이런 세계에 대해서 거의 모든 사람들이 아무것도 모르고 있을 것이라는 점에 이루 말할 수 없는 우월감을 느끼게 된다.

이러한 세 가지 감정, 특히 (2)의 감정은 전달받은 내용을 진실한 것으로 받아들일 수 있는 마음의 조건을 만들어낸다. 이런 조건만 갖추어져 있으면 거의 모든 것을 믿게 할 수 있다.[7]

이와 같이 유언비어가 간혹 황당무계한 내용을 지니면서도 잘 유통되고 쉽게 믿기는 이유도 바로 이 비밀이라는 전제조건 때문이다. 그런데 아이러니하게도 이 비밀성은 바로 그 비밀성 자체 때문에 파괴된다. 시미즈 이쿠타로가 지적한 (3)의 감정, 즉 모든 사람들이 아무것도 모르고 있을 것이고 자기만이 알고 있다는 우월감 때문에 이 비밀성은 신속히 파괴되어간다. 왜냐하면 자기의 우월감을 충족시키고 자기 주변에 있는 사람으로부터 소중한 존재로 받아들여지기 위해서는 그 '비밀 이야기'를 다른 사람에게 알려주어야만 하기 때문이다. 이와 같은 유언비어의 비밀성이 갖는 마력은 이야기의 내용을 순식간에 전파함으로써 바로 그 비밀성을 파괴하고 만다. 말하자면 결국에 가서는 온 세상이 다 아는 '비밀 이야기'가 되고 마는 것이다.

유언비어는 이와 같이 결국 세상 사람들이 다 아는 이야기가 돼버리기 쉽지만 그 꼬리나 진원지는 잘 잡히지 않는다. 유언비어는 대낮에 길거리에서 공공연하게 외칠 수 있는 성질의 이야기는 물론 아니다. 유언비어는 사람과 사람 사이에서, 그것도 서로 신뢰할 수 있는 사람들 사이에서 말로 유통되는 것이기 때문에 물적 증거가 남지 않는다. 그뿐 아니라 구두로 전달되는 것이기 때문에 말하는 사람이 머릿속에 지니고 있던 이야기의 내용과 이야기를 들은 사람이 받아들인 내용 사이에는 상당한 괴리가 있을 수 있다. 특히 유언비어라는, 호기심을 유발하

---

7) 같은 책, 34~35쪽.

는 비밀스러운 이야기는 이야기 당사자 간에 서로 날카로운 상상력과 추리력을 동원하게 하고, 이야기의 방식도 다분히 암시적이거나 비유적으로 전달된다. 그와 같은 상황 속에서는 이야기 내용이 전달되는 과정에서 무한한 변화와 왜곡, 과장, 덧붙임이 있을 수밖에 없다. 따라서 가령 유언비어 유통의 연결고리 속 한 사람을 당국에서 잡았다고 하자. 그러나 그 사람을 고구마 덩굴 끌어당기듯이 훑어 올라가면 진원지가 포착되리라고 생각한다면 그것은 지나치게 낙관적인 생각이다. 왜냐하면 그 사람에게 말을 전한 사람은 그런 뜻이 아니라 자기가 이야기한 내용은 이러저러한 것이었다고 변명하거나 아니면 전혀 다른 이야기였다고 부정할 것이기 때문이다. 말하자면 유언비어는 그 유통과정에서 사실과는 관계없이 말의 자유로운 성장이 있었으며, 근거 없는 허황된 이야기라고 무시하면서 동시에 같은 이유 때문에 어디를 눌러야 그 숨통이 끊어질지를 알지 못하는 것이다.

유언비어는 위기 상황 속에서 불안해진 민중들이 그 상황에 정서적으로 대처한 결과 생겨난 것이기 때문에 비합리적이고 감정적인 것이며, 따라서 비이성적이고 불합리한 것이라고 흔히 이야기한다. 그러나 어떤 한 사회가 사회 정치적으로 극한적인 위기 상황에 빠지고 보도기관이 완전히 통제되어 있으면 그 사회 상층부에 있는 사람들까지도 상황 판단에 우왕좌왕하게 된다. 그럴 때는 유언비어가 상당히 정확한 보도 기능을 할 수도 있고, 유언비어가 유통되면서 오히려 부정확한 부분이나 애매한 부분이 밝혀짐으로써 사태에 대한 판단이 더욱 정치(精緻)해지며 정확도를 높여가는 경우도 많다. 왜냐하면 그러한 극한 상황 속에서는 사람들의 환경에 대한 인지본능이 극도로 날카로워지면서 제각기 단편적인 정보를 주워 모으는 데 여념이 없다. 믿을 수 있는 몇 사람이 모여서 제각기 얻어온 단편적인 정보를 분석하고 검토하며, 연결되지 않는 부분은 추리력을 동원해서 사태 판단에 열중한다. 이렇게 유언비어는 오히려 그 유통과정에서 비합리적이고 근거 없는 부분은 탈락하고 오히려 정확한 상황규정(definition of situation)이 이루어지기도 하는 것이다.

따라서 유언비어는 비합리적 존재라고 비난받는 군중(crowd)들의 전유물도 아니며, 전적으로 황당무계하고 근거 없는 이야기도 아니다. 합리적이고 이성적인 존재라고 일컬어지는 공중(公衆, public)이 때에 따라서는 유언비어의 제작자가 될 때도 많다. 그들 중에는 이른바 '정보통'도 많고 여론 지도자도 많기 때문이다. 정세가 불안정하고 유동적인 사회일수록 이와 같은 경향은 더 커진다.

그러나 역시 일반적으로 유언비어는 사회의 하부계층에서 유통되는 수가 많은 것 같다. 그것은 첫째, 위기의 압력이 사회의 약한 부분에 집중적으로 경사(傾斜)해가기 때문이며, 둘째, 하부계층에 속하는 사람들이 욕구불만이 많으며, 셋째, 그들의 의견은 정책 결정 과정에서 반영될 기회가 적기 때문이다. 거기에 더해서 넷째로는 그들이 역시 비판력이나 판단력이 약하고 미신에 쏠리기 쉬우며 맹종하는 경향이 있기 때문이다. 이러한 관계로 유언비어는 일반적으로 사회의 하부계층에서 많이 유통되는 경향이 없지 않다. 그런데 이들 사이를 유통하는 유언비어는 이야기가 굴러가는 데 따라서 비합리적인 요소나 신비스러운 내용, 비현실적인 것 등이 늘어나는 경향이 있다.

여기서 우리는 같은 유언비어라 하더라도 그것이 어떤 사람들 사이를 통과하는가에 따라서 이야기의 내용이 현실이나 사실에 가까워져가는 수도 있고, 반대로 현실이나 사실과 동떨어져가는 방향을 취할 수도 있다는 것을 발견한다. 말하자면 유언비어가 어떤 여과기를 통과하느냐에 따라서 이야기의 방향이 달라진다는 것이다. 물론 여기서 이야기하는 여과기란, 이를테면 합리적이고 이성적이라는 공중이냐, 아니면 감성적이고 비합리적인 군중이냐를 가리킨다. 현실사회에서는 대개의 경우 지식수준이 비슷한 사람들끼리 이야기 상대가 된다. 직장에서도 그렇고 친구들 사이에서도 그렇다. 은밀한 비밀 이야기는 끼리끼리의 사이에서 유통되게 마련이다. 따라서 어느 정도 지식 수준이 높고 판단력이 있는 사람들 사이에서는 이야기가 현실과 더 가까워질 수 있을 것이며, 반대로 지식 수준이 낮은 사람들 사이에서 유통하는 경우에는 비현실적이고 비약적인 내용으로 변하게 되는 경향이 있다.

다만 여기서 우리가 유의해야 할 것은 비현실적이고 비약적인 내용 속에 민중들의 간절한 원망이나 희구가 담겨져 있다는 점이다. 이와 같은 유언비어는 거의 근거 없는 거짓말이 된 상태에서도 현실 이상으로 진실한 이야기가 되어 있을 수 있다는 점이다. 뛰어난 문학 작품이 허구인 데도 불구하고 현실보다 더욱 현실적일 수 있다는 사실을 우리는 알고 있다. 마찬가지로 뛰어난 유언비어는 현실 이상으로 현실의 본질을 꿰뚫고 있을 때가 있는 것이다. 말하자면 현실적 문제점이 민중의 원망이라는 여과기를 통과함으로써 그 문제점의 본질이 현실 이상으로 예리하게 드러나는 것이다. 이런 성격 때문에 당국이나 보도기관이 부정하고 묵살하는 데도 불구하고 더욱 세차게 번져나가는 것이다. 유언비어는 사실이 아닌 수가 많지만 그런데도 언제나 얼마쯤의 진실을 지니고 있다. 그래서 언제나 살아서 움직이고 번식해나가며 사람들의 마음을 사로잡는다.

유언비어는 대개의 경우 통치 세력이나 그 주변 이야기일 때가 많다. 말하자면 유언비어의 표적은 통치 세력이 주가 되는 셈이다. 유언비어는 통제나 탄압으로는 결코 없어지지 않는다. 오히려 언론통제나 탄압이 심하면 심할수록 그 자체가 유언비어의 씨앗이 될 뿐이다. 유언비어

를 없애는 길은 오직 하나밖에 없다. 그것은 사회가 민주화되고 언론과
표현의 자유를 실질적으로 보장하는 것, 오로지 그것만이 유언비어의
소지를 없애는 길이다.

1970년을 전후한 시기에 나는 '대중사회론', '대중문화특강', '여론과 선전' 등을 주로 강의하고 있었다. '대중사회론'은 서울대학교 사회학과에서 개설한 과목이었고, '대중문화특강'과 '여론과 선전'은 서울대학교 신문대학원에 개설된 강좌였다. 그런데 이 세 강좌는 따지고 보면 셋이 아니라 하나라고 할 수 있다. 왜냐하면 대중문화와 여론, 선전 등은 대중사회론의 핵심적 주제이기 때문이다. 다만 실제 강의를 할 때 중점을 어디에 두는가에 따라서 내용이 달라질 따름이다. 이 세 강좌는 한국의 대학에서는 처음으로 개설된 것으로 알고 있다.

　'대중사회'란 현대사회가 산업화 과정을 진전시킴에 따라서 드러나는 사회 현상을 말하는 하나의 개념도구이다. 고도로 산업화된 사회 속에는 '공중사회'(public society) 현상도 있고 '대중사회'(mass society) 현상도 있다. 다만 산업화가 진전되고 이른바 '정보사회'(information society)로 접어들면서 대중사회 현상은 더욱 심화되고 두드러지게 된다.

　지배적인 문화형태는 '대중문화'로 전락하고, 이것은 이른바 '문화'로서의 작품성이나 예술성, 사회성 같은 것은 도외시되고 오로지 상품성으로서의 가치만이 추구된다. 판매부수, 시청률, 동원 관객 수 같은 것이 절대적인 가치가 된다. 즉 얼마만큼의 매상을 올려서 이윤은 얼마인가 하는 것이 대중문화의 제작 기준이 된다. 따라서 대중문화는 문화라기보다는 하나의 오락상품에 불과하다.

　이러한 문제의식을 가지고 쓴 논문이 「한국의 대중문화에 대한 문명비판론적 연구—해방에서 유신체제까지」였다. 이 논문은 200자 원고지로 근 300매 분량이었던 것으로 기억한다. 그런데 서울대학교 신문학과(현 언론정보학과)의 강현두 교수가 『한국의 대중문화』라는 책을 편찬하면서 이 논문의 결론 부분을 실었으면 해서 그렇게 하라고 한 적이 있었다. 그리고 또 얼마인가 지난 후에 서강대학교로부터 강현두 교수 책에 실려 있는 내 글을 서강대학교 국어교과서 『읽기』에 실었으면 좋겠다는 연락이 왔다. 쾌히 승낙하고 얼마간의 게재비도 받은 것으로 기억한다.

　그래서 이 교과서에 실려 있는 내 글은 긴 논문의 말미 한 부분에 불과하고, 온전한 논문은 1993년에 나남출판사에서 출판된 『조선조 사회의 커뮤니케이션 현상연구』(이상희 지음)에 실려 있다.

●대학국어교정 『읽기』, 서강대학교 국어국문학과 엮음, 서강대학교출판부, 1999.

제5장 전통문화와 대중문화

— 문화전파, 민족적 가치의 소외를 경계한다

한국 대중문화의 성격

우리나라에는 훌륭한 민족문화가 존재하였다. 우리 조상은 남부럽지 않게 찬란하고 슬기로운 문화유산을 남겨주었다. 역사의 흐름에 따라 민족문화는 발전해왔으며, 그러는 사이에 귀족문화와 백성문화, 조선조 시대에 들어와서는 양반문화와 서민문화가 형성되어왔다. 양반문화는 당시의 지배계층인 왕족이나 지주 및 독서인들이 향유할 수 있었던 문화이며, 비교적 높은 교양과 경제적, 시간적 여유가 있는 자들만이 그 혜택을 누릴 수 있었다. 물론 고급문화 일반이 그러하듯이 우리의 양반문화도 그것을 창조한 주인공이 반드시 양반계층에 속하는 사람들만은 아니었다. 이 문화 중의 중요한 부분을 장인들, 즉 도공, 목수, 석공, 화공, 악사 등의 서민이 창조했다는 것을 잊을 수 없다. 그들은 지금에 이르러 생각해보면 훌륭한 예술가요 문화적 엘리트들이었다.

그런 한편에서는 경제적으로 예속되고 사회의 밑바닥 생활을 해야 했던 상민계급 속에서 서민문화가 이룩되었다. 서민문화의 특징은 그들의 생활양식이나 생활감정을 단적으로 반영하고 있다는 점이며, 특히 생산활동과 밀착되어 있는 경우가 많았다. 오늘날에도 끈질기게 살아 남아 있는 노동요라든가 민속공예품 등이 그러하다. 인류사회의 보편 적인 민속예술이 그러하듯이 우리의 서민문화도 생산문화의 성격을 강 하게 띠고 있다. 그것은 농어촌의 생산활동 속에서 자연발생적으로 우 러나왔기 때문에 농악이나 노동요에서 보는 바와 같이 집단적인 형태 일 경우가 많다.

원래 서민문화는 특정 개인의 창작물이 아니라 민중공동체 속에서 우 러나온 산물이다. 집단생활 속에서 발생되었으나 민중들에 의해 계 승·발전되어온 것이다. 계승·발전되는 과정에서 그 지역공동체에 알 맞게 변형·보완되는 것 또한 사실이다. 아리랑에도 진도아리랑, 밀양 아리랑, 강원도아리랑, 정선아리랑 등이 있는 것과 같다. 양반문화가 충효 등의 유교사상을 의도적으로 노래하고 생활의 여유에서 오는 화 조풍월 감상을 일삼으며 험악한 당쟁의 소용돌이에서 도피하여 무료함 을 달래고 있을 때, 서민문화는 하루하루의 생산활동을, 인간적인 육친 애를, 적나라한 본능적 욕망을 생생하게 노래하고 있었다. 그렇기 때문 에 오히려 예술적인 박진력이 넘쳐흐르는 것이며 가슴속에서 우러나온 생활감정을 폭넓게 표현하고 있는 것이다.

이와 같이 종래 우리나라에서는 양반문화와 서민문화가 공존하면서 우리의 민족문화를 형성하고 있었다. 이것은 마치 유럽사회에서 고급 문화와 민속예술이 같은 사회 속에 병존하고 있었던 것과 마찬가지라 고 하겠다.

아무튼 이와 같은 우리의 민족문화에 강력한 외래문화의 충격이 가해 짐으로써 등장하게 된 것이 한국의 대중문화라고 할 수 있다. 다시 말 해서 한국의 대중문화 현상이란 기본적으로는 서구국가, 특히 미국에 서 발생한 문화패턴이 우리 사회에 밀려들어옴으로써 나타난 것으로 파악할 수 있을 것이다. 해방 이후, 미국의 정치문화권이 한국사회에 확대되어오고 거기에 편승해서 미국의 대중문화가 한국에 강력한 영향을 미친 것이 일차적 동인이라고 할 수 있다.

더욱이 1965년 한일회담이 타결되자 일본의 경제적, 사회 문화적 물결이 한국사회에 급격히 밀려들어왔다. 제2차 세계대전 이후 일본사회에 형성되었던 대중사회적 상황은 미국의 그것을 모델로 하고 있었다. 특히 문화적인 차원에서는 미국의 대중문화를 복제하다시피 하였다. 이렇게 이차적으로 형성된 일본의 대중문화가 한일회담 타결 이후에 물밀듯이 밀려들어온 것이다. 일본의 대중문화는 미국의 그것을 모델로 하고 있기는 했어도 일본적인 것으로 변형, 소화되어 있었다. 이와 같이 일본화된 일본의 대중문화는 더욱 쉽게 한국에 받아들여졌다. 한국과 일본과의 문화적 동질성이나 유사성 때문에 더욱 그러했을 것이다. 아무튼 이런 식으로 한국의 대중문화는 다분히 외래적인 요소로 가득 차게 되었다.

그뿐 아니라 한국사회는 1960년대 후반부터 급속한 산업화를 추진해왔다. 산업화 과정이 수반하는 대중화 현상은 하나의 필연으로 알려져 있다. 한국의 산업화 과정에서도 대중화 현상은 두드러지게 노정되고 있다. 유럽의 산업화 과정이 역사적인 길이를 두고 자연스럽게 이루어진 데 비해서 한국의 그것은 다분히 인위적이고 계획적으로, 바꾸어 말하면 많은 불합리와 부작용을 수반한 채 추진되어왔다. 그렇기 때문에 한국의 대중화 과정은 서구사회의 그것보다도 걷잡을 수 없이 더욱 심각하게 진행되어온 것이다.

이와 같은 대중화 과정 속에서 사람들은 전근대적인 지역사회로부터 해방되고 도시화와 근대화의 충격파 속에 몸을 띄우게 된다. 전통적인 가치관은 혼란에 빠지고 자기 자신을 지탱할 수 있는 참다운 가치관은 그리 쉽게 확립되지 않는다. 대중화 과정 속에서 표면화되는 사회적 가치는 소비와 향락, 권력과 부, 사회적 지위 등이다. 이와 같은 사회적 목표에 대한 성취수단이나 기회는 누구에게나 평등하게 주어져 있는 것이 아니다. 여기서 욕구불만이나 좌절감이 생겨나며, 나아가 일탈행위나 비행, 범죄 등이 사회의 밑바닥에 깔리게 되는 것이다. 산업화의 혜택은 일부 소수에게만 돌아가고 대다수의 사람들은 항상 심리적 기아 상태에 놓여 있다. 그러면서도 상류계층의 생활양식이나 생활태도는 사회의 전면에 노출되고, 선망의 대상으로 바뀐다.

아무튼 대중화 과정이 급진적일수록 거기에 수반되는 부작용 또한 심해질 수밖에 없다. 이러한 급진적 사회변동 속에서 한국의 문화는 대중문화의 성격으로, 그것도 서구의 대중문화보다 더욱 거칠고 익지 못한 상태로 형성되어왔다.

그리하여 한국의 대중문화는, 한국의 대중사회적 상황이 그러하듯이, 미국과 일본 대중문화의 영향을 직접 받아서 이루어진 측면과 한국사회 자체의 대중화 과정에 수반한 측면, 이 두 측면의 요인으로 이루어졌다고 볼 수 있을 것이다. 아무튼 이와 같은 한국의 대중문화는 대중문화 일반이 갖는 사회적·경제적·정치적 또는 문화적인 각 차원에서 작용하는 갖가지 역기능을 더욱 심각하게 드러내고 있다. 한국의 대중사회적 상황이 서구의 그것보다 더욱 조잡하고 미숙한 것과 마찬가지로 한국의 대중문화가 자아내고 있는 갖가지 역기능들은 대중문화 일반이 갖는 그것보다 더욱 거칠고 조악한 상태로 나타나고 있는 것이다.

민족적 가치로부터의 소외

한국의 대중문화가 다분히 외래적인 요소를 내포하고 있다는 것은 앞에서 지적한 바와 같다. 그뿐 아니라 학문이나 종교, 이데올로기 같은 정신문화마저도 다분히 외래적인 요소로 채워져 있는 것이 사실이다. 이와 같은 사실은 부득이한 면도 있거니와 긍정적인 면 또한 없지 않다. 그러나 여기서 새삼스럽게 논의되어야 할 점은 '문화'라는 것을 넓은 뜻으로 파악할 때, 인간이 만들어놓은 정신적·물질적·제도적인 모든 생활양식 전반이 포함된다는 사실이다.

지금까지 주로 논의해온 대중문화 현상은 협의의 문화였으나, 협의의 문화가 광의의 문화와 동떨어져서 성립될 수 있는 것은 결코 아니다. 항상 광의의 문화 속에서 그것이 규정하는 바에 따라서 협의의 문화는 성립하는 것이다. 그렇기 때문에 외래적인 대중문화가 오늘날 한국사회의 지배적인 문화형태로 등장하고 있다는 사실은 한국사회 전체가, 그리고 그 속에 살고 있는 인간들 다수가 타자(他者)지향적인 가치관, 외부지향적 가치관에 경도될 수 있다는 이야기다. 이와 같은 경향에 대한 분석과 비판이 따르지 않으면 새로운 사대주의 현상이 대두될 수 있을 것이며, 여기에 비례하여 민족적 열등의식이나 무력감이 나타날 수도 있을 것이다.

대중문화를 '세계문화'(universal mass culture)[1]라고 하면서 기재만 있으면 세계의 어느 곳에서든, 그것이 자본주의 사회이건 사회주의 사회이건, 또는 선진 산업사회이건 후진적인 전통사회이건 간에 존재

---

1) B. Rosenberg, "Mass Culture in America", in B. Rosenberg and D.M. White(eds.), *Mass Culture*, p.4. 이것은 Clement Greenburg가 한 말인데 Rosenberg가 인용하고 있다.

할 수 있다는 주장이 있다. 가령 영사기와 필름만 있다면 헐리우드에서든 아프리카의 정글 속에서든 대중문화는 존재할 수 있다는 논리다. 그러나 아마 이런 경우에 아프리카의 정글 속에서 상영된 영화는 헐리우드에서 가지고 왔을 가능성이 크다. 아프리카의 오지가 아니라 한국이더라도 아마 미국으로부터 영사기와 영화제작 기재를 들여왔을 것이며 새로운 영화제작 기술을 배웠을 것이다. 물론 그것이 미국이 아니고 일본이나 다른 나라일 수도 있을 것이다.

이와 같은 기재나 기술의 도입 과정에 따라 그것으로 제작되는 정신적 내용마저 함께 도입될 가능성도 크다. 말하자면 문화형태나 가치관이 도입될 수 있는 것이다. 문화전파(diffusion)라는 것은 해당 사회나 문화 간에 상호 전달되는 것이지만, 그러나 그것은 역시 물이 위에서 아래로 흐르듯이 강세의 문화에서 약세의 문화 쪽으로 흐르게 마련이다.

그렇기 때문에 결국 대중문화를 '세계문화'란 이름으로 하나로 묶을 수는 없는 것이며, 그것의 원산지나 발상지가 있어 거기서 다른 곳으로, 이민족이 사는 사회로 흘러들어간다는 이야기다. 하나의 문화가 다른 사회로 흘러들어갈 때, 그 문화의 세례를 받는 후진 사회가 상당히 많은 영향을 받으며 역사적인 길이를 두고 그 문화의 영향 아래 놓인다는 것은 지금까지의 인류의 역사가 말해주고 있다. 그렇기 때문에 오늘날 한국사회를 풍미하고 있는 지배적 문화형태가 대중문화이며, 그것이 다분히 외래적인 것이라고 할 때, 그것이 가져올 부작용에 대해서 신경을 쓰지 않을 수 없는 것이다.

문화의 수용과정에 있어서는 두 가지 점이 신중히 고려되어야만 한다. 첫째는 무비판적인 사대주의적 수용 태세이며, 둘째는 배타적인 쇼비니즘이다. 이 두 가지는 모두 다 외래문화의 수용과정에서 배제되어야만 할 점이다. 다만 자주적이고 주체적인 입장에서 우리의 민족적,

전통적 가치관을 기준으로 한다고 하더라도 이 기준 자체가 현대적인 세계사의 조류와 보조를 같이하는 기준으로 승화된 길을 전제로 하여야만 한다. 아무튼 오늘날 한국의 지배적인 문화형태가 외래적인 대중문화라고 할 때 그것이 가져올 민족적 가치로부터의 소외를 십분 경계해야만 할 것이다.

민족문화의 회복

원래 창조라는 것은 전통의 계승·전개에 불과한 것이다. 전통의 전개 과정에 있어서는 외래문화를 수용하기도 하고 전통문화에 수정을 가하기도 한다. 다만 이러한 과정에서 중요한 것은 전통문화나 민족문화의 근간을 살려서 가꾸어가야만 한다는 것이다. 강력한 외래문화에 압도되어서 전통문화나 민족문화가 쇠퇴, 소멸되어가는 현상은 참다운 문화의 계승 발전이라고는 할 수 없다.

원래 문화라는 것은 생활 공동체나 민족 공동체가 집단적으로 형성 발전시켜온 것이며, 그들의 생산활동과 생활감정을 반영한 것 외에 아무것도 아니다. 이러한 문화는 그들의 집단 성원들에게 생활의 질서와 생활의 정서를 잡아주고 생활에 안정감을 주는 것이다.

이와 같은 민족문화는 생활 공동체에 대한 귀속의식과 그 속에서 자아를 통일된 하나의 인간성으로 유지할 수 있도록 해주었다. 그러나 외래적인 대중문화가 지배하는 사회에서는 인공적으로 조작된 긴장상태와 정치과정에서의 소외현상뿐만 아니라 비인간화의 진전 등으로 불안 상태가 만연한다.

미국의 인류학자 사피어(E. Sapir)는 문화를 '진정한 문화'(real culture)와 '가짜 문화'(pseudo culture)로 구분한다. 가령 아메리카

인디언에 있어서는 경제·종교·교육·예술·정치 등의 생활이 하나로 통일되고, 그곳의 소속 성원들은 생생한 가치 있는 존재라는 실감에 지탱되어서 그러한 문화 전반에 참가하고 있다. 그들은 그 문화의 창조자인 동시에 향유자로서 주체적인 자아를 간직하고 있는 것이다. 여기에 반해서 현대의 대중사회적 상황 속에서 인간들은 정신적 실망이나 환멸, 그리고 무관심한 수동성 속에서 생활하고, 여러 가지 문화적 영역 사이나 자기와 그들 영역과의 틈바구니에서 생생한 유기적 통일감을 느낄 수가 없게 된다. 이와 같은 사회의 문화는 '가짜 문화'라고 사피어는 지적하고 있다.[2]

'가짜 문화'가 지배하는 사회에서는 필연적으로 '진정한 문화'를 회복하기 위한 운동이 전개될 수밖에 없다. 이와 같은 운동이 역사 과정 속에서 어떻게 전개될 것인가 하는 것은 어려운 문제이기는 하나 자각된 주체적 인간들이 고립을 벗어나고 집단적인 유대를 회복해나갈 때, '진정한 문화'의 회복 과정은 궤도에 오르게 될 것이다.

대중문화가 만연되어 있는 사회는 허위의식이 지배하는 사회이다. 인간들은 평소에는 자기 환경 속의 심연을 들여다보려 하지 않는다. 설령 그것이 눈에 띈다 하더라도 하도 어마어마한 덩어리여서 자기의 힘으로는 해결 불가능한 것으로 생각하고 자기 상실감에 빠지기 일쑤다. 그리하여 그들은 안일을 평화로 착각하고, 사회 전체를 불합리와 혼란으로 몰아넣고, 그 속의 인간들도 불안과 초조 속에 빠지게 된다. 이러한 벽에 부딪힌 인간들은 다시 한 번 이성적으로 창조적인 존재로 자기회복을 꾀한다. 이러한 이성적이고 창조적인 인간형이 늘어날 때, 그 사회에는 새로운 역사의 가동이 시작된 것으로 볼 수 있을 것이다.

---

2) 『社会学事典』, 東京: 有輩關, p.809.

자기를 둘러싸고 있는 환경을 올바로 인식하지 못할 때, 인간은 결코 올바른 행동을 할 수 없으며 창조적 노력을 할 수도 없다. 왜곡된 인식에서 우러나온 행동은 역사적 안목에서 바라볼 때 역행과 퇴영에 지나지 않는 것이다. 따라서 '가짜 문화'가 가져다주는 허위의식이나 왜곡된 상황 설명을 올바로 지적하고 폭로하는 작업은 창조적 행동의 시발점이 되는 것이다.

외래적인 대중문화가 만연해 있는 후진 사회는 상대적으로 불합리와 혼란, 불안과 초조, 그리고 긴장상태가 팽배해 있는 사회이기도 하다. 그렇기 때문에 오히려 그러한 사회에 살고 있는 인간들은 모순과 비인간성을 타개하려는 노력을 전개할 수밖에 없는 상황에 처하게도 되는 것이다. 인간은 궁극에 가서는 이성을 가지고 자각적으로 대상에 작용하는 존재이며 창조적으로 행동하는 실천적 동물이기 때문이다. 인간은 문화나 역사 창조의 주인공인 동시에, 그것을 자기에게 알맞은 것으로 개조해나가는 존재이기 때문이다.

일본의 식민 통치로부터 해방된 후 40년이 되던 1985년 어느 날, '현대일본연구회'(현재의 '현대일본학회')가 한일 국제심포지엄을 열었다. 당시로서는 제법 큰 규모의 국제 심포지엄이었다. 일본에서도 저명한 연구자가 적어도 다섯 명 이상이 참석한 것으로 기억한다. 심포지엄의 주제는 '한국과 일본: 전후 40년의 회고와 전망'이었다. 이 심포지엄에서는 한일 양국의 연구자들이 정치, 경제, 사회문화, 외교, 군사 등의 분야에서 각각 발표를 하고 토론을 했다. 이 심포지엄에서 내가 맡은 발표는 이른바 '사회문화' 부문이었다. 사회문화란 개념 속에는 당연히 정치, 경제가 포괄되는 것이지만, 이 심포지엄에서는 이른바 정치, 경제, 사회, 문화…… 하는 식의 협의의 개념으로 쓰였다. 그러나 협의의 사회문화도 이야기를 하다 보면 자연스럽게 정치, 경제, 군사 문제 등과 연관될 수밖에 없기도 했다.

나는 이 논문에서 한일관계를 보는 틀부터 달리했다. 종래 한일관계를 보는 시각은 한쪽에 한국과 한국인이 있고, 다른 한쪽에 일본과 일본인이 있는 이른바 이분법이었다. 나는 이 틀을 바꾼 것이다. 한국에서는 한국의 집권 세력과 거기에 비판적인 세력이 혼재해 있고, 일본에는 일본의 집권 세력과 거기에 비판적인 세력이 혼재해 있다. 그런데 공교롭게도 지난 40년 동안의 한일관계에 있어서는 양국의 집권 세력들은 협력관계와 유대관계로 뭉쳐 있었으며, 비판 세력들은 비판 세력대로 유대관계와 정신적 공유세계를 가지고 있었다. 단순화시키면 양국의 집권 세력이 하나요, 또다른 하나는 양국의 비판 세력이나 민주화, 평화 세력이라고 볼 수 있는 것이다.

아무튼 제2차 세계대전 이후의 한일관계는 미국이 큰 틀을 정하고, 한일 양국 정부는 그 틀과 방향에 따라서 정책을 수행해왔다. 우리나라의 이른바 사회문화도 이러한 큰 틀의 테두리 안에서 꾸준히 진행되어왔던 것이다. 양국 정부가 끈질기게 추진해온 '문화교류'의 주류는 미국의 대중문화, 즉 일본에서 한 번 더 가공되고 가미된 저급한 상품문화가 일방적으로 물밀듯 밀고 들어오는 과정에 불과했다.

이 논문을 다시 읽어보니 당시의 우리 언론이나 양식 있는 시민들이 얼마나 당황하고 어리둥절했는지 새삼스레 느껴지기도 한다. 그러나 20여 년이 지난 오늘날 우리는 그렇게 밀고 들어온 상품문화를 우리 문화로 알고 자연스럽게 거기에 푹 빠져 있다. 아주 자연스럽게, 일고의 의심도 없이 흥건히 젖어 있는 것이다.

참고로 이 심포지엄에서 논문을 발표했던 일본의 연구자는, 사카모토 요시카즈(坂本義和), 후쿠시마 신고(福島新吾), 와타나베 도시오(渡辺利夫), 이로카와 다이키치(色川大吉), 마스미 준노스케(升味準之輔) 등 다섯 사람이다.

●현대일본연구회 편집·발행, 『日本研究論叢』 Vol. 5, 1986.

제6장 한일관계 40년(1945~85)

—한국의 사회·문화적 변화

한일관계를 보는 다른 시각

한국과 일본과의 관계를 논하는 수많은 글들이 있다. 이들은 대개의 경우, 한쪽에 한국과 한국인이 있고 또 다른 한쪽에 일본과 일본인이 있는 도식을 염두에 둔다. 한국과 한국인이 한 단위이고 일본과 일본인이 또 다른 한 단위이다. 말하자면 양분론이다. 이와 같은 도식은 자연스러운 것 같기는 하지만 복잡한 현대사회의 한일관계를 분석하는 데 있어서는 한계를 지니는 것 같다. 왜냐하면 현대사회를 살고 있는 인간들은 국가와 민족을 초월해서 하나의 인류로서의 보편적 가치, 이를테면 평화·민주·자유·인권·박애·복지 등을 신봉하고 있어서 전쟁에 반대하기도 하고 독재에 항거하는 대열에 연대를 표명하기도 하며 인종차별을 규탄하기도 한다.

따라서 현대를 살고 있는 인간들은 국가와 민족을 초월해서 이와 같은 보편적 가치를 위하여 의분이나 정의감을 표명하기도 하는 것이다. 물론 사람에 따라서 개인차가 심하게 있을 것이며 때로는 그 가치 방향이 정반대로 작용하는 수도 있다. 때문에 지나치게 낙관적으로 이와 같은 보편적 가치의 존재를 기대해서는 안 될 것이다. 다만, 옛날의 전통적 · 봉건적 사회에서와는 달리 현대사회에 있어서는 이와 같은 인류 공통의 보편적 가치가 상대적으로 밀도 높게 존재한다는 것을 지적하고자 하는 것이다.

따라서 한 국가, 한 민족 안에 있어서도 어떤 사태를 보는 시각에 있어서 서로 입장을 달리하는 인간군이 존재한다는 것을 전제로 해야만 한다. 가령 현재의 한국과 일본과의 정치적 · 경제적 관계를 긍정적으로 파악하는 시각과 부정적으로 파악하는 대립적 입장이 한 국가나 한 민족 내부에 존재할 수 있다. 이들 입장들은 그들이 속해 있는 국가나 민족을 초월해서 시각을 공유하기도 하고 연대를 모색하기도 한다.

따라서 양국 간의 관계를 분석하는 데 있어서 한국과 일본이라는 양분법에 그칠 것이 아니라, 기본적으로는 자기가 소속해 있는 국가와 민족의 입장에 서면서도 어떤 사태나 사상(social affairs)에 대한 시각의 차이를 고려할 필요가 있다는 점을 지적하는 것이다. 따라서 양국관계를 분석하는 기본 도식은 가령 다음과 같은 것으로 생각할 수 있다.

이 도식은 단순화되어 있어서 각 세력들이 갖는 힘의 현실적 · 질적

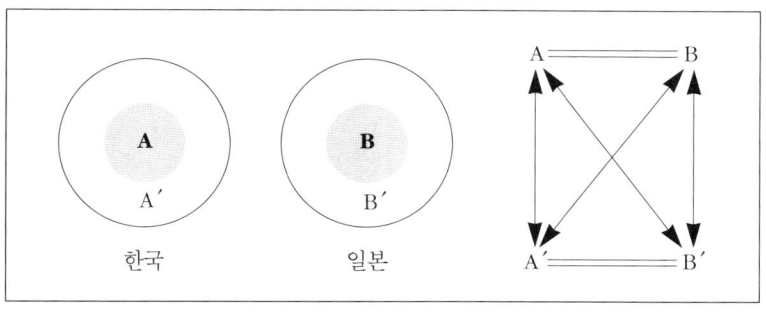

A, B: 기성 집권 세력 　　　　　　　　━━━━━ : 협력관계
A´, B´: 비판 재야 세력 　　　　　　　◀━━━▶ : 대립관계

90

차이는 드러나 있지 않다. 다만, 한국과 일본이라는 양분법에 그칠 것이 아니라 양국 내에 각각 존재하는 입장이나 시각을 달리하는 세력들을 고려할 필요가 있다는 점을 강조할 따름이다.

따라서 기본적으로는 양국이 이해관계를 달리하면서도 각각의 기성집권 세력들은 상호간 협력관계에 있으며, 역시 각각의 비판 세력들 또한 그들 나름대로 많은 부분에서 입장을 공유할 수 있다는 것이다. 나아가서 오늘날의 한일관계는 한국과 일본 두 나라만의 관계로 존재하는 것이 아니라, 미국·소련·중국 등 지구표면 전체의 국가와 정치 세력들이 맺고 있는 상호 연관적이고 상호 구정적인 관계 속에서 존재하고 있다. 특히 미국과 소련이라는 양대 진영의 국제정치적 역학관계 속에서 한일관계의 기본틀이 설정되고 있다는 점을 간과할 수 없다. 왜냐하면 현대사회에 있어서의 국가와 국가 간의 관계는 국제정치적 총체 안에서 연동적으로 존재할 수밖에 없기 때문이다. 이와 같은 국제적 역학관계와 국내 정치 세력들의 대립관계를 염두에 두면서 한일 양국 간의 관계는 규명되어야 할 것이다.

한편 이 소론은 한일관계에서 지난 40년(1945~85) 동안의 사회·문화적 측면에 초점이 맞추어진다. '사회·문화'라는 개념은 대단히 포괄적인 개념이다. 이 개념에는 당연히 '정치·경제'가 포괄된다. 정치 현상이나 경제 현상은 사회·문화의 핵심격 부분이기 때문이다. 그러나 이 소론은 한일관계를 전반적으로 다루는 종합적 심포지움 안의 한 소주제에 불과하다.

정치·경제·외교·안보 등 다양한 주제 속의 이른바 '사회·문화'적 측면을 다루도록 되어 있는 것이다. 그렇기 때문에 이른바 정치·경제적 측면은 당연히 다른 주제에서 다루어지겠지만, 그러나 역시 '사회·문화'라는 개념이 '정치·경제'와 무관한 것이 아니어서 때로는 영역 상호간의 연관성이 언급될 수밖에 없을 것이다. 또한 이 논문은 추상화된 일반론이 아니라 구체적 현상을 분석하는 작업이 될 것이다.

일본 정부가 밀고 한국 정부가 당기며

제2차 세계대전 종결 후에 한국과 일본에 들어선 미군정은 당시의 냉전 논리에 따라서 한국과 일본에서 국가의 기본적 성격의 틀을 잡아나갔다. 미국이 그들이 점령한 한국과 일본에 그들과 밀접한 연계를 유지할 수 있는 세력을 키우고, 또한 그런 정치·경제적 구조를 구축해나갔다는 것은 어떻게 보면 극히 자연스러운 논리이다. 미국은 한국에 친미적인 이승만 정권이 성립될 수 있도록 모든 상황을 조성하고, 이를 유지, 지탱하기 위하여 일제 강점기의 행정요원이나 부일 세력들을 온존시킨다. 이승만 정권은 '반공'과 '반일'을 표면에 내세우면서 자기의 존립기반을 마련하고 있었다.

특히 '반일' 면에 있어서는 한국인들 사이에 뿌리 깊게 존재하고 있는 반일 감정을 교묘히 이용함으로써 정권의 지지기반으로 삼았다. '이승만 라인'의 선포, 일본 어선의 나포, 일본 상품의 보이콧, 반일 데모의 배후조종 등을 통해 국민들의 반일 감정을 적절히 긁어주고 있었다. 그러는 한편 이승만 정부는 민족의 한이 맺혀 이룩된 반민특위를 아무런 실질적 성과도 올리지 못하게 와해시키고 오히려 친일 세력과 부일 행정요원들을 그들 통치기구에 계속 활용함으로써 구조적인 차원에 있어서는 친일 세력을 보호·존속시키는 결과를 가져왔던 것이다.

그러나 적어도 이승만 정권은 쉽게 일본과 손잡지는 않았다. 국교 정상화를 위한 많은 줄다리기가 있었으되 타결되지 않았으며, 따라서 일본의 정치·경제적 힘을 국내에 직접 끌어들이지는 않았다. 다만 국내의 친일 세력을 이용하고 그것을 유지, 존속시킨 것이 문제가 되는 것이다. 이들 친일 세력들은 이승만 정권이 무너진 후에도 끈질기게 살아남아서 정치·경제·사회의 각 부문에서 집요한 영향력을 행사해오고 있다.

일본의 물결이 본격적으로 구조적인 차원에서 한국에 몰려들어오는 것은 역시 공화당 정권 이후의 일이다. 공화당 정권은 교착상태에 있던 한일회담을 타결시켜야 할 내적·외적 운경을 지니고 있었다. 쿠데타로 정권을 잡은 그들은 낡은 '반공·반일' 이데올로기만으로는 정권을 지탱하기 힘들었다. 모든 신생 독립국이나 후진국 사회가 그러하듯이 경제 성장의 필요성은 한국에도 절실히 요구되고 있었다. 장면(張勉) 정권 때 계획되었던 경제발전 5개년계획이라도 실천에 옮기지 않고서는 쿠데타를 합리화할 수 없었던 것이다. 그러나 5개년계획을 추진할 경제적 기반이 없었다. 이때 교착상태에 있던 한일회담을 타결지음으로써 당면한 매듭을 풀려고 했던 것이다. 이것이 한일회담을 타결지어야 할 공화당 정권의 내적 운명이었다.

한편 이 시점의 미국은 베트남에 발이 깊숙이 빠져 있었으며 극동에서 자신의 진용을 재정비할 필요성에 직면해 있었다. 이러한 맥락 속에서 한미상호방위조약이 체결되고 미일 군사협력체제가 실체화되어간다. 1960년의 미일안보조약의 개정 등이 그러한 것이다. 미국은 일본과 한국이 경제적인 차원에서는 물론이고, 정치·군사 면에 있어서도 밀접한 연관성을 맺을 것을 강력히 희망했다. 미일안보조약의 제2조에서는 미국과 일본뿐만이 아니라 한국과의 경제협력이 강력히 요구되고 있으며, 경제적으로 성장한 일본이 한국에 대해서 긴밀한 작용을 할 필요가 있다는 것이 강조되고 있다.

한일회담이 타결되는 이면에는 미국의 이와 같은 작용이 강력하게 존재했던 것이다. 이와 같은 상황이 공화당 정권이 한일회담을 타결지어야 했던 외적 운명이라 할 수 있다.

이렇게 해서 공화당 정권은 드디어 1965년 6월에 '대한민국과 일본국 간의 문화재 및 문화협력에 관한 협정'을 체결하게 된다. 이것이 이른바 한일기본조약이며, 이 조약으로 인해 일본의 물결은 구조적인 차원에서 한국에 밀려들어오기 시작한다. '문화협력에 관한 협정'으로 되어 있으나 결코 '문화'적 차원의 내용만이 아니다. 그 핵심은 '재산청구권' 협정에서 "'3억 달러와 동등한 가치를 가지는 일본국의 생산물과 용역'을 10년에 걸쳐서 '무상공여'받는 것"이었다. 이것으로 공화당 정권은 이른바 '근대화'를 추진하게 된다.

이 한일기본조약이 체결되는 과정에서 한국의 공화당 정권과 일본의 자민당 정권은 긴밀히 협력하고 결탁하였으며, 반대로 한일 양국의 비판 세력들은 야당, 지식인, 학생 할 것 없이 강력하고 격렬한 반대투쟁을 전개했던 것이다. 말하자면 집권 세력들은 국가나 민족의 차이에도 불구하고 밀접한 협력관계와 이해관계를 공유하고 있었으며, 반대로 비판적 재야 세력이나 양식 있는 지식인, 학생들은 제각기의 정부에 대해서 격렬하고 집요한 반대투쟁을 감행했던 것이다. 따라서 일본의 물결이 한국에 본격적으로 침투해오는 과정은 일본 정부와 일본인이 하나로 뭉쳐서 한국에 쳐들어온다기보다는 일본 정부가 밀고 그것을 한국 정부가 끌어당기며 상호 협력해서 양국의 비판 세력들에 대처하면서 이룩해나가는 것으로 보아야 할 것이다.

아무튼 이렇게 하여 이른바 한일 국교정상화를 이룩하고, 경제·정치·사회·문화의 모든 차원에서 '교류'라는 것이 이루어진다. '교류' 중에서도 '문화 교류'라는 것이 구체적으로 어떻게 추진되는지 살펴보자.

'한일기본조약'은 1965년 12월 18일에 발효하게 되는데, 그 후 1년 가량이 지난 1967년에 '한일문화교류협정'이라는 것을 추진시키려다가 양국의 국민적 반대 여론에 부딪혀 일단 후퇴시킨다. 그러나 양국 정부는 집요하게 '문화 교류'를 실체화해나간다. 말이 '교류'이되 사실은 한국에 대한 일본문화의 일방적 유입이 그 실태라고 할 수 있다. 1971년 7월 31일에는 비등하는 비난의 소리에도 불구하고 주한 일본대사관의 광보관실이 정식으로 문을 열게 된다. 이 광보관실은 일본문화의 한국 유입 전초기지로 받아들여지면서 한국 내에서는 광범위한 반대 여론에 부딪혔던 것이다.

한편 한일기본조약 체결 이후에 두드러지게 나타난 현상 중의 하나는 한국 학생들에 대한 일본어 교육이었다. 1973년 이후 전국 고등학교의 상당수가 일본어를 가르치고 있으며, 대학에도 현재 43개교에 일본어 학과가 설치되어 있다. 각급 학교에서 일본어를 교육하도록 일본 정부는 강력하고 끈질기게 추진해왔으며 이것을 박정희 정권은 적극적으로 받아들였던 것이다. 그뿐 아니라 한일기본조약이 체결된 이후에 우리 나라 중고등학교의 교과서 내용이 개정되었는데, 그 개정 내용은 일본 강점기의 민족해방투쟁 등이 대폭 축소·약화된 것으로 탈바꿈하는 것이다. 그 이유라는 것이 자칫 배외주의를 유발해서는 안 된다는 것이었다.[1] 일본 식민 통치에 항거한 역사적 사실마저도 왜곡해서 학생들을 교육시키는 어이없는 일이 현실화되고 만 것이다.

반대로 일본에서는 이른바 교과서 왜곡으로 그들의 식민 통치를 정당화한 사실을 우리는 잘 알고 있다. 이와 같이 집권 세력 상호간에는 협력을 이룩하면서 결국 국가적·민족적 차원에서 피해를 입는 것은 상대적으로 약소국인 한국인 것이다. 이른바 '교류'가 가져오는 일방성을

---

1) 강동진, "일본문화의 대량유입에 관한 관견", 『문화비평』 3권 3호, 1971년 9월 호, 558쪽.

이와 같은 교육 문제에서도 여실히 볼 수 있다.

종교 또한 한일협정 타결을 전후해서 일본의 전형적 보수 종교인 일연정종(日蓮正宗)과 천리교(天理敎)가 잠입해 들어온다. 이들 두 일본 종교는 한국 전역에 확산되면서 놀라운 교세로 번져나가고 있다. 특히 일연정종은 '동방요배'(東方遙拜, 주일 예배 중 정오 사이렌 소리가 나면 일본이 있는 동쪽을 향해 90도로 절하는 의식)를 시키고 일본말로 '남묘호렌게쿄'(南無妙法蓮華經)를 되풀이하여 외게 함으로써 암암리에 친일사상을 전파하고 있어 크게 문제가 되고 있기도 하다.

그러던 중 80년대에 접어들면서 이른바 '문화 교류'라는 것이 본격적으로 추진된다. 물론 이것의 주된 추진 세력은 일본의 기성 보수집단이다. 1981년으로 접어들자 한국의 신문에 다음과 같은 내용이 보도되기에 이른다. "일본 정부는 1981년 7월 말에 정부차원의 문화 교류를 대폭 확대할 것을 한국 정부에 희망하고, 8월 20일의 한일 외상회담과 9월 각료회담에서 일본 측이 이 문제를 주요 의제로 제기할 것을 밝혔고,"[2] 뒤이어 이를 위한 정부 차원의 '한일문화위원회' 설치를 제의했다. 구체적으로는 '청소년, 학자, 예술인, 언론인 등을 대량으로 교류시키는 한편 상업영화 및 가요 등 대중예술의 교류'를 제의했던 것이다. 그뿐 아니라 동년 11월에는 일본 외무성의 정보문화국장이 방한해서 양국의 문화 교류를 확대하기 위한 정예협의체의 구성을 요구했다. 이 정예협의체는 관민 합동기구로서 "양국 국민간의 이해를 높이고 문화 교류를 점진적으로 확대하기 위해 '한일문화혼성위원회'의 구성을 제의했고, 이 기구를 통해서 청소년과 각종 스포츠 교류의 확대 및 이를 위한 스포츠기금 설치 문제, 나아가 일본의 상업용 영화 및 음반의 대한 수출

---

2) 『중앙일보』, 1981년 7월 29일자.

문제를 거론할 움직임을 보였다."[3]

한편, 나카소네 일본 수상은 1983년 1월 11일 한국을 방문하여 정상 회담을 갖고 공동성명을 발표하게 된다. 이 성명의 제10항은 다음과 같은 내용으로 되어 있다. "국민적 기반에 입각한 교류의 확대가 장기적인 관점에서 양국 관계의 발전에 매우 중요하다는 데 대하여 의견을 같이하고, 이를 위한 방안으로 학술, 교육, 스포츠 등 양국 간의 문화 교류를 점차적으로 확대해나가기로 했다"[4]는 것이다. 그리고 나카소네는 기자회견을 통해서 "이번 방한으로 정부 간의 교류가 이루어졌으므로 앞으로 민간 교류를 확대해나가는 것이 중요하다"[5]고 강조했다. 나카소네 방한 직후인 1983년 4월 '한일의원연맹'에서는 '한일문화교류기금' 발족을 위해 '한일문화교류기금추진위원회'를 구성하고, 모금액을 한국은 10억 원으로, 일본은 10억 엔으로 정하였으며, 이 기금은 민간 기업에서 모금하기로 했다. 이 기금은 한일 간의 경제적 교류와 학자 · 청소년 · 문학 분야의 교류 확대를 위해서 쓸 것이라고 밝혔다.[6]

1983년 8월 말에는 도쿄에서 제12차 한일 정기각료회의를 개최하고, 정상회담의 합의사항을 재확인하는 동시에 문화 교류 확대를 위한 실무자회의를 설치할 것을 결정한다. 그리고 그 첫 실무자회의를 1983년 내에 가질 것이라고 밝혔다. 이 실무자회의는 예정대로 동년 12월 2일과 3일 서울에서 개최되었으며, 특히 일본 대중영화의 한국 수출 문제가 본격적으로 논의되기도 했다.[7]

3) 『현실과 전망』, 풀빛, 1984, 232쪽.
4) 같은 책, 233쪽.
5) 『동아일보』, 1983년 3월 14일자.
6) 『동아일보』, 1983년 5월 23일자, 앞의 책에서 재인용.
7) 『동아일보』, 1983년 12월 5일자.

한편, 다음 해 1984년 3월 28일에는 일본 측이 '한일문화교류연락회'라는 것을 발족시키기에 이른다. 여기에 발맞추어 동년 6월에는 한국의 '한일문화교류기금'이 발족하게 된다. 이렇게 하여 이른바 '문화교류'를 위한 제도적 및 실질적 장치들은 속속 자리를 잡기 시작하는 것이다. 한일의원연맹은 한일문화교류기금의 발족을 계기로 해서 어린 초등학생 및 중학생을 1년에 양국에서 각각 800명씩 선발해서 상호 방문시키고 상대국의 가정에 민박하도록 하면서 상대방의 풍습, 일상생활, 언어 등을 익히도록 할 계획을 밝힌 바 있다.

그리고 1984년 7월 31일에는 '한일협력위원회 합동회의'가 회의를 마치면서 공동성명을 발표한다. 이 성명에서 양측은 한일 간의 여러 가지 현안 문제를 위해 노력한다는 데 의견을 모으고, 양국 국민의 상호 이해를 깊게 하기 위해서 청소년 교류를 포함한 문화 교류를 촉진하고 앞으로의 협력관계 증강을 위해 각 분야를 대표하는 인사로 구성되는 '한일연락위원회'의 설치를 검토하기로 했으며, 이로써 얼마 전 일본 측에서 일방적으로 구성했던 '일한문화교류연락회'가 쌍방 간에 구성되기에 이른 것이다.[8]

지금까지 1980년대에 접어들면서 숨가쁘게 추진되어온 '문화 교류'의 정책적 움직임들을 살펴보았다. 이를 다시 정리하면 다음과 같다.

한일 정상회담, 각료회담의 과정을 거쳐서 양 정부의 행정각료들 차원에서 '한일문화교류 실무자회의'라는 정책적 실무기구가 설립되었다. '한일문화교류 실무자회의'에서 입안되는 방침을 실행하기 위한 재정후원기구로 양국의 대기업에서 직접 후원하는 '한일문화교류

---

8) 『현실과 전망』 1, 풀빛, 1984, 235~236쪽 참조.

기금'이 발족되고, 또한 각 분야를 대표하는 인사로 구성된 '한일연락위원회'가 설립되어서 실무진이 구성되었다. 이러한 '한일문화교류기금', '한일연락위원회'는 기존의 한일 협력기구인 '한일의원연맹', '한일협력위원회'에서 탄생시킨 것이다. 그리하여 정책입안진으로 '한일문화교류 실무자회의'와 자금조달처인 '한일문화교류기금', 실무진으로 '한일연락위원회'가 구성된 것이다. 이렇게 하여 이른바 한일 문화 교류를 위한 만반의 준비는 갖추어지는 것이다.[9]

이상에서 제2차 세계대전 이후 일본의 물결이 한국으로 어떻게 흘러 들어오기 시작했으며, 그것이 자유당 시기, 공화당 시기에는 어떠한 양상을 가지고 있었는가, 특히 1980년대에 접어들면서부터는 미국의 동북아정책을 배경으로 깔면서 일본 측이 어떻게 문화 교류를 독촉하고, 한국 측이 그것을 수동적으로, 그러면서 협력적으로 받아들이고 있었는가 하는 것을 정책적인 차원의 움직임 위즈로 살펴보았다.

우리의 삶 곳곳에 '일본'이 있다

이제 한국사회에서 일본의 사회 · 문화적 영향이 구체적으로 어떻게 나타나고 있는가, 그 표면 현상을 들여다볼 필요가 있다.

먼저 방송을 살펴보기로 하자. 방송은, 특히 텔레비전은 현대사회에 있어서 '제5의 벽'으로 일컬어지면서 인간생활과 밀착되어 있다. 방송은 한 사회 전체를 물들이고 인간의 가치관 형성에 지대하고 누적적인 영향을 미친다. 텔레비전 방송이 보급된 이후에 태어나서 자란 청소년

---

9) 같은 책, 236쪽.

들을 흔히 '텔레비전 차일드'(television child)라고 하는데, 이 세대는 아버지에게서보다도 텔레비전으로부터 더 많은 영향을 받는다. 왜냐하면 아버지는 아침 일찍부터 저녁 늦게까지 항상 바깥으로 나도는 반면, 텔레비전은 방 안에 있는 또 하나의 벽(제5의 벽)으로 존재하면서 언제든지 아이들과 놀아주고 무엇인가 말을 걸어준다. 텔레비전은 친구이기도 하고 스승이기도 하다. 친구는 언제나 좋은 친구만 있는 것은 아니며 스승 또한 반드시 훌륭한 스승만 있는 것도 아니다. 가령 일제 강점기의 한 일본인 교사는 개인적으로는 인간미가 풍부한 사람이었으나 그가 가르친 교육 내용은 '황국신민의 길'이었다. 아무튼 현대사회에서 텔레비전은 한 개인의 인간형성 과정에서부터 전 사회적 풍토에 이르기까지 지대한 영향을 끼치고 있는 것이 사실이다.

그런데 오늘날 한국의 텔레비전은 어떠한가. 이제 그것이 일본 방송에서 베껴온 것인지 원래 한국의 것인지도 모르게 된 방송 프로그램들이 수없이 많지만, 한국의 텔레비전은 그 출발서부터 미국과 일본 것의 모방으로 시작했다. 프로그램의 개편이 있다거나 새로운 프로그램 양식을 개발하고 제작해야 한다거나 할 때면 으레 방송 요원들이 부산으로 내려가서 호텔에 진을 치고 일본 텔레비전을 학습하곤 했다. 편성이나 제작에서 일본의 그것을 모방할 뿐 아니라 프로그램의 내용 또한 비슷한 것으로 물들어갔다. 이제는 이러한 단계를 넘어서 필요하면 구체적 자료와 녹음테이프, 비디오테이프 등이 그때그때 들어오고 있다. 한국의 텔레비전이 일본의 그것을 모방하고 있을 뿐만 아니라 한반도의 남부 해안지역에는 오래전부터 일본의 텔레비전이 직접 안방으로 흘러들어오고 있다. 1984년 10월의 한 신문기사를 살펴보자.

'제3의 TV채널'이 항도 속의 일본색을 더욱 짙게 한다. 부산에서는 일본 NTV 방송이 KBS, MBC와 더불어 '3대 방송'으로 꼽힌다. 주요 관광호텔에선 '채널5' 등으로 공식화해놓은 지 오래고, 오락, 어린이 프로 등 정규 프로그램은 물론 CM까지 누가 누구를 흉내냈는지 모를 정도로 내용이나 편성 시간대가 똑같다. 머리비듬약 CM에서 '베토벤'이 머리를 긁는 장면, '우리는 오랜 친구, 장우 운운'은 일본의 완전 복사판. 국내 TV프로 제작 관계자들이 부산으로 출장와 일본 것을 배워간다는 얘기가 실감난다.[10]

일본의 텔레비전은 항도 부산이나 남해안 지역만의 문제는 아닌 것 같다. 1984년 1월 23일에 일본은 'BS-2a'라는 방송위성을 쏘아올린 바 있다. 이것은 지상 3만 5,800킬로미터 상공에서 100와트의 출력으로 전파를 발사하게 되어 있다. 이 경우 한반도도 그 사정 범위에 들어가게 되며, 서울 같으면 일본의 북해도에서 전파를 수신하는 정도의 감도를 갖는 것이다. 이 전파는 간단한 패러보너 안테나에 SHF(보통 TV전파보다 10억배 강한 극초단파)를 VHF(보통 텔레비전 주파수)로 바꾸어주는 주파수 변환기만 설치하면 우리 텔레비전으로 수신 가능한 것이다. 이렇게 되면 한반도의 전 지역이 일본의 텔레비전 전파로 뒤덮이게 된다. 아직 이와 같은 사태는 나타나고 있지 않지만 일본 방송위성 'BS-2a'가 발사되어 있는 것은 사실이어서 이와 같은 사태는 정책 당국자들이 하려고 들면 언제든지 할 수 있는 기술적 여건이 이미 구비되어 있다.

한편 일본의 텔레비전 내용물들은 직접방송이 아니더라도 비디오테이프로 복사되어서 전국에 유통되고 있다. "쿠산 지방에서 녹화한 일본 TV드라마 등을 그대로 복사, 암시장에 유통시킨 것도 적지 않다. 그동

10)『동아일보』, "일본바람이 부는가" 1, 1984년 10월 19일자.

안 주로 미군 PX나 해외 여행자를 통해 흘러들어오던 외국산 테이프는 통관절차 등이 복잡해짐에 따라서 감소되는 추세에 있고, 커팅을 거치지 않은 일본 TV를 녹화한 비디오테이프가 더 많이 유통되고 있는 실정"[11]이라는 것이다. 이와 같이 일본의 방송은 직접 간접으로 한국사회를 물들이고 한국인들의 머릿속도 물들이고 있다.

일본의 서적·출판물 또한 한국사회와 문화에 큰 영향을 미치고 있다. 방송이 감성적인 매체라면 서적이나 인쇄물은 이성적인 매체라고 할 수 있다. 방송은 어떻게 보면 수동적으로 또는 습관적으로 그저 보고 듣는 경향이 있는 데 비해서 책이나 신문·잡지 같은 것은 읽고 싶은 것을 능동적으로 골라서 읽는다. 매체에 접하는 사람, 수용자의 자세도 다르거니와 내용물 또한 방송과 인쇄물은 상당한 차이를 보인다. 인쇄물의 내용은 방송 내용에 비해서 체계적이고 이성적이다. 따라서 인쇄물 등의 영향은 그 심도가 깊다고 할 수 있다. 아무튼 일본의 서적·출판물은 우리나라의 수입도서 중에서 압도적인 비중을 차지하고 있다. 전체 수입도서 중에서 일반서적은 60퍼센트 이상, 정기간행물은 약 85퍼센트에 해당하는 양이다. 구체적으로 보면 다음과 같다. 1984년 한 해 동안에 한국이 수입한 외국 간행물은 일반도서 26만 674종에 106만 5860부, 정기간행물(신문·잡지)이 1,470종에 539만 96부이다. 이 중에서 일본도서가 차지하는 비중은 다음과 같다. 일반서적은 17만 7,594종(전체 수입도서의 68.1퍼센트), 부수는 95만 8,880부(전체의 68.6퍼센트)여서 책의 종류로 보면 전체 수입도서의 약 70퍼센트를 차지하고 있으며, 정기간행물은 1,240종, 200만 9,861부에 달하고 있어서 종류의 경우 전체 수입량의 84.4퍼센트를 차지하고 있다.[12] 세계의

---

11) 박상태, 「밀입국 일본하반신문화의 현장」, 『정경문화』, 1984년 3월, 93쪽.

수많은 나라를 생각하지 않더라도, 영어·독어·불어·서반아어·중국어·러시아어 등의 문화권만 생각하더라도 일본어로 된 간행물이 차지하는 비중이 얼마나 높은가 하는 것을 짐작할 수 있다. 그뿐 아니라 같은 기간 동안에 국내에서 출판된 도서는 불과 2만 9,190종에 8,832만 6,989부에 지나지 않았다. 수입된 일본도서와 국내에서 출판된 도서를 비교해보면 수입된 일본도서가 종류에 있어서는 무려 6배에 이르고 있어서 우리를 놀라게 한다. 한국에서 출판되는 책보다 종류에 있어서 6배나 많은 일본책이 들어오고 있다는 사실은 일본의 출판문화가 한국사회 각 분야에 얼마나 많은 영향을 끼치고 있는가를 여실히 말해주고 있다. 그뿐 아니라 우리의 출판문화, 나아가 우리의 문화 전반이 얼마나 부실한가 하는 것을 새삼스럽게 되새기게 한다.

이처럼 방대한 일본도서들의 내용 또한 큰 문제를 야기하고 있다. 한마디로 학문적인 내용보다는 소비적인 내용이 압도적으로 많다.

문공부 당국의 발표를 보더라도 1982년의 경우 수입된 일본도서를 분류해보면, 복식·생활정보·실내장식 등 생활문화 분야가 수입도서 중에서 35.6퍼센트를 차지해서 가장 비율이 높고, 그 다음이 어학으로 21.1퍼센트, 자연과학·사회과학 도서는 각각 17.9퍼센트와 12.9퍼센트에 불과하다. 여기서 가장 비중이 높은 '생활문화' 분야의 내용은 이른바 패션잡지인 『논노』, 『모아』, 『앙앙』, 『셴센』, 『캉캉』, 『쥬논』, 『헤어카타로그』, 『비비』, 『JJ』, 『더베스트원』, 『모드에모드』, 『맥시스터』라든가, 대중영화잡지 『스크린』, 『로드』, 『록쇼』, 『근대영화』, 『무비스』 등으로 채워진다. 이러한 잡지 중 상당수가 한국의 남녀 고등학생들을 그 고객으로 하고 있다는 사실은 사태의 심각성을 다시 한 번 깨우쳐준다.

---

12) 문공부 비공식 집계, "1984년도 외국출판물 수입 상황".

위에서 나열한 잡지들이 얼마나 오락적이고 퇴폐적인 것인지를 알 만한 사람은 다 아는 사실이다. 학생잡지『학원』의 1984년 8월호 기사에 의하면 한국의 남녀 고등학생들은 각각 5명 정도의 일본 영화배우와 가수 이름을 알고 있다고 한다.[13] 감수성이 예민한 사춘기 고등학생들의 뇌리에 이와 같은 잡지들이 무엇을 각인할 것인가 참으로 우려되지 않을 수 없다. 심지어『요치엔』(幼稚園)까지 많이 팔리고 있다.

그뿐 아니라 일본에서 베스트셀러가 된 대중소설이나 기업소설, 퇴폐적인 애정물, 사무라이들이 주름잡는 무협물 등은 재빨리 한국에서 번역 출판된다.『대망』이 무려 40만 질이나 판매되었다거나『인간의 조건』,『빙점』,『어쩐지 크리스탈한』등의 번역서들이 얼마나 팔렸다거나 하는 구체적 예는 생략하기로 한다. 그뿐 아니라 한국의 잡지나 소설이 일본의 그것을 카피하거나 모방하는 예는 종종 있는 일이며, 책의 이름까지도 일본 것을 그대로 따오기까지 한다. '패션 페이지', '성 지식', '점성술' 같은 섹션을 일본잡지에서 슬쩍 도용하는 경우도 있다.

문제는 한국의 수입도서나 출판물 중 대종을 이루는 일본의 그것들이 대다수가 극히 오락적이고 퇴폐적인 잡지나 소설류이기 때문에 이들이 한국의 사회와 문화에 끼칠 영향은 실로 우려하지 않을 수 없다는 것이다.

한편 일본의 대중가요는 '가라오케' 붐을 타고 한국의 뒷골목을 휩쓸고 있다. 대중가요는 하루하루의 삶에 지쳐 있는 생활인들이 별 생각 없이 흥얼거리는 죄 없는 대상으로 볼 수도 있다. 그러나 쉽게 따라 흥얼거릴 수 있고 사람들의 정서적 차원에 호소력을 가지고 있는 것이 또한 대중가요이기 때문에, 이는 알게 모르게 사람들의 정서를 일정한 빛깔로 물들이고 가치관의 방향을 잡기도 하는 것이다. 최근에 와서 일본

---

13) 신용하, "일본의 무역 제국주의와 문화침투",『신동아』, 1984년 10월, 255쪽 참조.

의 '가라오케'가 한국에서도 붐을 일으키고 있다. 신문의 취재기사를 한 토막 소개한다.

부산 시내 C호텔 2층 가라오케 바는 탐이 무르익어가자 더욱 흥청대기 시작했다. 자그마한 무대에서 40대의 한 일본인 남자가 종업원인 듯한 20대 한국여자의 어깨에 팔을 올려놓은 채 지그시 눈을 감고 일본가요를 간드러지게 뽑고 있었다. "아이시테모 아이시테모……." (사랑해도 사랑해도……) 정면에 설치된 대형 스크린에는 노래 가사의 배경인 듯 엷은 옷을 걸친 일본여인의 요염한 자태를 비롯해 몇 장면이 느린 동작으로 스쳐가고 있었고 화면 밑에서는 가사가 일본말로 적혀 나왔다.

이어 옆에 있던 여자가 일본어로 된 노래 제목과 가사가 적혀 있는 두툼한 노래책을 웨이터에게 가져오게 하더니 "20번" 하고 말했다. 곧 실내의 대형 스피커에서는 남진의 '가슴 아프게'가 울려퍼졌다. (중략) 전주가 끝난 뒤 여자가 우리말이 아닌 일본어로 노래를 부르기 시작했다. "우미가 후다리오 히키하나스……." 일본어 노래에 걸맞게 대형 스크린에는 역시 히라가나로 일본어 가사가 또박또박 적혀 나왔다. 분명 한국사람인 이 여자는 일본어 가사로 노래를 부르며 '가슴 아프게……' 부분에서는 일본식 발음으로 "가스므 아푸케……"하며 넘어갔다.[14]

'가라오케'란 말은 영어와 일본어의 합성으로 만들어진 신조어이다. '비었다'는 뜻의 일본말 '가라'(空)에 영어의 오케스트라를 줄여 붙여

14) 『동아일보』, "일본바람이 부는가" 2, 1984년 10월 20일자.

서 된 것으로, '가짜 악단' 정도의 뜻이다. 도쿄 신주쿠의 클럽 '프랑키' (Pranquie)에서 비롯되었다는 이 '가라오케'는 이제 부산, 서울뿐만 아니라 심지어 농촌지역의 소읍에까지 번지고 있다 한다. "이것이 부산에 상륙한 것은 지난 79년. 처음 10여 곳에 불과하던 것이 최근 들어서는 부산·서울을 비롯, 인천·대구 등 관광호텔을 중심으로 생겨나고 있다. 서울의 경우, 강남지역 유흥가에만 100여 곳이나 생겨 흥청거리고 있다. 가라오케 술집도 업소마다 유형이 다르다. 부산 C호텔처럼 대형 스크린을 갖춘 1,700만 원짜리 설비를 한 곳도 있고 서울 강남지역의 스탠드바처럼 30~50만 원짜리를 설치한 곳도 있다."[15]

이 신문기사는 꼭 1년 전의 것이지만, 1년이 지난 오늘에 와서는 '가라오케'가 농촌의 소읍까지 보급되었다는 것이어서 그 전파의 속도를 실감할 수 있다. "최근에는 또 대학가 다방에서까지 일본가요가 유행, 무분별한 일본문화의 유입이 날로 확산되고 있음을 말해준다. 요즘 대학가 다방에서는 일본 여가수가 부른 '고이비토요'(연인이여)라는 노래가 유행, 콧노래로 흥얼거리는 정도를 지나 배우지도 않은 일본어로 가사를 흉내 내며 따라 부르는 젊은이가 많다. 여기에 일본 가수의 공연실황을 녹화한 비디오테이프까지 범람, 일본가요는 날로 우리의 생활 속에 파고들어오고 있다"[16]는 것이 한국의 현실이다.

다음에는 일본 종교의 한국 내 보급을 살펴보자. 한국에는 일연정종과 천리교가 들어와 있다. 이 두 종교는 전형적인 일본의 토착종교로 보수적이고 국수적인 종교이다. 둘 모두 발생지가 일본이고 교주도 일본인이다.

---

15) 같은 글.
16) 같은 글.

일연정종은 창가학회라고도 하는데, 일본의 보수정당인 공명당은 창가학회가 만든 정당이다. 공명당은 일본의회 내에서 일정한 수준의 세력을 꾸준히 확보하고 있다. 일연정종이 상륙한 것은 1962년 무렵인데, 당시 법화종단에 몸담고 있던 박태암(朴泰巖) 씨가 동대문구 창신동 옛 가황사 건물에서 포교활동을 시작하면서 비롯되었다. 박 씨가 포교를 시작할 당시의 명칭은 창가학회였다.

박 씨는 불교 교리를 연구하던 중 일연정종의 교리를 알게 되었고, 그러던 중 일본 총본산의 지도자인 이케다 다이사쿠(池田大作)의 서신을 통해 지도를 받으면서 본격적인 포교활동에 나선다. 한편 서울과는 별도로 대구시 북구 침산동에는 '일연정종한국신도회'라는 것이 있다. 이 단체는 서울과는 별도로 1963년에 황규항이라는 사람이 일본 총본산으로부터 직접 원조를 받아 설립한 것이다.[17]

이 일연정종은 '본존님'이 계시는 일본을 향하여 '동방요배'를 하게 하고, 일본말로 '남묘호렌게쿄'를 무수히 오우게 한다. '동방요배'가 일본 숭배를 가져온다 하여 한때 물의를 빚은 적이 있었다. '한국일연정종학회'라는 간판을 걸고 있는 서울 측은 1984년 현재 교직자 수 650여 명에 신도가 15만여 명을 헤아리고 있고, 대구의 '일연정종한국신도회'는 신도 수가 11만이 넘는다고 한다. 서울에서는 일본 창가학회의 지도를 받으면서도 자체적인 교단조직을 갖고 있으나, 대구 쪽은 승려들이 없고 일본의 지도를 직접 받아서 교단을 운영하고 있다. 서울·대구뿐만 아니라 일연정종은 전국에 광범위하게 보급되어 있는데 비공식 포교를 하고 있어서 교세의 전국적 규모를 정확히 알 길이 없다. 다만 김옥렬(金玉烈)의 『한국과 미일관계론』에는 한국 내 일연정종의 신도

17) 박상태, 앞의 글, 96쪽.

수를 '비공식 100만'[18]이라고 하고 있어서 경악을 금치 못하게 한다.

한편 천리교는 20세기 초인 1903년에 일본인 포교사에 의해 한국에 소개되었으나 교세를 크게 떨치지 못하다가 1948년 5월 한국천리교 신도들이 모여서 '천경수양원'(天鏡修養院)이라는 것을 발족시킴으로써 교단 체제를 정비했다. 1954년에 가서는 '대한천리교본원'이라고 개칭함으로써 '천리교'를 전면에 내세운다. 1961년에는 문공부 제183호로 종교단체 등록을 마치고 있다. 천리교의 총본산은 교토(京都)와 나라(奈良)에 인접한 덴리(天理) 시에 있다. 지명 자체가 천리인 것이다. 이 덴리 시에는 항상 일본 각지에서 몰려온 신도들이 특유의 의복을 입고 전 시를 메우고 있다. 한국의 신도들도 이 덴리 시를 '메카'처럼 찾는 것을 기원으로 하고 있고, 실제 상당수가 잦은 왕래를 하고 있다. 이들이 신봉하는 '어버이신'(천신)은 일본의 시조신을 가리키고 있어서 이 것을 한국인들이 신봉하는 경우 갖가지 문제점이 도사리고 있다는 점을 쉽게 짐작하고도 남는다.

천리교는 초대 교통 김진조(金振祚)로부터 2대 최재한(崔宰漢), 3~4대 최붕진(崔鵬鎭)에 이르는 동안 교역자 양성소 '대한천리교 수강원'을 두는 등 꾸준히 교세를 확장하고 있다. 현재 전국에 교당 수 754개에 교역자 6,974명과 신도 수 29만 7,562명으로 등록되어 있다.[19] 또한 김옥렬 씨는 앞의 책에서 한국의 천리교도 수를 35만으로 잡고 있다.

종교라는 것이 사람의 가치관이나 신념은 물론 생명까지 바치게 할 수 있다는 것을 생각할 때, 가장 전형적인 일본 보수종교가 그 교세를 급속도로 확장하고 있다는 사실은 놀라운 일이 아닐 수 없다.

---

18) 김옥렬, 『한국과 미일관계론』, 일조각, 1979, 214쪽.
19) 박상태, 앞의 글, 98쪽.

영화는 텔레비전과는 다른 차원에서 인간의 심리적 심층부를 사로잡고 박진감 있게 사람을 어떤 방향으로 끌고 가는 설득력을 가지고 있다. 그뿐 아니라 영화는 이윤 추구의 목적을 위해서도 훌륭한 상품이다. 일본 정부와 영화업계는 한일기본조약 타결 직후부터 일본영화의 한국 진출을 모색해오다가 1970년대에 들어서면서 기회 있을 때마다 일본영화에 대한 한국의 문호 개방을 주장해왔다. 한국 정부는 이럴 때마다 반대 여론에 부딪혀 일본극영화 수입을 허가하지 못하고 있다가, 1983년에 도쿄에서 열린 한일무역회담에서 일본 측이 자국 영화의 수입 문제를 강력히 요구하자, 이러한 일본 측의 집요한 공세에 밀려서 드디어 나카소네 방한 후인 1983년 7월 5일, 다음과 같은 결정을 내리고 만다. 그것은 "순수 문예물, 극영화에 한해서 수입을 허용하고 점차 일반영화까지 단계적으로 허용할 것"[20]이라는 내용이었다. 그러나 강력한 반대 여론이 일어나자 정부는 "현재로서는 기본 방향만 설정했을 뿐"이라든가 "일본영화의 수입은 당분간 고려하고 있지 않다"라든가 하는 태도로 호도하고 있다.

아직은 주한 일본 광보관실에서 일본의 문화영화나 기록영화, 때로는 극영화 등이 주기적으로 상영되고 있을 뿐 본격적인 수입은 안 되고 있다. 그러나 이런 상태는 그야말로 '당분간'이 되지 않을지 염려스럽다.

이상에서 살펴본 몇 가지 측면 외에 한국사회에 침투해 있는 일본문화의 영향은 미치지 않은 곳이 없을 정도다. 일상생활의 구석구석에까지 미치고 있다.

수입물품을 전문으로 파는 가게는 남대문시장에만도 10여 군데,

---

20) 『경향신문』, 1983년 7월 5일자.

백화점 쇼핑센터, 지하상가를 모두 합하면 서울시내에만도 100군데가 넘는다. (이 숫자에는 변두리 동네의 자그마한 수입상품 가게는 포함되어 있지 않다.) 수입상가 상인들의 애기는 외제물건 매출 중 50퍼센트가 일본상품이라는 것이다. 모 백화점 지하층의 식품 수입 상가에서 여고생 두 명이 이곳저곳 기웃거리며 외제물건을 구경하다가 1,500원짜리 초콜릿 두 개를 사서 입에 물고 백화점을 나갔다. 국산 초콜릿 값은 한 개에 1,000원이다. 이 백화점 6층의 수입 주방용품 코너, 점원 C양은 "이달 초 바겐세일 때 외제 주방용품이 하루에 1,350만 원어치가 팔렸다"고 말했다. (중략) 관계당국이 비공식적으로 집계해본 일본제 소비재 수입 내용은 이렇다. 금년(1984년) 들어 9월 말까지 헤어드라이어 25만 7,000달러, 라이터 2만 6,000달러, 완구류 178만 4,000달러, 주방용 기구 175만 1,000달러, 전축 39만 6,000달러, 골프채 43만 3,000달러, 카세트 6,176만 1,000달러 등 모두 6,640만 8,000달러를 일본으로부터 수입했다. 한국 돈으로 따지면 550억 원에 이른다.[21]

지금까지 인용한 것은 국내 신문의 한 기사이다. 이 기사의 수입품목을 보면 우리 사회의 어떠한 부문에 일본문화의 영향이 미치고 있는가 하는 것을 구체적으로 짐작할 수 있다. 이 기사에 나타나 있지 않은 품목들 중에도 된장, 간장은 물론이고 갖가지 인스턴트 식품, 갖가지 용구나 도구, 의류, 장식품을 포함하여 모든 영역에 걸친 상품, 심지어 귀이개, 면봉까지 들어와 있다.

한편 주생활에 있어서도 예외는 아니다. 고급 아파트나 고급 주택의

21)『동아일보』, "일본바람이 부는가" 7 , 1984년 10월 26일자.

화장실에 들어가보면 세면기나 변기는 으레 일제 TOTO의 트레이드 마크가 붙어 있다. 다방이나 서비스업의 영업 장소도 그 내부장식을 일본식으로 꾸미고 있는 곳이 많아서 알게 모르게 우리의 주생활 또한 일본의 영향을 짙게 받고 있다. 패션, 의생활, 유행 등 우리 생활의 모든 영역에 일본문화의 영향이 침투해 있지 않은 곳은 한 군데도 없다.

문화침략의 궁극적 목표를 경계한다

지금까지 한국사회에서 두드러지게 나타나고 있는 일본문화의 영향을 살펴보았으나, '문화 상호간의 전파'(intercultural diffusion) 자체를 나무랄 도리는 없다. 다만 문제가 되는 점은 그것이 호혜적인 대등한 교류가 되지 못하고, 문화 교류에 있어서도 심한 역조현상이 있다는 데 있다. 그뿐 아니라 본질적이고 핵심적인 문제점은 한국사회에 급격히 들어오고 있는 일본문화가 극히 소비적이고 퇴폐적인 것들인 동시에 침략성을 내포하고 있다는 점이다.

그 침략성을 밝히기 위해서는 제2차 세계대전 후의 국제정치의 역학관계가 밝혀져야 할 것이며 특히 1960년의 미일안보조약 개정 이후의 미국과 일본의 극동전략이 이해되어야만 할 것이다. 이와 같은 국제정치의 동향을 알아보기 위해서 몇 사람의 의견을 들어보기로 하자. "레이건 정부는 그 출범 직후, 미국을 정점으로 하는 하위 동맹국가(국민)들 사이에 존재하는 역사적·심리적(즉 문화적) 갈등을 제거하여 군사동맹적 체제를 강화하는 것을 국제문화정책의 목표로 설정했다. 나카소네 일본 수상은 1983년 초에 서울을 방문하고 그 길로 워싱턴으로 날아가 한국(한반도)에 대한 역할 분담을 미국과 합의했다. 한일 간의 군사적 협력체제 강화가 그 궁극적 목표라는 것도 밝혀졌다. 그 목표를 위해서는 한일 양국 국민간의 문화적 갈등을 제거할 필요가 생긴다. 이 것이 앞으로 전면적으로 추진되려는 이른바 '문화 교류'의 기본 동기이 자 목적인 것으로 보인다"[22]는 것이다. 그리고 또한 다음과 같은 발언 도 눈에 띈다. "용의주도한 계획 아래 집요하게 진행되고 있는 일본의 문화침탈은 군사동맹으로 구체화될 신군국주의적 대외 팽창의 정지작 업이면서 동시에 일본 문화산업의 이윤 확보를 위한 몸부림의 결과이 다. (중략) 즉, 미국의 전반적 위기의식에 직접적으로 조응하면서 한편 으로는 군사동맹을 위하여 한국인들의 뿌리 깊은 대일 견제의식을 불 식하는 문화적 동질화 작업을 정책적인 차원에서 추진시키고, 동시에 대외 팽창의 호기를 고대하는 문화산업 자본의 이윤 확보를 제도적으 로 보장해주는 정책의 상호 상승작용을 통하여 현실화되어가고 있는 것이다"[23]라는 의견이다.

또 다른 사람의 발언을 들어보자. "일본의 신군국주의 책동자들은 일 본을 급속히 재무장하여 다시 한 번 아시아 제패를 꿈꾸고 있으며, 그 들이 설정한 아시아 제패권(制覇圈)에 들어 있는 이웃 나라들을 '친일 세력'을 통하여 지배하는 종속국으로 편입시키려 하고 있다. 그들은 이 를 위하여 단계적 침투 전술을 즐겨 채택하는데, ① 경제적 침투 ② 문 화적 침투 ③ 군사적 침투의 3단계가 그것이다"[24]라고 하고 있다.

이와 같이 "문화 교류라는 미명 아래 한민족의 민족의식을 마비시키 고 나아가 일본에 대한 친근감을 조성하여 경제적 이윤 추구를 더욱 활 성화하고 궁극적으로는 군사적 지배까지를 획책하고 있다면 이것은 놀 라운 사실이며, 필연적으로 한민족의 강력한 저항에 부딪히고 말 것이

22) 이영희, "일본의 문화침투를 경계한다", 『신동아』, 1984년 9월, 215쪽.
23) 『현실과 전망』 1, 풀빛, 1984, 231쪽.
24) 신용하, 앞의 글, 262쪽 참조.

다. 그뿐 아니라 일본 내부의 양심 세력에 의해서도 이와 같은 정책 수행은 날카로운 비판을 받을 것이 틀림없다.

한편 이른바 한일 국교정상화를 추진했던 박정희 씨는 한일회담 타결 직전인 1965년 5월에 미국을 방문 중이었는데, 이때 기자클럽에서 다음과 같은 연설을 하게 된다. "자유진영의 더욱 차원 높은 결속을 위하여 과거의 감정에 집착하지 않고 대국적 견지에서 현명한 결단을 내리고 싶다"25)는 것이다. 이 말은 일본에 대한 과거의 감정을 깨끗이 씻어버리고 '자유진영의 결속'이라는 것을 명분으로 일본과 긴밀히 손을 잡겠다는 말이다. 이 말은 한국 측 집권 세력의 의도를 상징적으로 대표하는 말이다. 이 무렵 한국 내에서는 한일회담 반대 투쟁이 격렬하게 전개되고 있었으며, 일본 내에서도 청년, 학생, 지식인들을 비롯하여 야당 세력들이 날카로운 비판전선을 형성하고 있었다. 말하자면 일본의 집권 세력과 한국의 집권 세력은 시국관이나 이해관계를 같이하면서 양국의 격렬한 반대운동에도 불구하고 '한일기본조약'을 강제 체결하고 마는 것이다. 일본 정부는 밀고 들어오고 한국 정부는 끌어당기는 꼴이었던 셈이다. 이와 같은 사태가 미국의 극동전략과 그 궤를 같이하고 있다는 것 또한 엄연한 사실이다.

1980년대에 접어들면서 미국의 레이건 정권, 일본의 나카소네 정부는 상호 협력하면서 한국의 공화당 정권 때 닦아놓은 대로를 따라 그들의 대한국 정책을 급속히 추진시키고 있다.

이와 같은 국제정치적 맥락 속에서 일본이 강력하게 추진하고 있는 이른바 '문화 교류'라는 것이 한국사회와 한국문화에 어떠한 변화를 가져올 것인지…… 심각하게 대처해야만 할 시점에 이른 것이다.

---

25) 신범식 엮음, 『朴正熙選集 3: 主要演説集』, 鹿島研究所出版会, 1970.

1997년 초, 일본 히로시마에 있는 슈도 대학(修道大學)에서 '한일 국제심포지엄'을 기획하고 있으니 기조연설을 해달라고 부탁해왔다. 이 심포지엄은 1997년 3월 20일, 히로시마에 있는 평화공원 안의 국제공관에서 열렸다. 국제공관은 넓은 행사장이어서 많은 청중이 모였다. 연구자, 학생, 언론인, 일반 시민 등의 청중이 행사장을 가득 메웠다. 나는 일본말은 하는 편이어서 원고를 일본말로 작성하고 일본말로 발표했다. 그동안의 경험으로 일본 학계나 국제회의, 심포지엄 등에서 일본말로 발표도 하고 질의응답도 했으나 내 일본말이 안 통한다고 느낀 적은 한 번도 없었다.

그런데 이날 히로시마의 국제회의장 반응은 냉랭하기 짝이 없었다. 아마 나의 발표 내용이 그들의 공감을 사지 못한 것이 분명했다. 원고를 작성할 때 일본 현지의 분위기를 고려해서 다소 부드러운 표현을 사용한다고 신경을 썼는데도 내용은 역시 그들의 비위에 맞지 않았던 것 같았다.

히로시마의 '한일 국제심포지엄'이 끝나고 한 달이 조금 지난 후, '한일문화교류기금'이 연속으로 개최하고 있는 '한일문화강좌'에서 같은 내용을 발표해달라는 요청을 받았다.

여기에 실려 있는 한국어 원고는 한일문화기금 사무국에서 일본말로 된 내 원고를 한국어로 번역한 것이다. 원고가 어느 나라 말로 되어 있는가 하는 것이 문제가 아니라 청중이 누구인가가 문제였다. 서울에 모인 청중은 역사학자, 한일관계에 관심이 있는 사람, 특히 외교관 출신의 사람들이 눈에 띄었다. 그들은 내 이야기에 많은 공감을 표시해주었고, 한 노 외교관은 찬사를 보내주기도 했다.

한일관계는 아직도 '가깝지만 여전히 먼' 상태인 것 같다. 양식 있는 양국의 시민과 지식인들이 밀접한 연대를 형성해서 상호 이해와 상호 존중의 관계를 쌓아올려가야 할 것 같다.

● 「되돌아본 한일관계사」, 한일문화교류기금 엮음, 경인문화사, 2005.

제7장 역사 속의 기억과 망각
—한일관계의 어제와 오늘

역사의 양면성

'역사'란 시간의 축적이며 또한 시간의 흐름이다. '흐름'은 물처럼 땅속에 스며들기도 하고 공기 속에서 증발하기도 한다. 어느 부분은 사라지고 또 어느 부분은 마지막까지 남아서 바다에 도달하기도 한다. '생활인'으로서의 개인적인 사건은 대부분 역사의 흐름 속에서 사라져 버리지만 민족적·국가적 규모의 사건은 그야말로 '역사'로서 기억되는 것이다. 물론, 개인적 사건이라 할지라도 그것이 일상다반사가 아니고 비범한 사태를 초래할 경우에는 역사적 사건으로서 기억된다. 그래서 역사는 기억과 망각의 양면성을 지닌다.

역사는 사람과 사람 사이의 삶의 현장이며, 그런 의미에서 인간은 역사의 창조주이다. 역사의 주체는 인간이다. 사람은 역사를 만들며 또한 역사를 개조할 수도 있다. 위대하고 빛나는 역사를 만드는가 하면 추하고 천한 역사도 만든다. 그리고 또한 역사 속의 '과오'를 청산함으로써 더럽혀진 역사를 깨끗이 씻을 수도 있는 것이다. 왜냐하면 인간은 역사의 주체이며 창조주이기 때문이다.

양측 사절단에는 통역도 없었다

일본 · 일본인과 한국 · 한국인(조선 · 조선인)도 제각기 역사의 주체로서 역사를 창조해왔다. 일본민족, 한국민족이 생을 영위하며 역사를 축적해나온 과정을 먼 옛날로 거슬러 올라가면 지금 이야기하는 '국가'라든지 '민족'이라든지 하는 개념이 희미해져오는 것을 느낄 수 있다. 선사 시대에 있어서 양 민족은 어디까지 구분될 수 있었을까. 역사를 거슬러 올라가면 올라갈수록 양 민족의 역사적 윤곽은 흐려진다.

생물학 용어에 '몽골리언 스팟'(mongolian spot)이라는 것이 있다. 일본에서 말하는 '몽고반점'을 일컫는다. 일본인과 한국인에게는 이 몽골리언 스팟이 있다. 물론 몽골인이나 아메리칸 인디언에게도 있다. 그러나 예를 들어 중국의 한족(漢族)에게는 이 몽골리언 스팟이 없다.

일본어와 한국어는 우랄알타이어계의 언어이며 어순이 거의 같다. 세계의 수많은 민족어 가운데 일본어와 한국어만큼 서로 닮은 언어는 거의 없을 것이다. 양 민족 고대사 연구자들이 기술하는 바에 의하면 양측 사절단 가운데는 통역을 찾아볼 수 없다고 한다. 그때그때의 사절단 속에는 각 분야의 전문가가 포함되어 있으나 이상하리만큼 통역은 들어 있지 않았다는 것이다. 고대사 연구자가 말하기로는 각 지방의 방언 정도로 서로 통했던 것이 아닌가 한다. 즉 '규슈(九州) 사투리'와 '동북(東北) 사투리' 정도로 의사소통이 가능했을 것이라는 설명이다.

일본민족과 한국민족은 생물학적 특징으로 보나 언어학적 특징으로 보나 매우 유사한 공통성과 친근성을 지니고 있음이 확실하다.

통일신라에 대한 반감이 '일본'을 탄생시키다

한국의 남해안, 가령 부산에서 바라보면 육안으로 대마도가 선명히 보인다. 고대인의 시력은 우리 현대인보다 좋았다고 하니까 그들로서는 바로 눈앞에 보이는 섬으로 건너가지 않을 수 없었으리라고 생각한다. 대마도에 건너가면 다시 눈앞에 이키(壹岐)가 보이고 그다음은 규슈이다. 즉 한반도와 규슈 사이에는 징검돌이 두 개밖에 없었다. 훌쩍 훌쩍 뛰어 건너면 규슈인 것이다. 북방의 유목민들은 긴 역사의 흐름 속에서 남으로 남으로 흘러내려오면서 목축보다는 벼농사 쪽을 생활 방편으로 택했을 것이다.

기타규슈(北九州)에서 벼농사가 시작된 것은 기원전 3세기 무렵이라고 한다. 도작(稻作) 문화가 규슈로 흘러들어온 경로는 세 가지 정도 생각해볼 수 있다. 하나는 남방 루트로서 대만 일대로부터 기타규슈로 들어온다. 다음은 중국 남부에서 해로로 기타구슈에 들어온다. 세번째 루트가 한반도로부터의 유입이다. 항해술의 발달 정도라든지 해류라든지 하는 여러 조건을 분석하여 연구하고 있는데 제3의 루트, 즉 한반도로부터의 유입설이 가장 설득력을 가진다.

그것은 벼농사 문화를 단지 그 자체만으로 생각하는 것이 아니라 조오몽(繩文) 문화로부터 야요이(弥生) 문화로의 이행이라고 하는 역사적 과정에서 파악해야 하기 때문이다. 다시 말해 고대문화라는 것은 단순히 어떤 기술이 수입되면 그것으로 끝나는 것이 아니고 그 기술을 가진 인간집단까지도 동시에 이주해 오지 않으면 성립하지 않는 것이다. 조오몽 문화가 야요이 문화로 이행된 것은 벼농사 기술만이 아니라 한반도로부터 철기문화의 유입이 있었기 때문에 가능했던 것이다.

문화가 전파될 때는 물질문화만이 아니라 사회적 제도나 생활풍습도 같이 유입된다. 기타규슈의 해안에는 소규모의 돌멘(dolmen)이 남아 있다. 돌멘이란 지석묘를 일컫는데, 이것은 만주, 북한, 남한으로 남하함에 따라서 그 규모가 점점 작아진다. 이것이 규슈에 오게 되면 가장 소규모가 된다. 이 돌멘이라는 묘제는 이상하게도 중국의 한족에게는 없다.

한반도에서 일본열도로의 집단적 유입은 선사 시대부터 시작되는데 큰 물결은 대략 네 차례 정도이다. 첫 번째 물결은 야요이 시대, 두 번째는 고분(古墳) 시대인 5세기 전후, 세 번째는 5세기 후반에서 6세기 전반, 유랴쿠(雄略) 천황에서 게이타이(繼体)·긴메이(欽明) 조 무렵이며, 네 번째는 7세기 후반 신라의 통일 이후이다. 이들 집단적 도항인들은 그때그때의 기술이나 문화를 일본열도로 가져갔다.

신라가 통일을 이룩한 것은 7세기 후반이지만 그때 신라는 당과 손잡고 백제를 공략한다. 야마토(大和)의 사이메이(齊明) 천황은 2만7,000명의 병사를 백제로 보낸다. 7세기 전반의 백제와 야마토 왕조는 혈연적으로도 밀접한 관계였다. 신라와 당의 연합군과 백제와 야마토 연합군이 싸우게 되는데 결국 663년 백마강(금강, 일본은 白村江으로 표기) 전투에서 백제와 야마토 연합군이 대패한다. 이 시기에 백제의 유민이 대거 야마토로 유입해 들어간 것은 자연스러운 흐름이었다.

야마토는 이즈음부터 국명을 일본으로 바꾼다. 국명을 바꾼다는 것은 대단한 의식의 전환이다. 그때까지는 한반도의 여러 나라들과 비교적 친밀한 관계에 있었으나 백제가 멸망한 뒤 야마토 왕조는 통일신라에 대해서 매우 반감을 가지게 되었다. '일본'이라는 국명은 통일신라에 대한 반감의 표출이기도 했다. 본래 태양 숭배 신앙을 가졌던 야마토 사람들은 신라보다 자신들이 '해가 뜨는 곳'(日本)에 가깝다는 것을 강하게 표방한 것이다. 그래서 국명을 '일본'이라고 고쳤다(681). 이때쯤부터 한반도에 대한 반발과 함께 독자성을 가지게 된다.

즉, 일본은 야요이 시대의 초기부터 약 천 년 동안 주로 한반도로부터 문화를 받아들였다. 그 뒤로는 중국으로부터도 문화를 받아들이게 되는데, 이때부터 일본과 한반도의 관계는 소원하게 된다. 그리고 양국 간의 관계에서 결정적인 불행은 도요토미 히데요시가 일으킨 임진왜란과 메이지(明治) 이후의 조선 침략이었다.

일본의 비극, 아시아의 비극

약 2,500년에서 3,000년에 걸친 양국 간의 교류관계는 매우 밀접했으며 세계의 어느 나라 어느 민족보다도 깊은 관계였으나 긴 교류사에 비한다면 갈등의 시기는 짧았다. 그러나 우리 양 민족의 목전에는 해결하지 않으면 안 되는 갈등이 잔존한다. 이른바 식민 통치에 대한 완전한 해결과 전후처리 문제가 그것이다.

1994년 7월, 『아사히신문』은 일본인의 다시아관에 대해서 여론조사를 실시했다. "일본의 식민지였던 나라의 국민들과 제2차 세계대전 중에 점령당했던 국민들에 대해서 일본은 충분한 보상을 했다고 생각하느냐 아니면 불충분하다고 생각하느냐"는 질문에 대해 충분했다고 답한 사람은 17퍼센트, 불충분했다고 답한 사람은 72퍼센트에 이른다. 그리고 또 "일본은 아시아 제국으로부터 신뢰를 받고 있지 않다"고 답한 사람도 53퍼센트였다.[1]

이와 같은 여론조사 결과는 많은 일본인들이 식민지 보상의 미해결 문제를 아직까지도 마음속에 새겨두고 있다는 사실을 나타내주고 있

---

1) 『아사히신문』, 1994년 8월 23일자.

다. 하물며 피해자의 입장에서는 이러한 생각이 더욱 강렬하다고 할 수 있을 것이다.

그리고 또 1995년 1월 1일의 『아사히신문』은 아주 쇼킹한 보도를 하고 있다. 특히 히로시마의 여러분에게는 대단히 충격적인 뉴스였다고 생각한다. 그 내용은 다음과 같다. "아시아인들은 원폭을 신의 구원이었다고 말하고, 세계의 반수 이상의 사람들이 그것을 기뻐하였다. 이것이 일본의 비극이다."

세계 유일의 피폭국으로서 세계에 원폭의 비극을 끊임없이 호소해온 일본인으로서는 아시아인들이 원폭의 투하를 신의 도움이라고 생각한다는 것은 꿈에도 상상할 수 없었을지도 모른다. 이것이 일본의 비극이라고 『아사히신문』은 쓰고 있는 것이다. 이것은 일본의 비극이며 아시아인의 비극인 동시에 한국인의 비극인 셈이다.

이 비극을 해결하는 길은 한 가지밖에 없다. 그것은 완전한 국가보상과 전후처리인 것이다. '국가보상'이란 '전시배상'과는 그 개념이 상당히 다르다. '배상'은 피해에 대한 금전, 물질, 노동 등의 물질적인 갚음이다. 그러나 '보상'은 독일어의 'Wiedergutmachung'에 해당한다. 이것은 물질적 변상은 물론이고 도덕적 속죄와 죄의 근절을 의미한다.

다시 말해 '국가보상'이라는 것은 물질적, 금전적 배상에 앞서 '과오'에 대한 자기 비판적 인식과 마음속으로부터의 사죄가 전제되어야만 한다. 그러나 일본의 경우는 이 점에서 모자라는 것이 많다. 게이센 여자학원대학(惠泉女子學園大學)의 우쓰미 아이코(內海愛子) 교수는 「일본의 전후처리와 아시아의 보상 요구」라는 논문에서 다음과 같이 기술하고 있다. "일본 정부는 사죄도 하고 가끔은 위로금이나 향촉대(香燭代) 등을 내놓기도 하지만 국가의 책임을 인정하는 사죄와 국가보상으로부터는 항상 피해가려는 자세를 유지하려고 술책을 꾀해왔다. 매번 문제는 해결되지 않고 뒤로 미루어지게 된다." 이와 같은 의견이 일본의 전후처리 문제 전문가의 견해이다.

일본과는 달리 독일은 전후처리를 국가보상의 차원에서 자주적으로 처리한 경우가 많다. 독일은 나치의 '제3제국'이 소멸하여 동과 서 두 개의 독일로 분열되었을 뿐만 아니라 제3제국과는 절연한 새로운 국가라는 점이 분명하였음에도 불구하고 국가보상 문제를 자주적으로 해결해나갔다. '배상'의 차원과는 다른 '보상'의 필요성을 독일은 깨닫고 있었던 것이다. 독일은 스스로 충실하게 국가보상을 실행함으로써 서방 제국의 일원이 되고 과거의 비극에서 해방될 수 있었다.

또 다른 일본 연구자의 의견을 들어보자. 다쿠쇼쿠 대학(拓殖大學) 사토 다케오(佐藤健夫) 교수는 다음과 같은 의견을 피력했다.

독일이 '배상'보다는 '보상'에 몰두한 것에 비해 일본은 전후처리 문제를 '배상'의 차원에서 취급하고 '보상'의 개념은 거의 가지지 않았다. 이러한 의식에는 애초에 '부정', '불법'이나 '범죄성'에 대한 인식이 결여되어 있다. 이 점이 독일과 일본의 차이다.[2]

1995년 새해 첫날에 『아사히신문』이 보도한 '일본의 비극'은 바로 이 점에 있다고 생각한다. 즉 일본의 경우 '부정', '불법' 그리고 '범죄'에 대해서 공적으로 인정하려 하지 않고 있는 것이다. 독일이 서방 제국의 훌륭한 일원으로 받아들여졌던 데 비해서 일본은 아직도 아시아 제국으로부터 비난의 표적이 되기도 하고 신뢰를 받지 못하고 있다면 그것

---

2) 사토 다케오, 「일본과 독일의 전후처리 비교」, 하영선 엮음, 『한국과 일본』, 나남출판, 1997.

은 전후처리, 국가보상 문제를 깨끗하게 해결하지 못했기 때문이다. 다시 말해 '과거의 극복'이 완전하지 못했음에 비극의 원인이 숨겨져 있는 것이다.

과거에 눈 감는 자는 미래도 볼 수 없다

독일의 경우 '과거의 극복'은 세 가지 차원에서 이루어졌다. 첫 번째로 가해자에 대한 책임의 추구(追咎), 두 번째는 피해자에 대한 구제와 보상, 세 번째는 재발의 방지였다.

가해자에 대한 책임 추구 방식에 연합군에 의한 '뉘른베르크 재판'만 있었던 것은 아니었다. 오히려 독일인 자신들에 의한 책임 추궁 쪽이 압도적이었다. 연합군에 의한 뉘른베르크 재판 이외에도 베네룩스 3국, 덴마크, 노르웨이, 폴란드, 유고, 체코, 이스라엘(1962년의 아이히만 재판), 프랑스(1987년의 바르비 재판), 이탈리아(최근의 프리프케 재판) 등 각지에서 범죄의 추궁이 행해졌다. 1945년 이래 유죄판결을 받은 독일인은 약 5만 명에 달하는 것으로 추정되고 있다. 나치 범죄에 대한 추구는 법적 시효를 철폐하여 영구추구(범죄인이 살아 있는 한)하기로 독일인들 스스로가 결정했다.

두 번째로 피해자에 대한 구원과 보상은 국적에 관계없이, 또는 군인과 민간인의 구별 없이 똑같이 행해졌다. 이 점도 일본과는 발상이 다르다. 특히 보상의 문제는 물질적 차원보다는 부정, 불법, 범죄행위에 대한 사실을 인정하고 그것을 방지하려고 하는 것이 더욱 중요하다.

이와 같은 인식은 자연히 재발의 방지로 이어진다. 이것이 세 번째이다. 독일의 경우 특히 청소년 교육에 힘을 쏟고 있다. 교과서는 피해국과 공동으로 집필하는 노력을 진솔하게 실행하고 있다. 예를 들어 폴란드, 이스라엘, 프랑스 등과 공동으로 교과서를 만드는 것이다.

그 외에도 재발 방지를 위해서 유적(아우슈비츠 수용소 등)의 보존, 기념관 등에서의 전쟁범죄의 기록 공개 같은 관련 행사를 벌이고 있다. 독일인은 이렇게 함으로써 두 번 다시 이웃 나라에 대한 범죄를 야기하지 않도록 힘쓰고 있으며 그리고 또 그것이 범죄행위로부터의 해방이며 참된 '과거의 극복'이라고 믿고 있는 것이다.

"과거에 눈을 감는 자는 미래는 물론 현재도 볼 수 없다"는 말이 생각난다.

'과거의 극복'을 지향하며

일본과 일본인, 한국과 한국인이 각각 적대적인 두 개의 진영으로 갈라져 있는 것은 아니다. 일본인 중에서는 합리적이고 양심적인 사람들이 있는가 하면, 보수적이고 국수주의적인 사람도 있다. 『아사히신문』의 여론조사에서 나타난 것처럼 합리적이고 양심적인 사람이 많이 있다. 우리는 특히 많은 지식인, 문화인들이 이 그룹에 속한다고 믿고 있다.

한국인 중에도 마찬가지로 두 개 그룹이 있다고 생각한다. 일본과 한국에 가로놓여 있는 전후처리 문제, 국가보상 문제는 양국의 합리적, 양심적 시민들이 해결해야 할 공동과제라고 본다. 그것을 성취하기 위해 다음과 같은 세 가지 제안을 한다.

첫째, 교과서를 양국의 전문가, 역사학자 들 간의 공동작업으로 만들어야 한다. 이 점에 있어서 기본적 합의에는 도달했으나 실행에 옮기지 못하고 있다.

둘째, 양국의 매스미디어에 대해서 더 큰 노력을 요구하고 싶다. 양국의 매스미디어는 양국의 독자나 시청자가 가지고 있는 커뮤니케이션

갭이라든지 스테레오타입에 호소하는 경향이 크다. 이러한 경향은 양국 국민 사이에 편견과 반감을 증폭시켜 이를 더욱더 확대 재생산하게 된다. 이와 같은 행동은 상호 이해와 전후처리를 위한 커다란 장애물이다. 매스미디어의 경우도 양국 간에 공동 기획이나 공동 제작 등을 활발히 추진할 필요가 있다.

셋째, 양국의 합리적·양심적 시민 그룹의 주도로 상호 이해와 친선을 위한 시민운동을 활발히, 조직적으로 전개해야 한다.

이러한 노력의 축적에 따라서 자연스럽게 전후처리 문제, 국가보상문제도 점차 해결될 것으로 본다. '과거극복', '왜곡된 역사로부터의 해방'은 일본·일본인의 과제이며 동시에 우리 한국·한국인의 과제이기도 하다. 오히려 우리에게 더 절실한 과제인 것이다. 왜냐하면 언제까지나 구겨진 역사 속의 사건을 하나하나 들추어내거나 말싸움의 씨로 삼는 것은 우리에게는 그야말로 고통이기 때문이다. 결코 자랑이라고 할 수 없는 역사적 사건은 하루라도 빨리 잊어버리고 싶은 것이다. 잊어버리기 위해서는 '과거의 극복' 문제가 국가 차원에서 깨끗이 해결되어야 한다. 그리고 잊어버릴 만하면 터져나오는 이른바 문제발언(한국에서는 망언이라고 한다)은 없어져야 한다. 이러한 발언은 일본을 위해서도 아무런 도움이 되지 않기 때문이다.

우리로서는 구겨진 과거의 역사는 하루라도 빨리 망각의 저편에 묻어버리고 싶다. 그러나 오늘 이 시점까지도 아직 거기에는 도달하지 못하고 있는 것이 현실이다. 과거 NHK의 연속극에 「그대의 이름은」(君の名は)이라는 것이 있었다. 기쿠다 카즈오(菊田一夫)가 쓴 작품으로 기억된다. 이 드라마에 다음과 같은 대사가 있었다.

"망각이란 잊어버리는 것이다. 잊지 못하면서 망각을 맹서하는 마음의 서글픔이여."

제 2 부 학문의 길, 인생의 길

'역사문제연구소'는 우리나라의 비중 있는 연구소 가운데 하나이다. 이곳에서는 개소 이래 『역사비평』이라는 계간지를 꾸준히 출간하고 있는데, 이 계간지 편집부에서 연락이 왔다. 『역사비평』에서는 '나의 학문, 나의 인생'이란 기획물을 1990년 겨울호부터 연재하고 있는데, 이번호 (1997년 가을호, 계간 38호)에는 내가 대상으로 선정되었다는 것이다.

다행히 원고를 직접 쓰는 것은 아니고 대담자가 묻는 대로 이야기만 하면 된다는 것이었다. 가벼운 마음으로 아무 준비 없이 역사문제연구소로 나갔더니 상지대학의 박용규 교수가 대담자로 나와 있었다.

박용규 교수는 나의 연구 경향, 사회활동, 개인사에 이르기까지 잘 알고 있어서 이야기를 잘 이끌어주었다. 물음에 따라 즉흥적으로 이야기를 하기는 했지만 나중에 생각하니 쑥스러운 대목도 있고 미흡한 부분도 있었다.

그런데 이 대담 기사가 나간 후 약 2년쯤 지났을 때 역사문제연구소에서 이 대담 시리즈를 한 권의 책으로 묶어서 출판했다. 그 책이 『학문의 길 인생의 길』이다. 이 책에는 열두 연구자의 이야기가 수록되어 있는데, 수록된 순서대로 이름을 들면, 역사학자 이우성, 경제학자 최호진, 서양사학자 민석홍, 한학자 임창순, 언론인 및 근현대사학자 송건호, 국사학자 강만길, 여성학자 이효재, 현대국제관계연구자 리영희, 서양사학자 차하순, 경제학자 주종환, 언론학자 이상희, 국사학자 조동걸 등이다.

이 책 『학문의 길 인생의 길』의 서문에서는 "우리와 동시대를 살고 있는 인물들 가운데 학문적인 업적 면에서 기릴 만하면서 왜곡된 현실 모순 속에서 올곧게 자신의 길을 걸은 분들을 찾아 그분들의 생애와 학문 경향, 실천적 행동을 추적하여 정리한 글"을 모았다고 밝히고 있다.

내가 이 책의 편집 기준에 적합하거나 여기에 수록되어 있는 분들과 같은 반열에 낄 수 있다고 생각하지 않지만, 얼떨결에 대담에 나갔다가 결과가 이렇게 되었으니 책을 편집하고 출판한 관계자 여러분께 감사할 따름이다.

●『학문의 길 인생의 길』, 역사문제연구소 엮음, 역사비평사, 2000.

제1장 비판적 언론학의 선구자
― 시민의 힘이 결집되고 조직화되어야 언론이 개혁된다

박용규 | 상지대 교수 · 언론학

언론개혁의 필요성을 일깨워준 언론학자

중앙일보 홍석현 사장 구속사건과 '언론대책문건' 파동으로 인해 언론이 안고 있는 온갖 문제점들이 다 드러났다. 사주가 전권을 행사할 수 있는 소유구조의 폐단, 정치와 언론이 결탁한 권언유착의 병폐 등이 바로 그것이다. 이제 많은 국민들이 언론의 문제점을 비판하고 언론개혁의 필요성에 공감하고 있다. 언론의 문제점들이 어제오늘의 일이 아니라는 점을 감안하면 때늦은 감이 없지 않지만, 지금이라도 이런 움직임이 활발해진 것은 큰 의미가 있다.

언론이 이 지경까지 된 데는 언론(인)과 정치(인)에게 일차적인 책임이 있을 것이다. 그러나 언론을 연구하고 언론인을 배출하는 것을 주임무로 하는 언론학자들의 책임도 결코 작다고는 할 수 없다. 언론학자들이 과연 한국 언론이 안고 있는 문제를 제대로 지적하고, 비판적 대안을 제시하며, 이를 실천하기 위해 적극적으로 노력해왔는가 하는 뼈아픈 자성이 필요한 시점에 와 있다. 물론 언론학자들이 이런 임무를 방기해온 것만은 아니다. 이미 60년대부터 언론에 대한, 특히 한국 언론의 현실에 대한 비판적 시각을 가진 연구들이 이루어지기도 했다. 이런 연구가 시작되는 데 중요한 계기를 마련한 언론학자들 가운데 이상희가 있다.

이상희는 서울대 문리대 사회학과와 도쿄대 대학원을 마친 후 1967년에 서울대 신문대학원의 교수가 되었고, 1974년부터는 사회과학대학 신문학과(현 언론정보학과)의 교수로 활동하였다.

그가 언론학자로 본격적인 활동을 시작한 60년대 중반까지 아직 언론학은 불모지 상태였다. 언론학의 1세대라고 할 수 있는 극소수의 연구자들이 나름대로 활발한 활동을 했지만, 신문을 중심으로 역사, 경영, 취재보도 등에 관한 연구에 머무르고 있었을 뿐이다. 이런 시기에 그가 쓴 거시적이고 비판적인 시각의 논문들은 언론학에 새로운 자양분이 될 수 있었다.

그는 우선 언론이 개발독재 수단으로 쓰이는 것이 정당화되던 당시의 현실에 대해 본격적인 비판을 가했다. 사회적 커뮤니케이션 수단으로서의 언론이 본연의 역할을 하지 못하고 정권유지의 수단으로 전락해가고 있는 현실에 대한 비판적 문제의식의 발로였다. 이런 문제의식은 당연히 70년대부터 지배적인 문화양식으로 등장했던 대중문화의 이데올로기적 성격을 밝히고, 민중문화의 전망을 제시하는 연구로도 이어졌다.

또한 그는 과연 언론, 나아가 커뮤니케이션의 본질은 무엇인가에 대한 본격적인 고찰을 하기도 했다. 인간 커뮤니케이션의 본질에 관한 그의 연구는 한 사회를 형성, 유지, 발전시키는 데 커뮤니케이션이 얼마나 중요한 요소인가를 잘 밝혀주었다. 또 그의 언론사상이나 언론사상사 연구들은 언론 본연의 역할이 무엇인가를 새삼스레 일깨워주었다.

이와 같은 연구들에 깔려 있던 문제의식은 자연스럽게 이른바 비판

커뮤니케이션 이론 또는 비판 언론학의 도입으로 이어졌다. 그의 편저로 출간된 『커뮤니케이션과 이데올로기』는 암울했던 80년대의 언론현실을 비판하고 대안을 마련하고자 했던 젊은 연구자들에게 매우 큰 영향을 주었다.

거시적이고 비판적인 시각에서 언론을 연구하는 경향이 새로운 것만은 아니었다. 다만 이른바 비판 언론학이 기존 연구들이 한 단계 진전하는 데 이론적 기여를 했고, 많은 문제를 안고 있던 언론현실을 극복하기 위한 실천적 전망을 제시해주기도 했다. 이런 점에서, 그에게서 비판 언론학을 배우고 연구자가 된 후학과 제자들 중 상당수가 지금까지 언론개혁을 위해 노력하고 있다는 것은 당연한 일일 것이다.

이상희의 연구에서 나타나는 문제의식은 그의 삶 속에서도 그대로 나타났다. 그는 1974년에 동아일보 기자들의 자유언론실천운동이 전개될 때 일부 언론학 교수들과 함께 격려광고를 넣다가 어려움을 겪었다. 언론이 정권의 하수인으로 전락하는 것을 거부하고 언론자유를 지키고자 했던 언론인들의 뜻에 기꺼이 동참했던 것이다. 이런 그의 활동은 80년대 이후로도 계속되어 『한겨레』의 자문위원으로도 활동했고, 언론개혁을 위한 다양한 활동에도 참여하였다. 특히 그는 언론개혁을 위해 나선 많은 사람들의 든든한 버팀목이자 울타리가 되어주었다. 언론개혁을 주장하는 언론학자나 언론인들이 항상 그를 앞세우고자 했던 이유가 바로 여기에 있다.

한편 그는 언론학과 언론 이외의 영역에서도 다양한 활동을 하였다. 그는 서울대 교수협의회 회장을 맡아 교육과 사회의 민주화를 위해 노력하였고, 전교조 해직교사 후원회에서도 활동하였으며, 학술단체협의회 고문을 맡기도 했다. 이외에도 그는 사회개혁을 위해 필요한 다양한 활동영역에서 자신의 역할을 다하였다. 물론 그가 누구보다도 일찍이 언론개혁의 필요성을 일깨워주었다는 점을 감안하면, 그의 가장 주된 관심사가 언론개혁에 있으리라는 점을 미루어 짐작할 수 있을 것이다. 특히 시민들의 힘이 결집되고 조직화되어야만 언론이 개혁될 수 있다는 그의 지론은 당연히 시민언론운동에 대한 지속적인 관심과 참여로 이어져왔다.

새로운 세기를 맞이하면서 앞장서서 온갖 호들갑을 떠는 언론이 가장 구태를 벗어나지 못하고 있는 현실은 우리를 착잡하게 만든다. 아무리 떠들어대도 언론의 내용이, 그리고 역할이 바뀌지 않는 한 아무 소용이 없다.

이제 언론이 개혁되어야만 사회가 제대로 개혁될 수 있다는 것은 주지의 사실이다. 그러면서도 잠시 술렁이다 시간이 지나면 언제 그랬느냐는 식으로 어물쩍 넘어갈 수 있다. 바로 언론이 그런 식으로 여론을 몰아갈 수 있는 실질적인 힘을 가지고 있기 때문이다. 그런 만큼 언론개혁은 반드시 필요한 일이지만, 한편으로는 매우 어려운 일이기도 하다.

바로 이런 현실 속에 살고 있기 때문에 이상희가 연구와 실천을 통해 깨우쳐준 많은 것들이 우리에게 더욱 소중하게 와 닿는 것이다. 언론개혁을 일깨워준 그가 가르치고 보여준 것들이, 이제 새로운 세기에는 반드시 구체적인 결실로 이어지기를 기대해본다. 아울러 우리는 그가 여전히 언론개혁을 위한 든든한 버팀목과 울타리가 되어주기를 기대하고 있다.

대담 나의 학문, 나의 인생

대담자 **박용규** | 상지대 교수 · 언론학

6·25 체험으로 사회학에 관심가져

박용규 언론학 교수로서 후진양성에 진력하셨고, 1994년 정년퇴임을 하신 뒤에도 언론개혁을 위한 시민단체의 공동의장을 맡는 등 활발한 활동을 하고 계신 것으로 알고 있습니다. 요즘 근황은 어떠신지요?

이상희 잔신경 안 쓰고 잘 먹고 잘 자니까- 건강은 괜찮은 것 같아요. 그래서 상지대 이사장 일을 맡아 가끔 원주에 가고 서울대에서 강의도 하나 맡고 있어 심심치 않게 지냅니다.

박용규 선생님께서 언론학을 시작하셨을 당시는 언론학 분야가 거의 황무지 상태였다고 생각되는데, 어떻게 40년 전에 언론학을 공부하시게 되었는지 듣고 싶습니다.

이상희 대학은 사회학과로 들어갔어요. 1954년에 입학했는데, 그때는 휴전하고 정부가 부산에서 환도한 직후 서울대에서 처음으로 학생을 뽑던 시기였어요. 인간이 살기에 좋은 사회를 만드는 것이 사회학이 아니겠는가 하는 막연한 생각으로 선택했는데, 가서 보니까 농촌사회학, 도시사회학, 여성사회학, 심지어 영화사회학 해서 뭔가 초점이 잡히지 않았어요. 또 현대사회에서는 언론이 중요한 문제일 거라는 직감이랄까, 그런 생각 때문에 커뮤니케이션을 공부하면 좋겠다고 생각했는데, 당시는 언론 관계 강좌가 없었어요. 그 무렵에는 일본을 통해 매스커뮤니케이션을 줄인 '매스컴'이라는 용어가 들어오고, 미국의 커뮤니케이션 연구가 막 소개되기 시작하는 때였어요. 그러던 중 3학년 땐가 '매스커뮤니케이션 특강'이라는 강좌가 개설되어 듣게 되었어요.

천관우 선생이 맡은 강의였는데, 그분은 저널리스트이면서 역사학자로서도 일가를 이루고 있던 학구적인 분이었지요. 미 국무성 초청으로 미국에 가서 공부를 하였으니 미국 커뮤니케이션 연구의 세례를 받았겠지요. 그래서 사회학과의 이상백 교수가 사회학과에 '매스커뮤니케이션 특강'을 개설해 강의를 맡겼어요. 내가 알기로, 한국에서 매스커뮤니케이션이라는 이름을 붙인 강좌의 효시예요. 그것이 국내에서 처음 접한 언론 관계 강의였지요. 몇 년 후에 내가 그 강의를 맡았어요.

박용규 선생님 이력을 보니 특이하게도 한국전쟁 전에는 미술대학에 적을 두었다가 다시 사회학과로 입학한 것으로 나와 있던데요. 그 얘기 좀 해주시죠.

이상희 6·25로 인생이 바뀌었다고 봐야죠. 6·25 나기 1년 전인 1949년에 서울대 예술대학 미술부 제2회화과에 입학했어요. 그때는 학제를 미국식으로 바꾸어서 학년 초가 9월이었어요. 제1회화과는 동양화과였고, 제2회화과는 서양화과, 그리고 조소과가 있었어요. 입학은 했지만 어머니가 몹시 편찮으셔서 병구완차 시골에 내려가 있었는데, 끝내 어머니는 회복을 못 하고 돌아가셨어요. 어머니 장례를 치르고 서울에 올라와서 복학 준비를 할 무렵에 6·25가 터진 겁니다. 결국 미술대학은 적만 걸어두고 다니지는 못했죠. 처음에 그림 공부를 하겠다니까 집안 어른들도 그렇고 주변에서 반대가 심했어요. "대장부가 어디할 것이 없어서 환쟁이를 하겠다는 거냐"고. 내가 지주 집 막내로 태어나 제멋대로 하는 버릇이 있어서 혼자 우겨서 미술대학을 갔는데 6·25가 터지는 바람에 제대로 공부해보지도 못한 채 끝나고 말았어요.

친구하고 피난 내려오는 도중에 인민군 말의 사체라든가 새벽에 전투기 기총소사에 피투성이가 된 인민군들이 길거리에 쓰러져 있는 것을 목격했어요. 8월이라 벼논물이 태양열에 절절 끓고 있었는데, 거기에 부패해서 배가 불룩해진 미군 흑인병사들 시체가 가득 처박혀 있었어요. 그게 내 망막에 프린트되어서 지금도 사라지지를 않아요. 내가 보기에, 전쟁 초기에 흑인 위주로 편성된 부대가 앞에 내세워졌던 것 같아요. 그때는 아무것도 모르고 지나왔지만 분명 흑인들뿐이었어요.

이런 6·25 체험이 나한테는 방향 전환의 계기가 됐어요. 왜 동족끼리 서로 죽여야만 하는가? 아프리카의 줄무늬 말들은 사자가 공격해오면 새끼를 가운데 집어넣고 뒷발을 바깥으로 해서 빙 둘러서서 보호하고 서로 협력한다는데, 고등동물이라고 하는 인간은 왜 동족끼리 싸우는가? 스무 살 남짓 되는 젊은 청년으로서는 그런 회의가 참으로 심각했어요. 그래서 사회학을 공부하면 뭔가 알 수 있는 것 아닌가 생각했고, 전쟁이 끝나자 다시 입학시험을 쳐서 사회학과로 들어갔어요.

박용규 전쟁을 겪으면서 인간과 사회에 대한 문제를 풀어보고자 사회학을 선택하게 됐다고 말씀하셨는데, 스웨덴으로 유학가려고 하셨다는 말도 들었거든요. 왜 하필 스웨덴이었습니까?

이상희 왜 동족끼리 싸워야만 하느냐, 왜 우리 사회는 이렇게 못사는가 등등에 대한 고민은 20대 초반의 젊은이로서 흔히 가질 수 있는 생각이지만, 나로서는 우리 사회나 민족에 대한 관심이 상당히 절실했어요. 그러던 차에 스웨덴은 '요람에서 무덤'까지 사회보장이 잘 되어있다는 얘기를 들어서 직접 보고 그 실태를 배워왔으면 좋겠다는 욕망을 가졌죠. 그래서 스웨덴에 관한 자료를 찾는데 그 당시로는 전혀 자료가 없었어요. 궁리 끝에 겨우 찾아낸 것이 『브리태니커 백과사전』에 나온 스웨덴 항목이었어요. 역사, 기후, 인구, 학교제도 이런 것이 나와 있는데, 스톡홀름 대학에 'Graduate school for English speaking student'라는 대학원과정이 있더군요. 그래서 그 학교에 가서 공부할 수 없겠느냐고 편지를 보냈더니, '환영한다'면서 소개 팸플릿을 보내왔는데, 1년 과정으로 방학도 없는 하드트레이닝 코스였어요. 그래서 '지금 우리나라는 전쟁 직후인 데다 나도 돈이 없는데 장학금을 줄 수 없겠느냐'고 다시 편지를 보냈더니, 장학제도는 있지만 미국 쪽 몇 사람, 유럽 쪽 몇 사람 하는 식으로 쿼터제이고 유감스럽게도 극동 쪽에는 쿼터가 없다고 해요. 스웨덴 유학은 그렇게 해서 결국 포기하고 말았어요. 왜 돈 많은 미국이나 유럽에는 장학금을 주면서 정작 어려운 지역에는 안 주는가 안타까워했던 기억이 나네요. 그때 모험을 해서 떠났다면 지금쯤 북구의 은발 미인하고 살고 있을지 모르지요. (웃음)

초기 한국 언론학의 실상

박용규 당시 한국의 언론학은 미개척 분야로서 거의 황무지였을 뿐만 아니라 언론학에 대한 사회적·학문적 인식이 상당히 낮았을 거라고 생각됩니다. 선생님이 언론학을 구체적으로 연구하신 것은 역시 일본에 머물던 1960년대 초반 무렵으로 여겨지는데요. 그때 분위기를 좀 들려주시지요.

이상희 우리나라에 매스컴이라는 말이 들어온 것은 6·25 직후입니다. 그때의 커뮤니케이션 연구란 신문학(新聞學) 정도인데, 사회과학적 차원의 학문이라기보다는 저널리즘 연구, 언론사 연구, 신문기사 작성법, 세계의 신문 사정 소개 정도의 수준이었고, 50년대 중반에 겨우 미국의 커뮤니케이션 연구가 단편적으로 소거되기 시작합니다. 그러니까 언론학이나 커뮤니케이션학에 대한 지식이 아주 낮았죠. 그 한참 후에도 내 가까운 친구들은 신문학도 독립된 학문이냐고 놀리는 사람이 있었으니까요.

그럼에도 불구하고 나는 언론 현상, 커뮤니케이션 현상이 없으면 인간 사회가 성립되지 않는다, 그런 점에서 매스미디어가 발달된 현대사회에서는 매스커뮤니케이션이 핵심적인 연구 주제라는 생각을 50년대 초반부터 했어요. 그래서 일반 사회학보다 커뮤니케이션 연구 쪽으로 관심을 옮기게 된 셈입니다. 졸업하고는 홍익대, 중앙대에서 시간강사를 했는데, 역시 공부가 더 필요하다는 것을 절실히 느꼈어요. 스웨덴으로 가기는 진작에 틀렸고 미국은 내키지 않고, 그래서 일본으로 가게 됐어요. 그때가 1962년으로 정식 수교 전이라 일본에 가기도 힘들었는데, 그래도 정식 입국비자를 얻어 가서 도쿄 대학에 적을 두었지요.

일본 가서 보니까 한국의 정치 경제 상황과 엄청난 차이가 있었어요. 한국사회는 냉전 이데올로기가 극단적으로 두드러진 데 비해, 일본은 의외로 사상의 자유, 학문의 자유, 사회 정치적 자유 같은 것이 있었어요. 전철을 타고 가다가 어떤 건물에 시뻘건 적기가 나부끼고 있는 것을 보고 깜짝 놀랐어요. 나중에 알고 보니 일본공산당 본부라는 거예요. 지금 같으면 아무런 신기할 까닭이 없지만 6·25동란을 치른 지 얼마 되지 않은, 한국에서 건너간 나에게는 아주 충격적이었어요. 말하자면 한국과는 지적 풍토나 사회 정치적 풍토가 너무나 다른 사회로 들어간 셈이었죠.

도쿄 대학에 적은 두고 있었지만, 읽은 책은 커뮤니케이션 관계 서적보다 주변 서적들을 닥치는 대로 읽었어요. 그렇기 때문에 전공 쪽 공부는 소홀한 감이 없지 않았는데, 그 책들은 당시 한국에서는 볼 수 없는 것들로 님 웨일스(Nym Wales)의 *Hymn of Arirang*(아리랑의 노래), 에드가 스노(Edgar Snow)의 *Red Star over China*(중국의 붉은 별)라든가 『홍암』이라는 중국 소설, 베트남에 관한 것들이었어요.

박용규 1967년에 서울대 교수가 되셨는데, 당시는 신문학과는 없었고 신문연구소(뒤에 신문대학원으로 발전)가 있었던 것으로 알고 있습니다. 당시의 교수진과 강의 내용, 또 학생들로는 어떤 분들이 있었는지 궁금합니다.

이상희 일본서 3년 만에 돌아왔습니다. 그때가 1965년 말쯤인데 한 1년 동안 고려대, 서울대 등에서 시간강사를 했어요. 고려대에서는 여론·선전, 방송관계, 커뮤니케이션 이론 등 서너 과목을 맡았어요. 그러다 서울대 신문연구소에서 전임을 뽑는다기에 지원해서 전임 1호가 되었어요. 당시 연구소 소장이 지리학과 육지수 선생, 연구부장이 김규환 선생이었고, 학생부장으로 이만갑 선생이 계셨는데, 이만갑 선생은 사회학과 교수였고, 김규환 선생은 동양통신 편집국장으로 있으면서 신문연구소 연구부장을 겸직하고 있었어요. 내가 전임이 되고 3개월 뒤에 김규환 선생이 동양통신을 그만두고 전임으로 왔고, 그 한참 뒤에 미국 에머리 대학에서 공부하던 사회학과 후배인 오갑환 선생이 세 번째 전임으로 들어왔어요. 우리 셋이 신문대학원을 만들었는데, 학칙 초안을 내가 잡았어요. 학칙 만들고 교과목을 만들어서 신문대학원을 발족시켜 석사과정으로 50명을 뽑고, 1년 단기 연구과정도 뽑았습니다. 석사과정 50명 중에서 반은 현역 언론인들이고 나머지 반은 학부를 졸업한 대학원 지망생들로 우수한 사람들이 많이 몰려왔어요. 지금 언론학 교수 중 상당수는 신문대학원 출신입니다.

박용규 언론사에도 50대를 넘어선 간부들 중에는 신문대학원을 나온 분들이 상당수 계시더군요. 신문학이 발전하여 오늘날의 언론학으로 정착해왔는데요, 이른바 전통적인 신문학을 하신 곽복산, 최준, 이해창, 임근수, 박유봉 선생님을 1세대라고 하고 미국에서 공부하고 70년대부터 돌아오신 분들을 2세대라고 한다면, 선생님은 1.5세대라고 할 수 있겠고 경우에 따라서는 2세대로 분류되기도 합니다. 사실 1세대는 주로 신문을 중심으로 하던 전통적 신문학이고, 2세대는 미국에서 경험과학적 연구를 하고 오신 분들로 이분들이 들어오면서 우리 언론학이 급격하게 변화되었는데요, 선생님 스스로는 어디에 속한다고 생각하십니까?

또 선생님은 이른바 비판적 언론학 분야를 개척하신 것으로 알려져 있습니다. 그러니까 이전의 신문을 중심으로 했던 신문학과는 성격을 달리하면서, 미국의 세례를 받았다고 할 수 있는 경험과학적 커뮤니케이션학과도 다른 거시적이고 비판적인 언론학의 필요성을 강조하셨는데요. 당시 상황에서는 매우 독특한 발상이었다고 생각합니다. 그 배경은 무엇입니까?

이상희 곽복산 선생이라든가 최준 선생, 이화여대에 계시던 이해창 선생, 그리고 박유봉, 임근수 선생은 우리나라 언론학의 1세대라고 볼 수 있는 훌륭한 선배들이신데, 이분들의 한계는 역시 신문매체 중심의 연구예요. 학문분야도 언론매체사, 신문경영 연구, 편집론, 기사작성법 수준이었어요. 2세대라고 일컬어지는 분들은 주로 미국의 경험과학적 방법론을 받아들인 분들이에요. 나 같은 경우는 연령적으로나 시기적으로 그 중간에 끼여 있다고 볼 수 있지요. 그런데 학문의 배경으로는 어디에도 속하지 않지요. 나는 기본적으로 사회학적 인식이 밑바닥에 깔려 있어요. 무슨 얘기냐 하면 사회과학이란 인간과 사회를 위해 존재하는 학문이고, 그런 점에서 언론학도 언론매체 그 자체에 대한 연구이기보다는 사회 정치적 문맥 속에서 커뮤니케이션 또는 언론이 어떤 위치를 차지하고 있는가, 그리하여 어떤 기능을 하고 있는가 하는 것을 밝혀야 한다는 생각을 했습니다. 전체 사회 과정 속의 커뮤니케이션이 문제였던 것이지요. 따라서 자연히 경험주의적 시각보다는 거시적이고 논리적인 시각으로 기울어져갔습니다. 경험적 방법론을 동원한 미국의 사회과학은 역사적 문맥을 사상하고 현상분석에만 초점을 맞추는 경향이 있는데, 나는 그것을 미국 사회과학이 갖는 한계라고 봅니다. 사회학도 그렇고 커뮤니케이션 연구도 그렇고, 역사적 문맥을 탈락시키고 주어진 현상에 대한 미시적 경험과 응용과학적 성격에다 초점을 맞추는 것이 미국 사회과학이 갖는 방법론적 한계인데, 거기에 대해서는 늘 비판적 시각을 가지고 있었어요.

기성 구조 유지에 봉사하는 미국식 학문 경향에 비판적

박용규 그러한 선생님의 문제의식은 초기 논문들에서 잘 나타납니다. 특히 제가 학부 때 읽은 선생님 논문 중 하나는 매스미디어를 근대화의 수단으로 파악하는 발전커뮤니케이션론에 대한 비판이었습니다. 이 논문이 발표되었던 당시가 박정희 정권에 의해 개발독재가 이루어지면서 한창 근대화가 외쳐지던 때이고, 매스미디어란 그런 근대화의 한 수단일 뿐 언론의 자유니 뭐니 하는 것이 용납되지 않던 때였다는 점에서 저희들이 아주 놀라워했던 기억이 납니다. 아직 서구 학계에서도 문화제국주의론, 문화종속론 같은 것이 본격적으로 연구되기 전에 나온 것이어서, 당시로서는 아주 획기적인 주장이었다고 생각됩니다. 커뮤니케이션 분야에서 근대화론이 지배적인 패러다임으로 존재하던 당시에 그런 논문을 쓰신 동기가 있을 텐데, 어떤 것이었습니까?

이상희 그 논문은 「커뮤니케이션의 근대화이론에 대한 비판적 인식」이라는 것인데, 1969년에 발표되었으니까 내 나이 마흔이었어요. 그 무렵 이른바 '근대화이론'이 우리나라에 마구 쏟아져 들어올 때였을 거예요. 아직 젊을 때여서 그런 경향들을 접하면서 굉장히 반발했던 기억이 납니다. 그 논문에는 억제된 표현이긴 하지만, 미국 연구자들의 우월감과 독선적 논리에 대한 반발이 들어 있을 겁니다. 발전커뮤니케이션론이란 이른바 사회과학적 근대화이론의 일환인데, 그 배경을 보니 당시 미국 정부의 대외정책과 맥락을 같이하고 있었어요. 응용과학으로서 정부나 군부, 행정조직 또는 기업체에 봉사하는 성격이 그대로 드러나 있었지요. 정책결정자들이 잘만 활용하면 신문 · 방송이 근대화를 위한 훌륭한 도구로 쓰일 수 있다는 논리였습니다. 언론매체가 정책결정자들의 도구 노릇을 하도록 해야 한다는 주장이라면, 개발독재를 하던 억압적이고 독재적인 정치적 상황 또는 정통성이 없는 정부 아래 놓여 있던 우리나라를 비롯한 제3세계에서는 독재자들의 논리를 이론적으로 뒷받침해주는 것이라는 생각이 들어서, 이론적 차원에서 비판을 했던 것입니다. 당시에는 몰랐지만 한참 후에 종속이론이 알려지기 시작했지요. 종속이론이 뭔지도 모르고 썼던 커뮤니케이션의 근대화론에 대한 비판이 종속이론과 논리적으로 맞아떨어졌다고, 후학 중에 사회학을 하는 임영일 교수가 어딘가에 썼던 것이 지금 기억납니다.

아무튼 당시는 연구자들이 이스라엘의 키브츠운동이라든가 근대화론을 소개하고 새마을운동 등 박정희 정권의 개발독재를 뒷받침해주던 상황이어서, 언론이 근대화의 훌륭한 도구로 쓰일 수 있다는 것은 박정희 정권으로서는 대환영이었습니다. 언론인으로 청와대에 들어가 있던 어떤 사람은 커뮤니케이션의 근대화론을 적극적으로 개발독재의 이론적 근거로 써먹었어요. 그 이론이 우리 사회에 구체적 영향을 미치고 있던 시절이어서 나로서는 심각하게 발언했던 것이 그 논문인데, 지금 생각하면 아주 생경하고 어깨에 힘이 들어가 있었어요.

박용규 60, 70년대 한국사회는 전반적으로 미국의 영향력이 강화되던 시기이고, 학문적 영역에서는 더욱 그러하였습니다. 또 당시 지배적이던 사회 현상으로 대중문화가 60년대 후반부터 등장해서 70년대에 뿌리내려가는 과정을 밟았다고 생각됩니다. 선생님은 이러한 대중문화 현상에 대해서도 비판적인 연구 성과를 내어 후학들에게 많은 영향을 주셨습니다. 당시는 대중문화에 대한 현상적인 얘기들, 예를 들어 대중문화란 이런 것이다, 우리 사회가 대중문화 시대로 돌입했다, 우리 사회의 대중문화는 이렇다 저렇다 하는 현상적 논란만 있던 시절인데, 선생님께서는 대중문화의 이데올로기적 성격을 밝히고, 또 한편으로는 민속예술을 말씀하시면서 전체적으로 민중문화의 전망을 제시하여 이후 대중문화 연구에 새로운 길을 열어주셨다고 생각합니다. 대중문화 연구에 대해 관심을 가지셨던 것은 선생님의 연구가 사회학에서 출발한 데 있다고 생각되는데, 선생님 의견은 어떠십니까?

이상희 50년대 초반 매스커뮤니케이션 현상에 관한 책이 전혀 없어서 자료가 귀해 쩔쩔매고 있었어요. 그때 관훈동에 사회과학도서관이라고 미국에서 개설한 도서관이 있었는데 동천(童天) 선생이 도서관장이었어요. 동천 선생은 본명이 동덕모(童德模)인데, 아마 해방 후 미국에서 처음으로 학위를 받은 인물일 거예요. 서울대 교수로 계시다가 정년퇴직했는데, 얼마 전에 작고하셨어요. 그 도서관에서 겨우 찾아낸 것이 대중문화와 대중사회에 관한 미국 책들이었어요. 나는 이 책들을 탐독하고 학사논문이라는 것을 썼는데, 그 논문은 활자로 안 되어 있고 지금은 찾을 수도 없지만, 「대중사회에서의 매스커뮤니케이션의 역기능에 관한 연구」라는 제목만은 기억이 납니다. 대중사회론과 대중사회에서의 매스커뮤니케이션의 역기능이 논둔 주제였으니까, 대중사회이론과 그 핵심을 차지하는 대중문화론은 당연히 내 관심사 안에 있었겠지요.

그 후로 사회학과에서 대중사회론 과목을 몇 년에 걸쳐 강의했고, 신문대학원에서는 대중문화론을 강의했어요. 그래서 대중사회에 관한 책이나 대중문화에 대한 논문들을 주로 읽었고 자연 글도 썼던 것 같아요. 마르크시즘 입장에서 볼 때는 대중사회론이 부르주아 사회과학이라고 했지만, 그럼에도 불구하고 대중사회론이 갖고 있는 논리는 산업화된 현대사회가 안고 있는 여러 가지 부조리, 불합리를 일정한 한도 내에서 잘 지적해놓고 있습니다. 그래서 대중사회론이 갖고 있는 현대사회 비판은 나에게 상당히 매력적이었고, 따라서 몇 년에 걸쳐 사회학과에서 개설했던 대중사회론을 맡아서 강의했어요. 옛날 서울대 문리대에서 구름다리를 건너 법대 쪽으로 가면 허름한 목조 강의실이 있는데 꽤 컸어요. 그 강의실에 학생들이 가득 차곤 했습니다.

대중사회론은 현대사회에 대해 일정하게 비판적인 논리나 시각을 갖고 있었는데, 그 핵심적인 부분이 대중문화가 상품문화로서 갖는 여러 가지 역기능이었어요. 나는 거기에 공감하는 입장이었고, 나중에 프랑크푸르트 학파의 문화산업론 영향도 받고 래서 대중문화에 대해 비판적인 글을 쓰게 되었던 것 같네요. 대중문화가 문화산업으로서 상품문화를 대량생산하고 대량소비시키는 것임에 비해, 전통적인 민속예술은 민중들에 의한 자생적인 혹은 생산적인 예술이라는 성격을 지니고 있어요. 이것을 대중문화와 대비시켜보면 원래 문화가 갖는 본질은 민속예술이라는 것이 잘 드러납니다. 당시 한국사회는 이미 대중문화 현상이 지배적인 문화형태로 되어 있었는데, 민속예술을 알아야만 그것이 갖는 본질을 파악할 수 있는 것 아닌가 하는 생각에서 민속예술에 대한 논문을 쓰기도 했던 것 같습니다.

비판 커뮤니케이션으로 정권하수인적 언론을 비판

박용규 유신정권을 거치면서 한때 이런 비판의식들이 논문의 형태로서 잘 드러나지 않았다는 지적도 있었지만, 1983년에 출간하신 『커뮤니케이션과 이데올로기』라는 책은 암울한 세월을 보내던 언론학도들에게는 새로운 전망을 제시해주는 역할을 했을 정도로 큰 의미가 있었다고 생각됩니다. 특히 60, 70년대에 근대화론 비판에서 나타났던, 혹은 대중문화 현상에 대한 비판적 접근에서 나타났던 문제의식들이 '비판언론학'으로 수용, 토착화되었다는 측면에서 중요한 의미를 갖는다고 봅니다. 또 언론 탄압이 극에 달했을 뿐만 아니라 언론이 정권유지의 수단, 심지어 정권의 하수인으로까지 전락했다고 하는 당시 상황에서 언론을 비판적으로 분석하는 결정적 계기를 마련한 것이 이 책이라는 점에는 아마 이견이 없을 겁니다. 그 이전에는 자유주의적 언론자유의 개념에 입각해서 자유주의적 언론자유가 억압됐느냐 안 됐느냐 하는 현상적 측면과 억압의 정도라는 측면에서만 바라봤는데, 이 책에서는 언론자유의 본질이 무엇인가, 자본주의 사회에서 언론이란 것이 무엇인가 하는 본질적 측면을 분석하도록 만든 계기였다고 생각합니다. 그런데 최근 일반 사회과학 분야 전체가 그렇기도 합니다만, 특히 비판언론학 분야는 정치학이나 사회학 쪽보다 더 급격하게 변화된 것 아닌가 하는 시각도 현실적으로 존재하고 있습니다. 이런 현실과 관련해서 볼 때 이 책의 문제의식은 여전히 유효한 것 같습니다. 비판언론학의 정체성 위기를 어떻게 극복할 수 있을 것인가, 앞으로의 전망에 대해 말씀해주십시오.

이상희 유신 정권, 전두환 정권을 거치건서 프레스카드제를 만들어서 자유로운 취재활동을 억압하고 강제 해직으로 의식 있는 기자들을 쫓아내고, 언론을 통폐합해서 언론이 완전히 정권의 하수인 혹은 도구로 전락된 상황이니 명색이 언론학을 하는 입장에서 정말 답답하기 짝이 없었어요. 경험주의적 내용분석을 한다거나 사회조사만 해서는 한국 언론계의 구조적이고 본질적인 문제를 파악할 수가 없었어요.

그러던 중에 유럽 쪽의 커뮤니케이션 연구 성과를 담은 논문집 두 권 (*Mass Communication and Society*와 *Communication and Social Structure*)을 접하게 되었어요. 내 문제의식에 이론적 뒷받침을 하지 못하고 있던 중에 이 책들을 대하니 개안(開眼)한 기분이었어요. '바로 이거다' 싶어 대학원 과정에다 '비판 커뮤니케이션론' 강좌를 개설해서 학생들과 같이 읽어가는 작업을 시작했어요. 그때가 1980년인데, 마침 학생들도 고민 중이어서 관심과 열의가 대단했어요. 내 느낌에 마치 블랙홀에 끌려 들어오는 것 같았지요. 나도 신이 났고. 그래서 다음 해에는 학부에다 같은 과목을 개설했어요. 『커뮤니케이션과 이데올로기』는 그 강좌가 진행되던 1983년에 나온 것으로, 내 논문이 한 편 있고 나머지는 비판 커뮤니케이션론의 중요한 논문들을 번역해서 소개한 책인데, 당시 학생들에게 상당한 영향을 준 것 같아요.

80년대 이전까지 한국의 커뮤니케이션 연구는 주로 미국의 연구가 소개되고 받아들여지는 상태였다면, 80년대 이후의 비판 커뮤니케이션론은 유럽종(種)이라고 할 수 있는 학문적 성격이었어요. 내가 생각하기에 미국의 커뮤니케이션 연구는 미시적이고 경험주의적인 방법론에 의한 탈역사적인 것이라면, 유럽의 것은 역사적 문맥 속에서 거시적으로 이루어지는 성격의 이론이어서 한국사회와 같이 후진적이고 억압적인 사회언론 현상을 분석하는 데는 유용도가 높았어요. 다만 유럽종이라 해도 비판 커뮤니케이션론은 영국 쪽의 정치경제학적 접근이나 문화주의적 연구, 프랑스 쪽의 구조주의적 연구, 심지어 이탈리아의 그람시(Antonio Gramsci)라든가 프랑스의 알튀세(Louis Althusser) 등 비슷비슷하면서도 다른 배경을 가지고 있어요. 그러면서도 공통적인 것은 거시적이고 역사적 문맥 속에서 다양한 사회 경제적 요인들을 고려하면서 커뮤니케이션 현상을 분석해가는 방법론이어서 당시 한국사회에는 아주 유용한 이론으로 받아들여졌던 것 같습니다. 80년대 말경만 해도 이 비판이론이 젊은 연구자들 사이에 압도적으로 받아들여졌던 것으로 생각돼요. 그런데 역시 학문에도 사이클이 있고 유행을 타는 점이 있어서, 사회주의권이 몰락하면서 퇴조되는 것을 목격하고 있죠. 그러나 이 비판 커뮤니케이션론이 제공한 이론적 틀이나 문제의식은 현재에도 여전히 유용하고 타당성도 높다고 생각합니다.

박용규 그 책 서문에는 지금도 회자되는 표현들이 있습니다. 특히 '체제색맹적'이라는 표현이 그렇습니다. 당시 사회과학 일반이 그러하기도 했지만, 언론학 같은 경우 학문의 출발점이 미국에서 온 것이기도 하고 또 당시에는 언론이 군사정권으로부터 하수인적 성격을 갖도록 더욱 강제되기도 하는 상황에서 우리 사회가 안고 있는, 또 우리 사회 언론이 안고 있는 본질에 대해서는 접근하지 않으려는 경향들이 있었다고 할 수 있는데, 그런 경향을 두고 '체제색맹적'이라는 표현으로 비판하셨습니다.

이상희 서문의 내용이 무엇이었는지는 모르겠지만 '체제색맹적' 운운했던 기억은 있군요. 미국의 사회과학은 사회의 기성구조, 말하자면 으레 자본주의체제를 보편적인 것으로 치부하고 그 안에서 사회 현상을 이러쿵저러쿵 다루는 것이어서, 내가 볼 때 인간 사회는 미국과 같은 사회만 있는 것이 아니라 봉건사회도 있고 후진 농경사회도 있고 사회주의체제, 공산주의체제도 있고, 억압적인 군사독재체제도 있어요. 그러니 미국식의 사회과학적 이론이나 방법론을 모든 사회에 일관되게 적용할 수는 없다는 생각이 들더군요. 그래서 '체제색맹적'이라는 표현을 쓴 거예요. 그 뒤에 다른 사람이 그런 표현을 쓰지 않는 것을 보면 아마 학계에서 학문적 용어로는 시민권을 얻지 못한 것 같아요.

커뮤니케이션의 중심은 역시 인간이어야

박용규 지금도 선생님 강의를 들은 학생들은 매스커뮤니케이션 중심의 언론학이 아니라 인간 커뮤니케이션의 본질이 무엇인가 하는 것을 깨우쳐주셨다는 얘기들을 많이 합니다. 그러한 선생님의 언론사상 혹은 언론사상사에 대한 관심이 80년대를 거치면서 조선언론사상이랄까 한국언론사상으로 분화되어가는 것을 보게 됩니다. 이것이 『조선조 사회의 커뮤니케이션 현상 연구』라는 저서도 표출되었다고 봅니다. 어떻게 보면 오늘날 한국사회가 안고 있는 문제의 근원은 언로(言路)가 개방되어 있지 않다는 데 본질적인 원인이 있다는 평가도 나오고 있는데요. 언론사상사에 관심을 가지게 된 계기는 어떤 것입니까?

이상희 「인간 커뮤니케이션의 본질에 관한 연구」는 내가 연구자로 출발한 초기에 썼던 것입니다. 당시는 우리나라에서 커뮤니케이션 연구가 시작된 지 얼마 되지 않은 단계이기는 하지만, 커뮤니케이션 연구하면 무조건 매스커뮤니케이션만 생각하는 경향이 있었어요. 그런데 내가 생각하기에, 매스커뮤니케이션 현상이 나오기 전 인간이 인간으로 성립하는 시기부터 커뮤니케이션은 있었습니다. 어머니 배 속에서 태어나면서 제일 먼저 울음을 터뜨리는 고고의 소리도 내가 이 세상에 태어났노라는 커뮤니케이션을 한 거란 말이죠. 이후의 성장과정은 어머니로부터, 가족으로부터, 더 자라서는 친구들로부터, 선생님으로부터, 어른들로부터 학습하는 것인데, 그 모두가 커뮤니케이션입니다. 그래서 커뮤니케이션을 빼면 인간이 성립되지 않는다, 한 인간과 다른 인간의 커뮤니케이션을 통해 인간 사회가 형성된다는 바탕 위에서 매스커뮤니케이션 현상도 연구해야 한다는 것이 그 논문의 기본 논제였어요.

그리고 조선조 사회의 커뮤니케이션 현상에 관심을 가졌던 것은 우리 것에 대한 연구를 해야 하지 않는가 하는 생각에서 시작된 것입니다. 조선조 사회에는 요즘 우리가 얘기하는 매스미디어는 존재하지 않았음에도 불구하고 커뮤니케이션 현상은 엄청 두드러지게 존재하는 사회라는 생각이 들더군요. 민속예술, 민요라든가 농악, 가면극, 민화가 다 일종의 커뮤니케이션 현상이고, 특히 유랑 화가나 유랑 과객들은 이쪽 소식을 저쪽 마을에 가서 전하고, 저쪽 마을 소식을 또 다른 데 가서 전하는 여러 가지 정보매체 노릇을 했어요.

대접을 잘해주면 평가를 잘해주고 푸대접을 하면 깎아내리는 식의 재미있는 커뮤니케이션 현상들이 조선조 사회에는 많이 있어요. 가면극 대본이라든가 민요의 가사를 분석해보면, 당시 민중의 사상이나 이데올로기가 적나라하게 드러나 있어, 이것이야말로 인간 사회의 본질적인 커뮤니케이션 현상이라는 생각을 했고, 그것을 정리한 것이 「민속예술의 커뮤니케이션 사상」이라는 논문입니다.

그 다음에 제도적 차원의 커뮤니케이션 현상으로 가령 사간원, 사헌부, 홍문관 등 언론 삼사의 사림들, 이른바 언관들을 통해 이루어졌던 언론활동이 있습니다. 특히 상소는 주로 글로 써서 이루어지기도 했지만, 때에 따라서는 왕을 만나 구두로 전해지기도 했지요. 이런 지배계층의 커뮤니케이션 외에 민중 차원의 커뮤니케이션 현상으로 흔히 애기되는 신문고가 있습니다만, 사실 신문고는 민중들이 별로 이용을 못했습니다. 이외에 왕이나 지방관청의 장이 행렬할 때 엎드려서 고하기도 하는 복합(伏閤), 규혼(叫閽)이라든가, 집단적으로 몰려가서 청원하는 등장(等狀), 요즘 같으면 항의데모 같은 현상도 존재했습니다. 그런 내용을 정리한 것이 「조선조 사회의 제도적 및 사회 문화적 언론」이라는 논문이었어요. 그러다보니까 우리나라의 유명한 사상가 중에도 언론현상을 언급하신 분들이 있을 것 같아서 찾아보았더니, 율곡 선생이 계셨어요. 그걸 정리해서 쓴 것이 「이율곡의 커뮤니케이션 사상」입니다. 마침 그 무렵에 하와이에서 '동서양의 관점에서 본 커뮤니케이션 이론' (Communication Theory from Eastern and Western Perspectives) 이라는 제목으로 국제심포지엄이 열려서 이 논문을 번역해서 발표했던 기억이 납니다.

발표가 끝나자 일본 도쿄 대학에서 온 친구가 "조선조 사회를 상당히 민주적인 사회처럼 설명하는데, 왕조 시대에 어떻게 그러했겠느냐"고 비판하던 기억도 나는군요. 이 논문은 로렌스 킨케이드(D. Lawrence Kincaid)가 편집한 『커뮤니케이션 이론』(*Communication Theory: Eastern and Western Perspectives*)이라는 책에 실려 있어요.

'언론자유' 옹호하다 유신정권에 곤욕당해

박용규 선생님의 비판언론학 연구에서 드러나는 언론이나 사회에 대한 비판적 의식들은 다른 여러 가지 활동에도 연장되어 나타났다고 생각합니다. 선생님은 70년대 중반에 서울대가 관악산으로 이사를 가자 "동숭동에 있을 때만 해도 집에서 가까워서 학교에 자주 나갔는데 그 다음에는 자주 안 나갔어"라는 말씀을 간혹 하셨는데, 제가 생각하기에 그것은 유신 정권과 전두환 정권 아래서 어려움을 겪으시면서 개발하신 선생님 나름의 저항이 아니었나 싶습니다. 1974년 10월 동아일보 기자들의 자유언론실천운동이 시작되자 박정희 정권이 광고주에게 압력을 가해 광고를 해약하도록 하면서 굴복을 얻어내려 할 때 시민들이 격려광고를 냈던 일이 있었습니다. 당시 선생님께서도 격려광고를 냈다가 어려움을 겪으신 걸로 알고 있는데요. 그때 얘기를 들려주시죠.

이상희 그때 언론자유 수호투쟁에 참여한 기자들 중에는 제자들도 있었고, 또 언론자유를 수호하겠다고 주머니를 털어 광고 내는 일이 어린 학생들에게까지 번져가고 있는 상황에서 명색이 언론 현상을 공부하고 언론자유를 강의하는 연구자 입장에서 양심상 그냥 있을 도리가 없더군요. 그래서 언론을 공부하는 몇몇 친구들과 의논했더니, 다들 좋다고 동의하면서도 돈은 내겠지만 이름은 밝힐 수가 없다고 해요. 결국 논의과정에서 이름을 밝히는 쪽으로 결론이 지어지자 12명인가 13명만 남았어요. 그때 성균관대 장을병 교수도 끌어들였던 기억이 나네요. 물귀신 작전이지. 그 다음날 아침에 광화문 동아일보 건너편에 있는 귀거래다방에서 한양대의 이강수 교수, 서강대의 유재천 교수, 나 이렇게 셋이 만났는데, 그때 마침 나한테 원고료로 받은 돈이 5, 6만 원 정도 있어서 편집국장으로 있던 송건호 선생을 찾아가서 격려하고 광고국장한테 돈을 줬어요. 그랬더니 12시 가판이 발행됐는데 1면 중간 톱으로 5단인지 6단인지 해서 "대학의 언론학 교수, 언론자유에 대한 성명을 발표"라는 식으로 크게 기사가 났더군요.

그러고 나서 오후 3시쯤 되니까 대학본부 쪽에서 교무처장이 부르더니 "이 선생, 신문에 광고 냈어?" 물어요. "냈지" 했더니 어쩌려고 그랬느냐며 지금 문교부에서 연락이 와서 난리라고 해요. 그때만 해도 내가 간덩이가 부어서 잘못한 것 없다고 우겼다고. 나중에 들으니 문교부에서 확대간부회의가 열렸는데, 거기서 이 모의 목을 잘라야 한다는 논의가 오갔다는 거예요. 명색이 국립대학 선생이 소속, 성명을 밝히고 그런 광고를 내는 데 참여했고 조사해본 결과 내가 주동을 했다는 거였지. 아무튼 교무처장이 "시말서만 쓰면 잘 넘어갈 것 같다"며 그걸 쓰라고 해요. "시말서는 잘못 했을 때 쓰는 것 아니냐"고 했더니, 그냥 왜 이런 광고를 내게 됐는지 경위만 쓰면 된다고 해요. "그러면 쓰지" 하고는 "평소 강단에서 언론의 자유에 대해 강의해 왔던 바, 내 제자들이 지금 자유언론에 동참하여 동아일보 사태가 벌어져서 나로서는 양심상 그냥 있을 수가 없어서 동참했고 거기에 찬동했기 때문에 광고를 냈다"는 식으로 썼어요. 그랬더니 "이렇게 쓰면 어떡해? 잘못했으니까 앞으로는 다시 안 하겠다고 써야지" 하면서 투덜대던 기억이 나요.

　나중에 교무처장한테 그때 왜 그랬냐고 물었더니 문교부 확대간부회의에서 이상희는 잘 알려지지도 않은 사람인데 괜히 해직시키면 제2의 백낙청을 만드는 격이니 시말서나 쓰게 해서 적당히 겁주자는 식으로 결론이 났다고 해요. 그 얼마 전에 영문과의 백낙청 교수가 유신체제에 반대하는 국민대책회의에 서명한 일로 해직당해서 행정소송을 제기해 놓고 있었거든요. 그 얼마 지나서 유재천, 장을병 등 몇 사람이 나를 그냥 두면 교수 재임용에서 탈락될지 모르겠다, 목이 질기게 해주려면 감투를 씌우자고 해서 일을 꾸며가지고 내가 40대 중반에 한국언론학회 회장을 맡기도 했어요. 그때 교수 재임용제도가 갓 생겼거든. 당시 임근수 선생님이 회장을 하게 되어 있었는데, 한솥밥 먹는 선배 교수를 끌어내리고 젊은 나이에 회장이 된 셈이니 그 죄의식이 지금도 남아 있어요. 당시 언론학회는 80만 원인가 적자가 나 있었는데, 그 돈이면 학보 두 권을 내는 값이라. 그래서 회장 자리 뒤집어쓰고 2년 동안 얼마나

고생했는지 몰라요. 이사회 열면 내 호주머니 털어서 자장면 사먹고 그랬던 기억이 납니다.

한국 언론의 구조적 병폐: 하이에나 언론, 카멜레온 언론

박용규 언론자유 수호를 위한 기자들의 투쟁이 사실상 언론사주들의 국가권력에 대한 굴복으로, 또 폭력을 통한 강제 해산과 강제 해직으로 끝이 났습니다. 이후 한국 언론은 양적으로는 급성장했지만, 언론의 올바른 역할이라는 측면에서는 퇴보해왔다는 비판들이 있습니다. 어떻게 보면 군사정권 이후 문민정부에 이르기까지 권력이 언론을 키워놓았는데, 이제 그 언론에 의해 권력이 만들어진다는 세평도 있는 것 같습니다. 이것을 이른바 언론의 권력화라고 얘기하고, 그리고 또한 권력화된 언론은 그 권력을 무소불위로 센세이셔널하게 마구 휘두르고 있어서, 그것을 상징적으로 표현하는 말이 '하이에나 언론'이니 '카멜레온 언론'이니 하는 비난들인 것 같습니다. 어떤 측면에서는 군사정권 시절보다 언론에 대한 대중의 비판의식이 더 높아진 것이 아닌가 생각됩니다. 선생님께서는 이런 한국 언론의 문제들을 시민들의 힘을 결집시켜 해결해나가고자 하는 노력을 기울이고 계신 것으로 알고 있습니다. 최근 한국 언론의 여러 가지 문제점, 그것을 해결하기 위한 방향에 대해 어떤 생각을 갖고 계시는지요?

이상희 지금까지 살아오면서 특별히 행동하는 쪽에 힘을 주었다기보다 학교나 연구실에 파묻혀 있는 쪽이 많은 인생인데, 그러면서도 지난 20, 30여 년 동안 억압적인 군사정권 아래서 완전히 눈을 감고 있을 도리는 없어서 그때그때 중요한 시기마다 성명을 발표할 때는 도장을 찍었습니다. 특히 언론자유를 수호하기 위한 젊은 기자들의 투지와 열기, 거기에 호응했던 순수한 독자들의 정성이 언론사주나 정권에 영합했던 몇몇 간부들에 의해 꺾였던 것은 지금 생각해도 한탄스러운 일이죠. 그 뒤 20년이 경과하면서 발행부수가 늘고 면수가 늘고 광고료도 엄청 많아지는 등 양적으로는 크게 성장했지만, 군사정권 때부터 언론이 갖고 있던 본질과 속성은 여전히 변화하지 않고 남아 있습니다.

우리나라 주요 일간지의 소유 구조는 언론재벌과 재벌언론의 주식으로 이루어져 있어요. 30대 재벌 중에서 언론매체를 직접 소유하고 있거나 적어도 언론주식을 가지고 관여하고 있는 재벌은 모두 22개나 됩니다. 2개 신문은 종교재단이 갖고 있고 잡지·주간지들도 대개 언론재벌이나 재벌기업의 것들이에요. 방송을 보면 KBS는 전액 정부 출자이고, MBC는 방송문화진흥회가 70퍼센트, 정수재단이 30퍼센트 해서 소유형태는 공공소유로 되어 있으나, 역시 정부의 입김이 작용할 수 있습니다. 여타 방송국은 알다시피 상업방송이니까 자본을 가진 사람들이 소유하고 있죠. 자본주의 사회의 신문들이라 하더라도, 예를 들면 일본의 요미우리신문이나 아사히신문의 경우 700~800명의 주주로 구성되어 있어요. 신문사 창업주 가족의 주식은 합쳐서 25퍼센트 미만입니다. 마이니치신문도 사원주로 분산되어 있고 일본경제신문은 1,300명 정도의 주주로 나뉘어 분산되어 있는 데 비해, 한국의 신문은 특정 성 씨 집안, 특정 개인이나 그 가족의 신문으로 되어 있는 것이 대다수이지요. 소유와 경영, 경영과 편집이 분리되지 않아 소유주가 인사권을 직접 행사하고 있기 때문에 신문내용 제작에 직접 영향을 미치게 되지요. 이렇게 되면 문제가 심각할 수밖에 없습니다.

지금 특정 방송국과 신문이 선거운동을 하고 있는데, 이런 식으로 언론사가 나서서 대통령 만들기를 하는 것은 국가와 민족을 위한 것이 아니라 자기 회사의 권익을 더 많이 확보하고 옹호하기 위해서 대통령 만들기를 한다는 함정이 감추어져 있어요. 물론 긍정적인 측면도 있기는 합니다만, 잘못하면 참다운 여론을 왜곡시키고 정치와 사회를 오도하게 되는데, 이것이 지금 우리가 처해 있는 현실의 핵심적인 문제라는 생각이 듭니다. 외국에서까지 '하이에나 언론', '카멜레온 언론'이라는 비판을 받을 때는 참 부끄럽고 가슴 뜨끔하지만 여기에 공감할 수밖에 없어요. 박정희 씨가 죽고 난 직후 수사과정에서 전두환 씨가 보안사령관으로 등장했을 때 대개의 국민들은 그를 모르는 상태였어요. 그런 사람을 언론에서 나서서 대통령 만들기를 했지 않습니까? 유명 시인을 동원해서 위대한 영도자, 영명한 지도자라는 식의 굉장한 수식어를 나열한 서사시를 실었던 기억이 생생하게 남아 있습니다. 그러고 나서 8년이 지나 전두환 씨가 백담사로 쫓겨갈 무렵에는 언론이 또 어떻게 했습니까? 노태우 씨의 경우도 대통령 만들 때와 두들겨 잡을 때의 그 표변은 또 어떠합니까? 최근의 사태를 보면, 김현철 씨가 국정에 관여하고 권력을 휘두르고 다니는 것을 언론이 몰랐을 리 없겠죠. 그때는 가만히 있다가 김현철 씨가 여론재판에 끌려 몰매를 맞기 시작하니까 그제서야 달려들어 두들겨 패는 것을 보면, 한국 언론의 속성이 하이에나라는 표현은 참 적절하지요.

올 들어서만 보더라도 지난 6개월 사이에 우리가 언론에 의해 어떻게 놀아났느냐 하면 노동법, 안기부법 날치기 문제 때문에 후끈 달았던 사회가 곧 한보사태로, 한보사태에서 김현철 비리로, 김현철 비리에서 대선자금으로, 대선자금에서 신한국당 용들의 싸움으로 넘어갔어요. 빈 냄비와 같이 쉽게 달았다가 식고 나면 마치 아무것도 없었다는 식으로 잊어버려요. '하이에나 언론'일 뿐만 아니라 가히 '카멜레온 언론'이라는 말을 들을 만하죠. 그 밖에도 북한 보도에 대한 무책임한 작문이라든가 훈할머니 문제 등 전혀 근거 없이 오보를 예사로 하고 있어요. 소

152

유와 편집이 분리되지 않았기 때문에 양식을 가진 기자들이 언론의 내용을 책임지고 제작할 영역이 없어요. 편집권이 언론인에게 없다는 이야기이지요. 대기자가 자라지 못한 이유 중 하나는 지난 30여 년 동안의 억압적 정치분위기 때문입니다. 양심적인 기자가 자랄 만하면 어떻게 해서든 쫓아냈어요. 그래서 나는 기자들 한 사람 한 사람을 욕하지는 않아요.

그래서 한국 언론이 갖고 있는 불합리한 측면을 충고하는 작업이 시민적 차원에서 있어야 하지 않을까 해서, 지난 몇 년 동안 그 일에 다소 관여하고 있습니다. 이런 시민언론운동으로 YMCA, YWCA의 방송모니터운동 같은 것이 있고, 전국적으로 바른언론시민운동이 여러 단체들에서 활성화되고 있습니다.

건강 비결은 등산과 여유로운 마음가짐

박용규 언론실천운동뿐 아니라 서울대교수협의회 회장을 지내셨고 전교조로 해직된 교사들을 돕는 후원회 활동도 하셨습니다. 그 외에 학술단체협의회 고문, 『한겨레』 자문위원 등 여러 가지 학술활동과 사회활동을 하셨습니다. 이렇게 어려운 시대를 살아오면서 자신의 사회적 역할에 대한 생각이랄까 지식인의 실천 활동이 어떤 의의와 한계를 가질 수 있다고 생각하시는지 말씀해주시기 바랍니다.

이상희 나는 지식인과 지성인의 뉘앙스를 다르게 보는데요. 지식인은 전문적 지식을 휘둘러서 권력이나 자본에 복무함으로써 일신의 영달을 도모하는 경향이 있는 데 비해, 지성인은 좀 다르다는 생각이 들어요. 정확하게 설명하지 못하겠지만, 지성인은 사려 깊은 지성의 향기를 피운다고 할까요? 자기가 갖고 있는 체계적인 지식으로 사회와 민족

그리고 역사에 공헌하고 봉사하는 사람이라는 생각이 들어요. 옳다고 생각하면 자기희생을 각오하고 행동하는 시인과 같이, 지금 이 순간 나는 김수영, 신동엽 시인이 생각납니다. 연구자들에게도 억압적이고 어려운 상황에서 부득이 의사표시를 할 수밖에 없을 때는 시국선언에 서명도 하고 정통성이 없는 억압적 정권 아래서 대학이 정권유지의 도구로 몰락하거나 대학을 학생통제기구로 만드는 시기에는 대학의 자율을 위해 뭔가 주장할 수밖에 없다는 생각에서 그때그때 시국선언에 관여했고, 대학의 자율권이 특정 권력의 도구로 전락해서는 안 된다는 생각에서 교수협의회에 관여하였습니다. 처음에는 서울대교수협의회 자율화추진위원회 위원장을 했고 나중에는 교수협의회 회장을 2년 했어요. 덕분에 5공 초기에는 남산 지하실도 구경하고 거기서 옷도 홀랑 벗겨지고, 그때는 끔찍했지만 지금 생각해보면 그것도 하나의 추억으로 남아 있습니다.

박용규 사모님도 대학에 계시고 아드님과 며느님도 박사학위 논문을 준비 중이고 따님도 대학강사인 학자 집안으로 알려져 있는데, 연구자의 길을 가는 후학이나 제자들에게 해주시고 싶은 말씀이 있으시다면요?

이상희 솔직하게 말하면 나는 대단한 연구자가 아닙니다. 겸손으로 하는 말이 아니라 실제로 그래요. 변명을 하자면 내가 연구자로 지내던 30여 년 동안은 억압적인 정권 아래 있었어요. 정권 자체에 대해 불만이 있었고, 그러다 보니 자연히 비판적인 자세였고, 학문적 풍토에서도 미국의 사회과학이론에 대해 비판적이었을 뿐만 아니라 그것을 아무런 저항 없이 쉽게 받아들일 수 있는 체질이 아니어서 열심히 연구해서 업적을 남기기에는 여러 가지 객관적인 여건이 맞아떨어지지 않았어요. 울고 싶은데 뺨 맞는 식으로 공부하기 싫은 핑계를 얻은 셈이지요. 다만 객관적으로 대단한 학문적 업적을 내놓지는 않았지만, 그때그때의 문제의식은 좀 있어서 그것을 학생들에게 제시하는 역할을 했다고는 생각합니다.

학자 집안이라고 했지만, 집사람은 원래 일본에서 학교를 다녔던 사람이라 자연스럽게 '근대일본문학' 교수가 되었고, 아들은 서울대학 사회학과 박사과정을 마치고 도쿄 대학 사회정보연구소에 연구원으로 가 있었는데 그때 도쿄 대학 박사과정에서 논문을 쓰고 있던 사람을 만나서 부부가 되었어요. 지금은 두 사람 모두 학계에서 활동하고 있습니다.

주제 넘게 후학들에게 충고랄까 권고할 단한 것이 있다면 다만 내가 살던 시대에 비해 요즘은 객관적으로 연구 여건이 상당히 개선되어 있어요. 냉전체제 시절에 비하면 사회 정치적 풍토가 한결 개방적이고 학문적 정보도 다양하게 많이 접할 수 있으니 우리 시대보다 더 훌륭한 업적을 남기고 국제적으로 평가받는 연구자가 많이 나오기를 기대합니다.

박용규 요즘 선생님을 뵈면 퇴임 후에 더 활발하게 활동하시고, 주량도 많이 느셨다고 해요. 저희 기억으로 불과 10년 전만 해도 선생님 주량이 얼마 안 되었는데, 지금은 상당한 수준이어서 선생님의 건강 비결이 무엇인지 궁금하다는 농담들을 합니다. 비결이 있으신지요?

이상희 사람의 폐를 보면 오른쪽은 상엽·중엽·하엽 세 쪽으로 되어 있고, 왼쪽은 상엽·하엽이 있고 그 중간에 심장이 끼여 있어서 모두 다섯 쪽인데, 나는 네 쪽밖에 없어요. 60년대에 왼쪽 폐 상엽을 떼어내서 일본에 버리고 왔어요. 폐 절제 수술을 한 다음부터 건강해져서 퇴직할 때까지 학교 강의를 한 학기도 쉬지 않았어요. 지금도 퇴직한 지 3년째인데 매 학기 강의를 합니다. 특별한 건강법이 있는 것은 아니고 폐 수술을 한 후에 일본 친구들한테 산에 다니는 것을 배워서 지금까지 등산을 즐겨요. 세계적으로 서울만큼 아기자기하고 재미있는 하이킹 코스가 가까이 있는 도시는 없을 거예요. 북한산, 도봉산, 수락산, 관악산 할 것 없이 서울 근교 산들을 주로 다니고 방학 때면 지리산, 설악산, 치악산 등 큰 산을 돌아다닙니다.

넥타이 풀고 배낭 하나 둘러메고 나서면 아무런 제약이 없어요. 옛날 버스에는 앞에 엔진이 있는데, 자리가 없을 때 그 엔진 뚜껑 위에 턱 앉으면 엉덩이가 뜨뜻한 게 아주 기분이 좋아요. 다른 손님들을 마주보게 되는데도 아무런 부담이 없어요. 등산복 입고 모자를 뒤집어쓰면 신분이 없어지고 자연인으로 돌아가서 심리적으로 해방을 느끼게 됩니다. 그래서 산행은 육체적인 건강에도 좋고 스트레스 해소하는 데도 아주 좋아요. 내가 40, 50대에는 까다롭고 날카로운 성격이었는데 산에 다닌 것이 성격을 부드럽게 하는 데 도움이 됐다고 생각해요.

그리고 처음에 얘기가 나왔지만, 어려서는 그림을 해볼까 하다가 6·25를 만나고 사회학으로 빠져서 이 길을 걸어왔는데, 지난 30여 년 동안 재미없는 연구자 생활을 하면서 다른 한편으로는 그림구경 하기, 미술관·박물관 돌아다니기, 인사동 돌아다니기를 함으로써 내 자신을 달랜 측면이 있어요. 제자들은 잘 알겠지만 깨진 항아리라든가 서화, 골동품을 좋아해서 거기서 많은 위안을 얻었어요. 말하자면 다른 세계를 하나 가지고 있었던 셈이지요. 그런 일들이 나로서는 살아오는 생활의 지혜였다면 지혜였다고 할 수 있습니다. 건강도 그런 것과 연관되는 것이 아닌가 싶어요.

술은 체질적으로 안 맞았어요. 친구들을 좋아해서 젊은 시절에는 어울려 다니면서 억지로 한 잔씩 마셨는데, 맥주 한 컵만 마셔도 얼굴이 새빨개지고 관자놀이가 뛰면서 심장이 튀어나오려고 하고, 그다음에는 얼굴이 새파래지면서 추워서 벌벌 떨다가 끝내 토하곤 했어요. 알코올 분해효소가 전혀 없었나 봐요. 그렇게 체질적으로 술을 못하는 집안인

데, 명색이 대학에서 커뮤니케이션을 가르치는데 친구들을 만나고 후배들을 만나서도 술을 못하니까 커뮤니케이션이 안 돼요. "진짜 커뮤니케이션 미디어는 신문이나 방송이 아니라 알코올"이라는 이야기를 내가 어디에다 수필로 쓴 적도 있어요. 그래서 집에서 반주를 조금씩 시작했어요. 브랜디 같은 것이 한 병 들어오면 몇 달을 두고 한 모금씩 핥아가면서 조금씩 먹다 보니까 오들오들 떨리고 심장이 튀어나올 것 같은 증상이 차츰 없어져요. 요즘에는 혼자서도 반주를 하고 비교적 애주하는 편이에요.

학문적 업적을 많이 남길 욕심도 없고, 악착같이 오래 살아야겠다는 생각도 그렇게 절실하지 않고, 그래서 적당히 살다 보니까 건강도 웬만큼 유지하고 있는 것 아닌가 싶어요.

박용규 젊은 시절에 그림을 포기하셨는데, 습작을 남기신 것은 없습니까?

이상희 그런 욕구가 문득문득 날 때가 있지만 다시 붓을 잡는다는 게 겁이 나요. 친구들은 어렵게 생각하지 말고 장난으로 시작해보면 되지 않겠냐고 하는데 아직 다시 붓을 잡을 용기가 나지 않아서 못 하고, 다만 술집에 간다든가 해서 조금 얼큰해지면 물수건이나 메모용지에다 사인펜으로 사람 얼굴을 휙 그리거나 한 적은 있어요. 그래서 남은 것이 하나 있습니다. 막내딸 중학교 때 연습장에다 갈겨 주었는데, 그걸 액자에 보관해서 지금까지 가지고 있더군요.

공동의식과 시민의식이 필요한 시기

박용규 지금 상지대 이사장으로 계신데, 상지대는 과거에 사회가 떠들썩할 정도로 문제가 있던 사학(私學)이었는데, 거기에 이사장으로 가

시게 된 배경과 우리나라 사학재단들의 문제점을 말씀해주시죠.

이상희 상지대와 인연을 맺게 된 것은 김찬국 총장과의 관계 때문이었어요. 김찬국 총장과의 첫 만남은 해직교사 후원회 때였어요. 전국적으로 1,500여 명의 선생들이 전교조 했다고 쫓겨났잖아요? 그때 민주화를 위한 교수협의회에서 전교조 선생님들을 어떻게 도울 수 없겠냐해서, 젊은 선생님 몇 분 모시고 독지가들을 모아서 해직교사 후원회를 만들었는데, 김찬국 목사와 내가 공동대표였어요. 혼자 생각에 한 1년쯤 하면 끝날 줄 알았는데 만 4년을 했어요. 그러고 나서 『한겨레』 자문위원을 했는데, 김찬국 선생도 오셨더군요. 그런 인연으로 김찬국 선생을 잘 알게 됐는데, 이분이 상지대 총장으로 있다가 구재단 쪽의 입김으로 해임되는 사태가 생겼어요. 그러자 민주화 과정에 관여했던 유명인사들이 새벽같이 모여서 김찬국 목사를 도와줘야 된다고 나섰고, 상지대 교수들이 새로 이사진을 편성할 때 나를 이사로 모시면 좋겠다고해서 명단에 내 이름을 넣었던 것 같아요. 이사가 8명인가 9명인가 그랬는데 김찬국 총장이 나이가 나보다 위이지만 총장이니까 이사장을 못 하고 내가 그다음으로 나이가 많고 퇴직한 사람이니 시간 여유도 있을 거라 해서 맡게 되었지요. 이사장을 맡은 지는 햇수로 3년째인데, 만으로는 1년 반 남짓 됐어요.

우리나라 사학재단 문제는 학교에 따라 제각기 다른데, 전반적인 문제들은 설립재단 쪽이 학교를 개인 소유로 생각하는 데 있어요. 자기재산을 투척해서 창설했으니 애착도 있고 경영에 관여하겠다는 생각도하겠지만, 학교를 세웠을 때는 이미 개인의 사유재산이 아니라 이른바공공법인에 재산을 내놓는 겁니다. 그런데 사립학교를 설립하고 경영하는 분들은 개인경영 업체쯤으로 여기고 거기서 이득을 취하겠다는생각을 하고, 자기 마음대로 경영해야겠다고 생각하는 경향이 있어요.

그게 근본적인 문제점이에요. 거기서 교수 재임용 탈락이라든가 학교 재정에서 돈 빼내가는 문제 등 사립대학의 비리가 발생하는 겁니다.

박용규 대통령선거를 앞두고 김현철 비리가 터져나오고, 전·노 대통령 사면 논의가 있는가 하면 사회 일각에서 대통령으로서는 박정희가 제일 나았다고 하는 박정희 신드롬이 나타나고 있는데요. 사회의 원로로서 이 문제들을 어떻게 보시는지요?

이상희 내가 『역사비평』 97년 봄호에다 '한국의 문명과 사회는 퇴락하는가'라는 글을 썼는데, 거기서 하고 싶은 소리는 대개 했어요. 지금 박정희 신드롬이 번지는 것은 아직 우리의 시민의식이 후진적이고 비합리적이어서 나타나는 것으로 보입니다. 박 정권이 우리 사회에 미쳤던 억압적이고 비민주적인 측면은 다 잊어버리고 다만 근대화·산업화에 공헌했다는 측면만이 상대적으로 두드러진 거죠. 이것은 어떻게 보면 반사적인 가치예요. 지금 사람들이 하도 못하니까 그래도 구관이 명관 아니냐는 식이죠. 김영삼 정부가 출범 당시같이만 했어도 박정희 신드롬이 나올 리 없습니다. 위낙 죽을 쑤니까 그런 현상이 나타나는 거지요.

박용규 말씀 잘 들었습니다. 대통령선거를 앞두고 벌써부터 혼탁해져가는 사회 현상을 보면서, 또 언론의 대통령 만들기 현상을 보면서 언론의 올바른 역할 수행을 위해 비판의 채찍을 놓지 않고 계신 선생님의 말씀이 더욱 소중하게 여겨집니다. 장시간 감사합니다.

'민주화를 위한 전국 교수협의회'(민교협)가 2007년에 발족 20년을 맞이하게 되었다. 민교협 활동가들은 그동안의 활동상을 정리하여 『민교협 20년사』를 출간하는 동시에 민교협과 연관된 각 회원들의 생생한 경험담이나 뒷이야기들을 모아서 별도의 책을 내기로 했다. 민교협과 관계한 많은 회원들이 이미 정년퇴임을 했고 간혹은 작고한 분도 계시니, 한분 한분의 기억은 사라져가고 기록으로 남겨야 할 살아 있는 이야기들이 많겠기 때문이다. 그리하여 나온 책이 『민교협과 나, 걸어가면 길이 된다』이다. 이 책에는 다양한 글들이 수록되어 있는데, 애틋한 개인적 사연으로부터 가슴속에 묻어두었던 '동지애'에 이르기까지, 그리고 우리가 잊어서는 안 될 하나하나의 사건들을 떠올리게 하는 소중한 이야기들이 실려 있다. 나도 청탁을 받고 군사정권 시절에 있었던 이야기 세 토막을 썼는데, 교수협의회 재건에 관한 이야기, '지식인 134인 선언' 사건, 그리고 '해직교사 후원회'에 관한 회고담이 바로 그것이다.

● 김인걸 엮음, 『민교협과 나, 걸어가면 길이 된다』, 메이데이, 2007.

제2장 윗물이 썩어도 지하수는 흐른다
— 아름다운 저항, 그리고 민중에 대한 믿음

'교수협의회'를 다시 세우다

'민주화를 위한 전국 교수협의회'가 창설되기 전에도 당연히 대학과 사회의 민주화운동은 치열하게 전개되고 있었다. 1979년 박정희가 참변을 당한 이후, 우리 사회에는 정치적 혼란과 격동이 일어났다. 억눌려 있던 대학사회도 몸부림을 치기 시작했다.

대학 자율화를 위해서 당장 급한 일은 대학성원들을 조직화하고 뜻을 같이하는 교수들을 결정화(結晶化)하는 일이었다. 그러기 위해서는 동면상태에 빠져 있던 교수협의회를 소생시키고 재건하는 일이 가장 우선이었다.

1980년 2월경으로 기억되는데 김진균, 안병직, 이상희 등(몇몇 교수가 더 있었던 것으로 기억한다)이 모여서 교수협의회 재건 문제를 논의하기 시작했다. 대학의 자율화와 교권 확립이 시급했기 때문이었다. 교수협의회 회장으로는 변형윤 교수를 모시기로 했다. 이유는 박정희 정권 시절 서울대학교 교수협의회가 정권에 대해서 사사건건 비판적이었을 때 정권이 당시 회장인 변형윤 교수를 해임시켰기 때문이다. 해임되었던 변형윤 교수가 복직해서 돌아왔으니 당연히 그를 재건된 교수협의회 회장으로 모시자는 것이었다. 그 작업을 위해서 고속버스터미널 근처에 있는 팔레스 호텔에서 뜻을 같이하는 몇몇 교수가 조찬회를 여러 번 했던 기억이 난다. 그 모임에서는 교수협의회 개최 장소, 일시, 소집공고, 회의 진행 등을 논의했고, 특히 회장 선출을 원만하게 이룩할 수 있도록 신경을 쓰기로 했다. 그러기 위해서 회의 진행을 총괄하는 임시의장을 내가 맡기로 했다. 그 논의에 참가했던 교수들 중에 내가 제일 연장자였기 때문이었다.

드디어 1980년 3월 4일, 4동 대형 강의실에서 교수총회가 열렸다. 그 무렵 서울대학교의 교수는 960명 정도였으나 의과대학, 농과대학의 독립이다 뭐다 해서 교수 수는 이래저래 줄어들어 있었다. 그럼에도 불구하고 369명이 참석했다는 기록이 남아 있다. 이와 같은 교수들의 관심과 성원 아래에는 대학의 자율화와 교권 확립 등의 염원이 깔려 있었다.

교수총회는 성황리에 착착 진행되어 결국 회장 선출에 들어가기로 했다. 그러나 누군가 회장 후보자를 추천하면 재청하고 만장일치로 박수를 쳐서 끝내자는 생각은 안이한 것이었다. 박정희 정권이 비극적 종말을 맞이하고 일시적인 봄바람이 스치고 있던 그 시점에도 민주화를 갈망하는 교수들과 수구적인 교수들은 날카로운 대치를 가슴속에 감추고 있었다.

누가 변형윤 교수를 추천하자, 또 한 명의 후보자를 누군가가 추천했다. 추천된 또 한 명의 후보자는 사범대학 교육학과의 정원식 교수였다. 나중에 알게 된 일이지만 정원식 교수는 당시의 총장과 기획실장이 은밀히 지원하고 있었고, 그에 동조하는 보수적인 교수들을 상당수 대동하고 회의에 참석했던 것이었다. 상황이 이렇게 전개되자 교수총회는 아연 긴장 속에 빠지게 되고 대치 분위기가 회의장을 감싸게 되었다. 임시의장을 맡은 나는 순간 휴회를 선포하고 사태수습에 들어갔다. 수습과정에 철학과의 이명현 교수가 도움을 준 것으로 기억된다. 투표를 했는지 어떻게 했는지 기억이 나질 않지만, 아무튼 변형윤 교수를 회장으로 선출하고 교수총회를 무사히 마치게 되었다.

1980년 3월 4일, 서울대학교 교수협의회가 새출발을 하고 진용이 갖추어지면서 나는 '대학자율화추진위원회'를 책임지게 되었다. 재건된 교수협의회에서 가장 핵심적인 문제는 대학의 민주화와 자율화였다. 교수들의 보수 문제와 복지 문제 등은 주변부에 불과했다.

대학의 민주화와 자율화를 어떻게 이룩할 것인가. 중지를 모아도 쉽게 이루어질 문제는 아니었다. 그러나 다행히 '대학자율화추진위원회'에는 당당한 투사와 지성이 모여 있었다. 백낙청, 한완상, 김진균, 이명현 등의 교수들이 추진위원으로 함께하고 있었고, 그 외 몇몇 교수님들은 기억이 나지 않아 여기에 기록하지 못하는 것을 죄송스럽고 유감으로 생각한다.

대학의 자율화를 위해서 우선 무엇을 할 것인가. 그때 '대학자율화추진위원회'에서 심각하게 논의하고 진지하게 결정했던 것은 '총장을 교수 직선제로 선출한다'는 것이었다. 군사정권 아래서 대통령이 임명한 총장이란 독재정치의 하수인에 불과했다. 민주화운동에 장래와 목숨까지 건 학생을 제적시키고, 군부의 녹화사업에 끌려가게 했으며, 교수들의 동태와 학교의 움직임을 당국에 보고하고 그들의 지시를 시행하는 하수인에 지나지 않았다. 정권의 하수인을 총장으로 앉히고서 어떻게 대학이 대학다워지겠는가?

대학자율화의 핵심은 총장 직선제일 수밖에 없다는 결론이었다. 총장 직선제를 추진하기 시작하자 문교부와의 신경전이 벌어지게 되었다.

문교부가 국립대학을 장악하는 핵심적인 방법은 총장임명권이었던 것이다. 그것을 교수들이 내놓으라고 하니 문교부가 발칵 뒤집힐 수밖에 없었다.

그러자 문교부에서 압력을 가하기 시작했다. 당시 모윤기라는 문교부 대학국장이 나한테 전화를 해서 시비를 걸어오기도 했다.

1980년 4월, 5월로 접어들면서 전두환을 중심으로 한 신군부는 그들의 정치적인 야욕을 위해서 사회 정치적인 정지작업을 착착 진행시키고 있었다. 그 무렵 서울대학교 교수협의회는 신군부의 움직임에 대해서 무언가 경고를 할 필요를 느꼈다. 교수협의회 핵심 멤버들이 논의를 한 결과 시국선언을 하기로 했다.

시국선언문의 초안은 정치학과의 최명 교수가 몇몇 교수와 함께 작성하였고, 그 초안을 나도 읽은 기억이 난다. 그때가 5월 17일 토요일 저녁이었다. 이 선언문을 5월 19일 월요일 아침에 기자회견을 해서 발표하기로 했던 것이다. 그러나 5월 18일 일요일에 계엄령이 전국으로 확대되고, 교수들의 학교 출입이 통제되고 말았다. 자연히 시국선언은 햇빛을 보지 못했다.

'지식인 134인 선언'과 남산에서의 특별한 경험

한편 1980년 봄, 서울대학교 교수협의회가 활동을 개시하고 대학자율화추진위원회가 움직이기 시작할 무렵, 전두환 신군부의 정권장악 조짐이 현저하게 드러나고 있었다. 전두환이 군부의 정보기관 외에 중앙정보부까지 장악하게 되고, 이원집정부제 음모, 개헌작업의 주도권 쟁탈 등등이 표면화되고 있었다. 이러한 위기상황에 처한 뜻있는 지식인들은 결연한 각오로 '지식인 134인 선언'을 발표하게 된다. 이 지식인 선언에는 재야 민주화 지식인들은 물론 교수, 변호사, 언론인, 문인, 종교인 등 각계각층의 양심적인 인사들이 참여했다. 이 시국선언은 80년 5월 15일 오전 8시 40분에 법원 기자실에서 공표되었다. 이 서명에는 1,000여 명에 가까운 서울대 교수 중에서 꼭 10명이 참여했다. 서명한 사람들의 명단은 다음과 같다. 김진균(사회학과), 남천우(수학과), 변형윤(경제학과), 백낙청(영어영문학과), 안병직(경제학과), 이명현(철학과), 이상희(언론정보학과), 이돈희(교육학과), 장회익(물리학과), 한완상(사회학과).

아무튼 이 시국선언이 있은 직후 이른바 비극적인 '5·18광주사태'가 터지게 된다. 5월 15일 지식인 선언, 5월 17일 비상계엄 전국확대, 5월 18일 광주시민전쟁으로 사태는 급박하게 돌아가고 있었다. 전두환을 중심으로 한 신군부는 광란의 혈투극을 전거하고 있었고, 재야 민주화 인사와 양심적인 지식인 등은 속속 구금당하기 시작했다. 신군부의 입장에서는 정권 장악을 위한 정지작업을 하고 있었던 셈이다.

지식인 134인은 결국 '김대중 내란음모사건'에 연루 또는 동조 세력으로 엮여 구속되거나 모처로 끌려가 고초를 당하게 되었다. 나 같은 사람까지도 남산 중앙정보부 지하실에 끌려가서 특별한 경험을 하게 되었다. 벨트를 몰수당하고 윗도리를 벗은 상태로, 밤새 말도 안 되는 억지 각본으로 논쟁을 해야만 했다. 그런 고비를 넘긴 후, 남산 지하실에서 있었던 일은 일체 입 밖에 내지 않겠다는 쪽지를 쓰고 나는 풀려나게 되었다. 그들은 지프차로 나를 집에까지 싣고 와서는 가족에게 인도하고 돌아갔다. 분명히 병신이 되지 않고 멀쩡한 상태로 가족에게 인계했다는 의미인 모양이었다.

결국 전두환은 정권을 탈취하게 되었고, 무자비한 탄압과 민주화운동의 말살, 파렴치한 재물 갈취 등을 일삼았고, 다시 정권은 노태우에게 넘어가게 되었다. 박정희 이래 노태우까지 군사정권은 무려 32년이나 계속되었다. 일제 식민 통치와 거의 맞먹는 긴 기간이다.

군사정권이 폭압적인 정치를 하고 있는 동안에는 서울대학교 교수협의회도, 대학자율화추진위원회도 침체될 수밖에 없었다. 다만 총장 직선제는 90년대 초, 91년쯤에 문교부와의 줄다리기 끝에 쟁취하게 되었다. 그 당시 내가 교수협의회 회장으로 있었고 백낙청 선생이 부회장으로 있었다.

해직교사 후원회에서 참교육운동으로

군사정권은 일그러진 이데올로기 교육과 함께 독재정권에 대한 지지와 동조를 학교에도 강요하고 있었다. 뜻있는 교사들은 여기에 반발해서 전교조를 형성하게 되었고 이러한 움직임에 당황한 노태우 정권은 전교조 탄압에 칼을 빼 들었다. 이때 칼을 휘둘렀던 사람이 정원식 문교부 장관이었다. 그는 자기 제자를 다수 포함한 1,500여 명의 선생님들을 처참하게 거리로 내몰았다. 대량 학살이었다. 군사정권의 만용이 아니고서는 누구도 할 수 없는 일이었다. 이때의 정원식 장관이 서울대 교수협의회 재건 당시의 바로 그 정원식 교수였다.

정원식 장관은 주어진 임무를 마치고 야인으로 있으면서 한국외국어대학교의 특수대학원에서 시간강사를 하고 있었다. 그 무렵 1991년 4월 26일인가, 명지대학교의 강경대 군이 진압경찰에 의해서 복살(撲殺)당하는 사건이 일어났다. '복살'이란 몽둥이로 때려 죽이는 것이다. 강경대 군은 실제 쇠방망이에 맞아 죽었다. 성난 학생과 시민은 광화문으로 몰려들었고 전국이 분노로 들끓었다. 노태우 정권은 임명된 지 2, 3개월밖에 안 된 노재봉 총리를 해임하고 그 후임으로 정원식 씨를 내정하게 된다.

정원식 교수는 자기가 맡은 강좌의 종강을 위해서 한국외국어대학교에 갔다가 저 유명했던 날계란, 밀가루 세례를 받게 된다. 그러나 민주화를 향한 열망에 가득 차 있던 학생들의 이러한 항의시위는 보수언론들에 의해 이른바 '노교수에 대한 학생들의 패륜사건'으로 왜곡 보도되었고, 이를 틈타 노태우 정권은 몰려 있던 코너에서 겨우 빠져나오게 된다.

이 무렵 어느 대학교의 신부인지 총장인지 하는 사람이 이른바 '기획자살', 즉 배후에 검은손이 있어서 누구는 몇 번째로 자살하고 그다음에는 또 다른 누군가가 자살하도록 되어 있다는 식의 말도 안 되는 주장을 했다. 보수언론들이 대서특필해서 착한 백성들을 현혹시키기도 했다. 당시의 사회 정치적 분위기는 격분한 시민들이 분을 삭이지 못하고 계속 자살자가 속출하기도 했던 것이다.

'해직교사 서울후원회'는 이러한 시대상황을 배경으로 활동하게 된다. 해직교사 후원회는 민교협의 중요한 사업 중 하나였는데, 서울대 민교협은 나로 하여금 그 일을 돕게 하였다. 대표는 김승훈 신부, 김찬국 목사(연세대 신학대학 교수) 그리고 나, 이렇게 세 사람이 공동으로 맡았다. 이 중 김승훈 신부는 다른 민주화운동으로 바빠서 이름만 걸고 처음부터 참가하지는 못했다. 총무간사는 처음에는 건국대학교 불문과의 주영복 교수, 후반부에는 연세대학교 경영학과의 박상용 교수가 맡았다. 그리고 전교조 쪽에서는 서울지부장으로 있던 김민곤 선생이 있었고, 실무간사로는 박래광 선생이 수고를 했다. 박래광 선생은 성실하고 민주화 의지가 굳은 분이어서 후원회 살림을 실질적으로 도맡아 했다. 2007년 현재 난우중학교 교사로 재직하면서 근 20년 전의 해직교사 후원회 활동기록을 보물과도 같이 소중히 보관하고 있다. 이외에 고문으로 김규동 시인, 백낙청 교수, 송병선 선생 등이 있었다. 이렇게 해서 해직교사 서울후원회는 1989년 11월 14일에 출범하게 된다.

출범 당시의 회원 수는 임원 중심으로 25명 정도였다. 자연히 첫 사업은 '후원회'가 출범했다는 사실을 세상에 알리고 이른바 언론플레이도 해서 회원을 늘리는 일이었다. 주변에 있는 사람들을 끌어들이기도 해서, 1년이 지난 90년 11월 26일 통계로는 놀랍게도 회원 수가 357명에 이르렀다.

이런 성과를 보고 고무된 당시 후원회 활동가들은 이른바 '물귀신작전'을 더욱 활발히 전개해야 한다며 서로를 격려하곤 했다.

길거리로 쫓겨난 선생님들은 한마디로 살길이 막막했다. 어떤 선생님들은 두세 사람이 어울려서 조그만 책방을 해보기도 하고, 여러 가지 아르바이트로 고투를 하고 있었고, 부인들 중에는 가정 도우미를 하는 분도 있다고 들었다.

해직교사들은 의료보험증마저 없어져서 병원에 가도 보험혜택도 못 받는 지경이었다. 다행히 우리 사회에는 고마운 의사 선생님들이 계셨다. '인도주의 실천 의사협의회'(인의협)도 있었고, '건강사회를 위한 치과의사협의회'(건치협)도 있었다. 이런 단체와 손잡고 해직교사 선생님들과 그 가족들의 건강을 돌보기도 하였다. 그러나 해직교사들의 고생을 더는 일은 너무나 벅찬 일이어서 해직교사 후원회의 힘으로는 참으로 감당하기 어려웠다.

그러나 우리 사회의 밑바닥에는 참으로 아름다운 사람들이 숨어 있었다. 길거리에 나앉은 선생님들을 위해서 한 달에 5,000원씩, 1만 원씩 회비를 내주는 분들이 늘어나고 있었다. 이들 중에는 평범한 가정주부, 아이를 키우는 학부모, 택시기사, 구멍가게 주인, 또는 어린 학생들도 있었다. 1년이 지나고 2년으로 접어들면서 나는 회원 수가 줄어들지 않을까 걱정했다. 사람들은 이런 일에 지치기 마련이기 때문이다. 그런데 놀랍게도 해가 갈수록 회원 수가 늘어나는 것이 아닌가. 참으로 놀라운 일이었다. 박래광 선생이 가지고 있는 활동기록에 다음과 같은 표가 있다.

날짜	회원 수(명)
1989년 11월 14일	25
1990년 11월 26일	357
1991년 10월	570
1992년 11월	1,616
1994년 2월	2,013

한 해가 지나면 회원 수가 근 두 배로 늘어나고, 또 한 해가 지나면 이번에는 세 배 가까이 늘어나는 것이 아닌가. 정말 놀라운 일이 아닐 수 없었다.

나는 해직교사 후원회 활동을 통해서 참으로 소중한 진리 하나를 깨달았다. 그것은 '윗물이 썩어도 지하수는 흐른다'라는 것이었다. 그 당시 우리 사회의 상층부, 정치계·경제계·법조계·행정부·언론인·지식인 들 대부분은 썩어 있었다. '윗물이 맑아야 아랫물이 맑다'고 했던가. 내가 본 것은 '윗물이 썩어도 지하수는 흐른다'라는 것이었다. 나는 이때 민중에 대한 믿음 같은 것을 얻었고, 2002~2003년 무렵에 '참여연대' 공동대표를 잠깐 했을 때도 같은 경험을 했다.

회원 수가 늘어나면서 후원금은 어느 정도 들어왔을까. 대충 기록에 의하면 1990년에 3,100만 원, 1991년에 4,400만 원, 1992년에 1억

1,000만 원, 1993년에 1억 1,400만 원 해서 약 3억 원에 가까운 후원금이 들어왔다. 이 돈은 1989년 11월에 후원회가 출범해서 1994년 2월에 끝날 때까지 4년 3개월 동안에 모아진 참으로 아름다운 보석과 같은 성금이었다.

이 돈의 상당 부분은 전교조 서울지부에 보내졌고, 그 외에 의료비, 출판비, 광고료, 기타 경상비 등으로 쓰였다.

출판 쪽으로는 소중한 책 한 권이 나왔다. 해직교사들의 수기로 엮은 눈물겨운 책 『빛은 어둠을 이긴다』가 풀빛출판사에서 발행되었다.

'해직교사 서울후원회'가 4년을 넘도록 계속되는 동안, 총무간사를 맡은 주영복 교수, 박상용 교수, 박래광 실무간사 등 세 분은 참으로 헌신적인 노력을 해주셨고, 별 생색도 나지 않는 모임에 열심히 참여해준 김진균 교수, 백낙청 교수, 그리고 방송통신대학의 권광식 교수께 각별한 감사를 드린다.

그러는 동안 세상은 바뀌어서 긴 군사정권은 종말을 고하고 문민정부가 들어선다. 마침내 해직교사들도 제자리로 돌아갈 길이 열렸던 것이다. 해직교사들 대부분은 번거로운 수속절차를 마치고 각자 복직을 하게 된다. 그리하여 '해직교사 서울후원회'는 4년 3개월 만에 그 막을 내리게 된다.

그런데 여기에 참여했던 활동가들과 열성 회원들은 이렇게 훌륭하고 생명력 있는 조직을 그냥 해산할 수는 없다고 해서 논의 끝에 이 조직을 살려 참교육운동을 하기로 결정했다. 그리하여 탄생된 것이 '참교육시민모임'이었다. 참교육시민모임은 새로운 활동가들을 수혈하면서 4, 5년 동안 활동을 전개한 것으로 안다.

나는 자유당 독재정권과 군사정권이 계속되는 근 반세기 동안에 치열

했던 학생운동과 목숨을 건 노동자들의 투쟁, 재야 민주화 인사들의 끈질긴 활동, 그리고 표면에 잘 드러나지 않는 양심적인 시민들과 민중들의 움직임을 지켜보았다. 그리고 세상은 썩을 대로 썩어 있어도 여전히 맑고 신선한 물줄기는 땅속 깊은 곳에서 면면이 흐르고 있다는 사실을 알게 되었다.

하타다 다카시(旗田巍) 선생은 한국에서 일반인에게까지 알려진 인물은 아니다. 그러나 역사를 공부하는 사람, 한일관계에 관심이 있는 사람에게는 잘 알려져 있고 존경받는 인물이기도 하다. 하타다 선생은 일본 식민 통치가 시작될 무렵 1908년 11월 7일에 경상남도 마산에서 태어났다. 마산과 부산에서 초등학교, 중학교를 마치고 일본 도쿄 대학 동양사학과를 졸업했다. 식민지 조선에서 태어난 것이 인연이 되었는지 그는 '조선사'의 대가가 되었으며 한평생 우리나라와 연관된 일을 하다가 1994년 6월 30일에 타계했다.

일본에는 의외로 '조선사' 연구자들이 많은데, 도쿄를 중심으로 한 관동지방에는 '조선사연구회'가 있었고, 오사카와 덴리를 중심으로 한 관서지방에도 '조선연구회'가 있었다.

나는 1960년대 초반 도쿄 대학에 적을 두고 있었는데, 그 무렵 '조선사연구회'에 자주 참석하여 그들의 학문적 성과를 감탄하면서 배우고 있었다. 조선사연구회에서 하타다 선생을 알게 되었는데, 나이 예순을 바라보던 선생은 한국에서 온 나를 친근하게 대해주었다. 그 후 만날 때마다 학문에 관한 일, 한일관계에 관한 일들을 '화두'를 던지는 식으로 자연스럽게 이야기해주었던 것 같다. 그 후 나는 한국에 돌아와 서울대학교에서 교편을 잡게 되었는데, 1975년에 해방 후 처음으로 하타다 선생이 한국에 올 수 있게 되었고, 서울대학교를 방문했을 때는 내가 안내를 맡았다. 그런 일이 있은 후 세월은 20년을 훌쩍 넘어서 1997년쯤에 나는 우연히 '역사문제연구소'에서 발행하는 『회보』 33호를 보게 되었다. 거기에는 고려대학교 강만길 교수가 쓴 "고향 선배 하타다 교수와의 추억"이 실려 있었다. 강만길 교수의 고향은 마산이다. 그것을 읽고 하타다 교수에 대한 나의 추억이 되살아났다. 거기에 충동을 느껴서 내가 쓴 글이 "되살아난 하타다 교수와의 추억"이고, 역사문제연구소의 『회보』 35호에 실려 있다.

이 글을 쓴 지 8, 9년이 지난 어느 날, 아마 2005년 여름 무렵이었을 것이다. 역사교육 전공자이면서 한일 교류에도 힘쓰고 있던 미쓰하시 히로오(三橋広夫)라는 일본인이 책 한 권을 가지고 왔다. 저자의 부탁이라는 것이었다. 그가 들고 온 것은 『하타다 다카시』라는 두툼한 책이었는데, 저자는 국립 야마가타 대학(山形大學) 교육학부 교수인 한국인 고길희라는 분이었다. 책을 가지고 온 사람의 메모를 보니, 324페이지부터 325페이지에 걸쳐서 내 글이 인용되어 있다는 것이었다. 펼쳐보니 역사문제연구소의 『회보』에 실은 그 글이었다. 눈에 띄지도 않는 자그마한 글까지 찾아내서 인용하는 저자의 노력이 대단하다는 생각이 들었다. 회원들이나 돌려보는 회보에 실린 짧은 글이라 해도 일단 활자화되면 없어지지 않고 언젠가 누군가가 본다는 생각을 하면 글쓰기가 두려워진다.

● "되살아난 하타다 교수와의 추억", 역사문제연구소 엮음, 『회보』 35호, 1997.

제3장 되살아난 하타다 교수와의 추억
ㅡ가치 전제, 무엇을 위한 연구인가

역사문제연구소『회보』33호에 실린 강만길 교수의 "고향 선배 하타다 교수와의 추억"을 읽고 문득 하타다 선생에 대한 추억이 되살아나기 시작했다.

내가 하타다 선생을 처음 만난 것은 1963년쯤이었다. 당시 나는 도쿄대학에 적을 두고 있었는데, 거기서 지금은 고인이 된 가지무라 히데키(梶村秀樹) 씨와 친분을 갖게 되었고, 그를 다라 '조선사연구회'에 참석하게 되었다. 메이지 대학(明治大学)에서 열렸던 그 연구회에서 하타다 다카시 선생도 만났다. 나는 역사학의 문외한이기는 했어도 하타다 선생이 '조선사'의 대가라는 정도는 알고 있었다. 내가 일본에 들어가기 전에 읽은 국사 개론서는 대충 이런 것들이었다. 이병도의『국사대관』, 손진태의『민족사개론 上』, 이청원의『조선사회사독본』, 조자호의『동양사대관』, 백남운의『조선봉건사회경제사』등 댓 권 정도였다. 당시의 지적 풍토나 자료에 접근할 수 있는 형편 등을 고려하면 국사 전공이 아닌 나로서는 그래도 성의껏 우리 역사에 더해 관심을 표시했던 셈이다. 우리 역사에 대한 내 나름대로의 관심이 가지무라 씨를 알게 하고 하타다 선생을 만나게 하는 결과를 가져왔지 않았나 생각한다. 조선사

연구회에는 비교적 열심히 참석했으나 문외한인 나는 뒤에 앉아서 발표내용 하나하나에 놀라고 있을 따름이었다. 왜냐하면 내가 읽은 '개론' 정도에서는 도저히 듣지도 보지도 못한 내용들이 발표되고 있었기 때문이었다.

가령 조선사 중에서도 교육사를 전공으로 하는 와타나베 마나부(渡部學) 씨는 '일본 통치 시기 조선 서당의 저항운동'과 같은 주제를 발표했는데, 그 내용은 대략 다음과 같은 것이었다. 일제 강점 아래 심상소학교, 공립국민학교 등을 세워서 황민화 교육을 실시하는데, 조선의 전통적인 서당조직들이 어떻게 저항운동을 전개해갔는가 하는 구체적인 내용들을 발표하는 것이었다. 나는 이러한 주제나 내용은 꿈에도 들어본 적이 없어서 한편 놀라고 한편 부끄럽기 짝이 없었다. 어찌 이뿐이겠는가. 1910년대 토지조사사업에서 일본 제국주의가 얼마만큼 많은 우리 국토를 그들의 소유로 치부하고 그들의 이익을 위해 그 조사사업이 이루어졌는가 하는 유의 발표내용마저도 나에게는 놀랍고 새로운 것들이었다. 심지어 스에마쓰 야스카즈(末松保和) 교수의 '조선 떡에 관해서'라는 발표도 나에게는 신기한 내용이었다. 스에마쓰 교수의 발표는 1월이었는데, 정초에는 일본에서도 카가미모치(鏡餅: 거울떡)라는 큰 인절미를 만든다. 그래서 그랬는지 그해 1월의 발표는 떡 이야기였다. 스에마쓰 교수의 조선 떡 이야기는 장장 두 시간여에 걸쳐 이루어졌는데 흥미진진하고 호기심을 계속 촉발하는 내용이었다. 나는 떡이라는 것이 명절 때나 제사 때 쓰는 것이고 집안에 길흉사가 있을 때 쓰는 것으로만 알았다. 그저 의식 때 필요한 것이고 간혹 간식으로 만들어 먹는 것이 떡이 아닌가 했었다. 그런데 스에마쓰 교수의 설은 "조선의 떡은 비상휴대식량이다"라는 것이었다. 산성을 쌓거나 큰 역사를 할 때, 또는 전쟁이 일어났을 때, 많은 사람이 동원되고 많은 사람이 움직일 때, 그

럴 때의 비상휴대식량이 떡이라는 것이었다. '개안'(開眼)이란 이럴 때
하는 말이리라.

　내가 아무리 우리 역사에 대해 문외한이라 해도 이렇게 아무것도 모
르고 있는 것이 한심하기 짝이 없었다. 당시 내 나이 30대 초반이었다.

　하타다 교수와의 추억이 뒷전으로 밀려났다. 하타다 교수의 첫인상은
조용하고 차분한 신사였다. 한국에서 온 젊은이인 나를 하타다 선생은
비교적 잘 대해주었다. 점심식사나 찻집에 불러주기도 하고 무사시노
(武藏野) 시의 끝자락인 초후(調布)에 신축한 집에 초대해준 일도 있었
다. 그는 조선사연구회를 통해 촉발된 우리 역사에 대한 나의 호기심을
눈치 채고 간혹 중요한 문제점을 '화두'처럼 던져주곤 했다.

　가령 이런 이야기를 한 적이 있다. 일본의 서민들은 성씨가 없고 지배
계층에 속하는 사람들만 성을 가지고 있을 당시, 『신찬성씨록』(新撰姓
氏錄)이라는 책이 있는데, 이 책에 기록돼 있는 성씨의 대다수는 이른
바 도래인들이다. 즉 한반도에서 건너온 사람들이 당시 일본의 지배계
층을 이루고 있었다. '일본'이라는 국호도 백제와 야마토의 연합군이
신라와 당나라 연합군에 패한 후에 야마토 정권과 백제 유민들이 힘을
합쳐서 새로운 율령국가(律令國家)를 정비한 후 정한 것이다. 말하자면
통일신라에 대한 야마토와 백제의 적개심이 국호를 야마토에서 '일본'
으로 바꾸게 한 것이다. 즉 신라보다 자신들이 더 해가 뜨는 쪽에 가깝
게 위치해 있다는 점을 과시하는 국호이다. 그들은 태양신앙족의 후예
였을 것이다. 그는 이런 이야기들을 나에게 비치곤 했다.

　또 한번은 이런 이야기를 한 적도 있다. 당신이 도쿄 대학 사학과를
졸업하고 만철(만주철도회사) 산하의 무슨 '역사지리연구소'인가 하는
데서 연구원으로 일했는데, 젊은 열정을 바쳐서 연구에 열중하며 살았

다. 그런데 나중에 중일전쟁이 끝나고 태평양전쟁이 끝난 후에 알고 보니, 자기가 젊음을 바쳐 연구한 그 연구 성과는 고스란히 침략전쟁에 이용되었더라는 것이었다. 그래서 하타다 선생이 말씀하기로, 연구자가 아무리 학문적이고 객관적인 연구를 한다 하더라도 그 연구 성과가 누구에 의해 어떻게 사용될 것인가라는 점을 미리 염두에 둘 필요가 있다는 것이었다.

나는 이 이야기를 지금껏 잊은 적이 없다. 역사학의 방법론에서는 어떤지 모르나 사회과학의 방법론에서는 '객관성', '가치중립성', '몰가치성' 등이 강조되고 있다. 특히 미국의 경험주의적 방법론에 있어서는 이러한 점이 형식적으로는 강조되면서 실제에 있어서는 정책과학이나 응용과학의 성격을 강하게 띠고 있다. 정책과학이나 응용과학은 그 연구를 필요로 하는 정부나 군부 또는 기업체 등의 필요에 부합하는 연구를 하는 것이다. 우리나라에서 지난 몇십 년 동안에 이루어진 수많은 프로젝트들은 대개 이러한 정책과학이나 응용과학의 성격을 띠고 있다. 그 프로젝트의 연구 결과가 하나같이 나쁜 쪽으로 이용되었다고는 생각하지 않지만, 그러한 연구 프로젝트들이 수없이 이루어지는 것을 보면서 그럴 때마다 나는 하타다 선생의 그때 그 이야기를 되살리곤 했다. '가치중립'도 좋고 '몰가치'도 좋지만 '가치 전제'라는 것이 연구자에게는 필요하다. 즉 무엇을 위한 연구인가 하는 문제의식은 연구자에게 절실한 것이고 '가치 전제'가 없는 '가치중립'이나 '객관성'은 무의미하기 때문이다. 내가 오늘날에도 이런 생각을 하고 있는 것은 진지하게 자신의 젊은 시절을 회고하던 하타다 선생의 그때 그 말씀 때문인지도 모른다.

1964년인가, 한일 국교정상화 타결을 1년 앞두고 일본의 신문편집인협회에서 한국의 각 신문사, 통신사 편집국장들을 일본으로 초청한 적이 있었다. 당시 천관우 선생은 동아일보의 편집국장이었다. 천관우 선생은 한편 국사연구자이기도 했기 때문에 책이나 논문을 통해서 하타다 선생을 잘 알고 있었다. 하타다 선생 또한 그러하였다. 그러나 두 분이 서로 상면한 적은 없었다. 내가 주선을 혀서 이 두 분을 제국호텔 로비에서 만나게 했는데, 그때 두 분의 만남은 마치 이산가족의 상봉을 방불케 하는 만남이었다. 초면에 만나는 사람들이 십년지기 이상으로 반가워하던 그 장면이 나의 망막에 뚜렷이 프린트되어 있다. 같은 학문 영역을 공부하는 사람들끼리의 동지애 넘치는 그 장면은 감동 없이 볼 수 없었다.

또 한번은 이런 일이 있었다. 1980년도 전후로 기억하는데 연도는 정확하지 않다. 하타다 선생이 서울대학교를 방문했는데 내가 안내를 하고 다녔다. 도서관으로 올라가는 길에 본부 건물 근처에서 영남대학교의 정석종 교수와 마주치게 되었다. 당시 정석종 교수는 아직 전임자리를 못 잡고 고생하고 있을 무렵인데, 내가 하타다 선생한테 정석종 씨를 소개하였다. 노비문제를 전공한다고 했던가……. 새파랗게 젊은 정석종 씨는 악수를 하겠노라고 뻣뻣하게 서서 오른팔을 쑥 내밀었다. 한편 노교수는 일본식으로 깊숙이 허리를 굽혀 절을 하는 것이 아닌가. 그때의 당황함이란 이루 말할 수 없었는데, 따지고 보면 문화의 차이, 풍속의 차이 아닌가. 노교수는 같은 공부를 하는 젊은 연구자에게도 친근감을 표시했던 것으로 안다.

또 한번은 하타다 선생한테 이런 이야기를 들은 적이 있다. 북한에서 『조선민족문화사대계』인가 하는 여러 권으로 된 연구업적이 이루어졌는데, 정치·경제·사회·문화의 모든 영역을 포괄하는 방대한 사업이었다. 그러나 그 연구 성과는 민족사의 자주성을 강조한 나머지 다른 민족이나 다른 문화로부터의 영향이나 교류를 지나치게 배제하고 있다는 것이었다. 문화는 전파되는 것인데 그 연구 성과는 태초서부터 조선 민족만이 역사와 문화를 독자적으로 쌓아올렸다고 하고 있다는 비판이었다. 나는 그 책을 아직도 구경할 기회가 없었다. 따라서 하타다 선생의 말씀이 어느 정도 타당한 것인지 아닌지는 알 길이 없을 뿐 아니라 나의 판단능력을 훨씬 초과하는 영역의 일이다. 다만 나는 그 억제된 비판을 기억하고 있을 따름이다.

하타다 선생은 체구가 자그마하고 성품이 차분해서 크게 보이지는 않지만 수백 명을 헤아리는 조선사 연구자들 중의 거목임이 틀림없다. 그 자그마한 몸집과 조용한 성품으로 우리 한국사람들을 볼 때마다 그는 허리를 굽힌다. 마치 임진왜란과 35년 식민 통치의 책임이 자기에게 있는 것처럼 미안해하고 죄송해한다. 우리의 역사를 샅샅이 알고 그들의 잘못을 샅샅이 앎으로써 그는 우리에게 머리를 조아리고 온화한 손길을 내민다. 양쪽 민족이 서로가 서로를 아끼고 사랑하기를 하늘나라에서도 그는 바라고 있을 것이다.

지금 나는 그에게서 받은 '화두'를 감사한 마음으로 다시 한 번 되뇌인다.

178

제3부 몇 가지 '화두'들

이 논문은 내가 막 커뮤니케이션 연구자가 되었던 초기의 글이다. 우리나라에서 커뮤니케이션 현상이 사회과학적 차원에서 연구되기 시작한 것은 1960년도에 접어들면서부터라고 할 수 있다. 그나마 당시의 커뮤니케이션 연구는 신문 · 방송 등 이른바 언론, 매스커뮤니케이션 현상에 한정되는 느낌이 없지 않았다.

그러나 인간 커뮤니케이션은 인간 자신과 인간 사회에 대해서 근원적이고 원초적인 관계에 있는 필수불가결한 요소인 것이다. 가령 커뮤니케이션을 빼면 아기와 엄마와의 관계도 존립하기 어려우며, 사람과 사람 사이, 나아가서 인간 사회도 성립하지 않는다.

이 글은 이와 같은 인간 커뮤니케이션의 본질을 알지 못하면 매스커뮤니케이션 현상이 가져오는 중대하고 심각한 문제들도 파악하기 어렵다는 점을 지적한 논문이다.

●『서울대학교 신문연구소 학보』 Vol. 5, 1968.

제1장 인간 커뮤니케이션의 본질에 관한 일고찰
—매스커뮤니케이션 활동의 소외 현상과 관련하여

머리말

매스커뮤니케이션 과학에 있어서 하나의 기본적인 연구과제는, 매스커뮤니케이션에 앞서서 인간 커뮤니케이션(human communication)이 어떤 성질의 것이며 인간에게 또는 인간 사회에 어떠한 뜻을 갖는 것인가, 말하자면 그 본질에 관한 인식이 하나의 중요한 연구초점이 될 것이다. 왜냐하면 인간 커뮤니케이션의 본질을 어떻게 이해하고 파악하는가에 따라서 인간이 긴 역사를 두고 발전시켜온 커뮤니케이션 제도, 커뮤니케이션 수단, 커뮤니케이션 현상 등에 대해서 평가하는 기준이 달라지겠기 때문이다. 오늘날 인간에게 중요한 뜻을 갖는 매스커뮤니케이션 현상도 인간이 오랫동안 발전시켜온 인간 커뮤니케이션의 한 단계에 불과하며 또한 전 사회적 커뮤니케이션의 총과정 중 일부분에 지나지 않는다.

오늘날 인간 사회가 갖는 커뮤니케이션의 복합체는 그 기저에 대인적인 '퍼스널 커뮤니케이션'(personal communication)을 깔면서 그 위에 각종 제도적 커뮤니케이션, 말하자면 여러 가지 행정적인 기구나 군대, 학교, 종교단체, 정당, 사회단체 등의 조직체 속을 유통하는 커뮤니케이션이 있으며, 이 제도적 커뮤니케이션[1] 위에 사회 전체 표면을 뒤덮는 커뮤니케이션으로서의 매스커뮤니케이션이 있다. 물론 제도적 커뮤니케이션이나 매스커뮤니케이션 속에 퍼스널 커뮤니케이션이 작용하고 있으며, 이것이 각 단계 커뮤니케이션의 유통과정 속에서 중요한 기능을 담당하고 있다는 점을 잊어서는 안 된다.

매스커뮤니케이션의 영향을 연구하는 데 있어서 퍼스널 커뮤니케이션의 영향력이 얼마나 중요하게 작용하고 있는가 하는 것은 이미 카츠 (E. Katz)나 라자스펠트(Paul F. Lazarsfeld) 그리고 베렐슨(Bernard Berelson) 등 여러 연구자에 의해서 밝혀진 바 있다.[2] 문제는 매스커뮤니케이션을 연구하는 데 있어서 이것이 전 사회적 커뮤니케이션 총 과정의 일부에 지나지 않는다는 점과 또한 이것이 비록 오늘날 중요한 커뮤니케이션의 한 형태라 하더라도 인간 커뮤니케이션의 가장 본질적이고 원초적 형태인 퍼스널 커뮤니케이션의 바탕 위에서 이루어진다는 점을 이해하고 있어야만 한다는 점이다. 그래서 현대사회에 하나의 커다란 문제를 던지고 있는 매스커뮤니케이션 현상을 이해하기 위해서, 또는 그 문제점이 지니고 있는 가장 기본적인 곳, 핵심에 도달하기 위해서 인간 커뮤니케이션이 원래 갖고 있는 본질에 생각이 미치게 되는 것이다.

---

1) 이와 비슷한 개념으로 'intermediate communication', 'special interest communication' 등의 용어가 있다.
2) B. Berelson, P.F. Lazarsfeld and W. Mcphee, "Voting"; P.F. Lazarsfeld and B. Berelson, "People's Choice"; E. Katz, "The Two Step Flow of Communication" 등.

인간 커뮤니케이션과 사회

인간은 사회를 벗어나서 존재할 수 없으며 사회는 인간과 인간과의 접촉 없이 성립될 수 없다. 이것은 바꾸어 말해서 커뮤니케이션 없이 사회는 이루어질 수 없으며 사회 없이 인간은 존재할 수 없다는 말이다. 사회학자 쿨리(C.H. Cooley)는 인간과 사회와의 불가분성에 대해서 다음과 같이 이야기하고 있다.

> 동떨어진 개인이라는 것은 경험에 견딜 수 없는 하나의 추상에 지나지 않으며, 동시에 사회가 모든 개인으로부터 유리된 어떠한 것으로 간주될 때는 그것 역시 하나의 추상에 지나지 않는다. 현실적인 것은 인간생활이며 그것은 개별적인 측면과 함께 사회적 측면, 즉 일반적 측면의 양자에 있어서 고찰되어야만 한다.[3]

쿨리가 지적하는 바와 같이 현실사회와 아무런 유대를 갖지 않는 완전히 동떨어진 인간이라는 것은 상상할 수 없으며 정말 하나의 추상물에 지나지 않는다. 구체적인 인간이라는 것은 인간 사회 속에서 서로 영향을 주고받으며 상호 관계되어 있는 개인인 것이다. 고도(孤島)에 갇힌 로빈슨 크루소라 할지라도 그전의 인간 사회에서 그가 다른 인간과의 상호 접촉 과정에서 습득한 생활양식과 방법을 알고 있었기 때문에 생존이 가능했던 것이다. 다시 말해서 인간은 다른 인간과의 상호 접촉 없이 생존할 수 없으며 사회는 인간의 상호 교섭으로 성립된다.

그런데 여기서 중요한 것은 인간과 인간과의 상호 접촉 또는 상호 교

---

3) C.H. Cooley, "Human Nature and Social Order", pp.1~2.

섭이라는 과정이 바로 우리가 문제로 삼고 있는 인간 커뮤니케이션이라는 점이다. 인간과 인간을 연결하는 것이 커뮤니케이션 과정이며 이 커뮤니케이션 과정이야말로 인간을 현실적인 사회 과정 속에 실체화시키는 구실을 한다. 생물적 개체로서의 인간은 커뮤니케이션을 통해서 비로소 사회적 존재가 될 수 있으며 모든 개인이 서로 자기를 인식하고 타인을 아는 곳(場)이 사회로 설정되는 것이다. CBS 사회방송에서 조사를 담당하고 있는 사회심리학자 위비(G.D. Wiebe)는 중요한 발언을 하고 있다.

커뮤니케이션은 개인이 타인에게 영향을 주며 또한 타인으로부터 영향을 받는 수단이기 때문에 커뮤니케이션이야말로 사회 과정에 있어서 현실적 매개자인 것이다. 커뮤니케이션이 있고서 비로소 상호 작용은 가능해진다. 인간은 커뮤니케이션에 의해서 자기 스스로를 사회적 존재로 만들고 또한 그러한 것으로 생을 유지한다. 인간은 커뮤니케이션 없이 상호 결합할 수 없으며 협업을 할 수도 없고 또는 자연 환경에 대한 지배를 계속해나갈 수도 없다. 발명이나 발견은 거의 항상 정보의 축적과 한 세대에서 다음 세대로 계승되는 개념의 개발에 의존하고 있기 때문에 가장 단순한 발명, 가장 초보적인 사고 과정일지라도 커뮤니케이션 없이는 이루어질 수 없는 것이다.[4]

이와 같은 발언은 인간의 현실적인 사회 과정을 생각하는 데 있어서 인간 커뮤니케이션이야말로 가장 기본적인 요소의 하나이며, 커뮤니케

---

[4] E.L. Hartley and R.E. Hartley, *Fundamentals of Social Psychology*, p.16. 이 책 속의 한 장, "커뮤니케이션"은 G.D. Wiebe가 담당했다.

이션 없이는 인간사회가 성립·유지될 수 없다는 것을 단적으로 표시하고 있다. 또한 인간과 인간이 서로 상대를 알아보고 상호 교섭을 갖는 것은 기본적으로는 본능에 가까운 욕구에서 비롯되었겠지만, 이 인간 상호간의 교섭본능에 뿌리를 박은 인간 커뮤니케이션은 단순한 본능에 그치는 것이 아니라 극히 사회적인 활동이라고 할 수 있다. 체리(C. Cherry)는 "커뮤니케이션은 본질적으로 사회적 사상(社會的事象, social affair)이다"5)고 하면서 계속해서 인간은 그들의 사회생활을 가능케 하는 커뮤니케이션의 여러 체계를 발전시켰다고 말하고 있다. 인간은 그들이 갖고 있는 커뮤니케이션 활동에 의해서만 사회생활을 영위할 수 있으며, 두말할 것 없이 인간의 커뮤니케이션 활동이라는 것은 복수의 인간관계를 규정짓는 것이기 때문에 분명히 사회적인 행위라고 할 수밖에 없다.

아무튼 쿨리가 "인간의 사회관계는 심볼(symbol)의 교환, 즉 커뮤니케이션에 의해서 성립하고 발전한다"는 커뮤니케이션론을 전개한 이래 인간 사회와 인간 커뮤니케이션 활동은 불가분의 것이라는 점이 인정되어온 것이다. 같은 이야기를 슈람(Wilbur Schramm)은 이렇게 말하고 있다.

커뮤니케이션은 아마 사회에 있어서 기본적인 과정일 것이다. 실제 물리적 접촉 수준 이상의 수준에서 갖는 상호 교섭으로 인해 우리는 '사회'라는 이름의 모든 관계를 가질 수가 있다. 만약 비유를 쓰는 것이 허용된다면 커뮤니케이션과 사회와의 관계는 혈액이나 신경계통과 인체와의 관계에 가까운 것이리라.6)

---

5) C. Cherry, *On Human Communication*, p.3.

인간 커뮤니케이션과 생산활동

한편 인간, 자연인으로서의 인간이 생명을 유지하기 위해서는 필연적으로 자연과의 접촉이 있어야만 한다. 인간은 자연에 작용하여 그것을 이용함으로써 생명을 유지할 수 있다. 이 자연과의 접촉 과정에서 인간은 협력하며 함께 일하지 않을 수 없게 된다. "무리를 이루고 소리를 지르며, 돌이나 몽둥이를 던져서 큰 짐승을 몰아붙이고, 낭떠러지로 굴러 떨어지게 하는 계략"[7] 같은 것도 있었을 것이며, 또는 손에 넣은 획득물을 처리하기 위해서 동료들을 많이 모으고 공동의 작업을 할 필요가 있었을지도 모른다. 인간은 다른 인간과 협력해서 자연과 싸움으로써 생을 이어나갈 수 있었다. 즉 유기적인 자연존재로서의 인간이 현실적으로 생을 영위한다는 것은 인간 외부에 있는 자연과의 필연적인 접촉을 통해서만 가능했다. 이것은 자연과 그 자신 자연의 일부인 인간과의 사이에 상호 규정관계가 있다는 것을 뜻한다. 그리고 인간이 생존하기 위해서 다른 인간과 힘을 모아 일하지 않을 수 없었던 것은 상호 부조나 공동 협력의 기회를 증가시켰다. 인간이 다른 인간과 협력해서 자연에 작용한다는 것은 생산활동을 의미한다. 이 공동 생산활동 속에서 우리는 집단성원 상호간에 이루어진 상호 교섭을 찾을 수 있으며, 또한 그 속에서 인간 커뮤니케이션의 원초적 형태를 발견할 수 있다. 앞에서 인용한 위비의 말을 한 번 더 상기하자. "인간은 커뮤니케이션 없이 상호 결합할 수 없으며 협업을 할 수도 없고 또는 자연환경에 대한 지배를 계속해나갈 수도 없다." 이와 같은 상황 속에서 우리는 생산활동과

---

6) W. Schramm, *The Communication System of National State*, 『社会的 コミュニケイション』, 培風館, p.297.

7) "生産技術の發生", 『世界文化史大系』, 角川書店.

인간 커뮤니케이션과의 밀접한 관계를 인정할 수 있다. 공동의 생산활동이야말로 인간 커뮤니케이션의 전제조건이었다고 할 수 있다. 그리고 또한 이 생산활동이야말로 인간 사회 성립의 계기라고 볼 수 있다. 도이치(K.W. Deutsch)는 생산활동과 인간 사회와의 관계를 이렇게 말하고 있다.

사회라는 것은 분업과 생산, 그리고 물자의 분배와 서비스를 통해서 상호 의존을 이룩하는 개인들의 집단을 의미한다. 즉 '사회'는 공동으로 일하는 것을 배우는 인간의 집단을 뜻한다.[8]

인간이라는 것은, 그리고 인간 사회라는 것은 공동으로 일하며(work together) 상호 의존(interdependent)을 이룩하는 존재인 것이다.

다시 말해서 자연존재로서의 인간은 생을 영위하기 위해서 외계의 자연과 필연적으로 접촉을 가져야만 하며, 이 자연과의 접촉, 즉 생산활동을 하는 과정에서 인간은 상호 부조하고 공동 협업을 하는 것이다. 이 공동 생산활동이야말로 인간 커뮤니케이션의 전제조건이며 인간 커뮤니케이션을 발전시키는 데 있어서 필요 불가결한 요소이다.

인간 커뮤니케이션과 상호 전달

다음으로 인간 커뮤니케이션이 갖는 중요한 측면의 하나는 상호 전달(inter communication)을 하는 성질이다. 구체적으로 이 문제에 들어가기 전에 우선 인간 커뮤니케이션에 대한 가념 정리가 필요하다. 체리

---

8) K.W. Deutsch, *Nationalism and Social Commrunication*, p.61.

는 '커뮤니케이션'이라는 개념이 수많은 혼란을 가져올 것이라고 하면서 특히 사회학, 언어학, 심리학, 경제학, 그리고 신경계통의 심리학, 기호(sign)의 이론, 나아가 '커뮤니케이션공학'(communication engineering) 등에서 문제가 될 것이라고 하고 있다.[9] 체리가 말하는 바와 같이 커뮤니케이션의 개념이라는 것이 연구분야에 따라서, 또는 연구자의 주관에 따라서 이 문제를 생각하는 연구자의 수만큼 있을지 모르나, 이 문제를 정리한 이로 독일의 말레츠케(G. Maletzke)를 들 수 있다. 그는 주요한 연구자들의 커뮤니케이션에 대한 개념을 나열하고 있는데,[10] 이 문제를 생각하는 기초 자료로 소개하기로 한다.

커뮤니케이션이란 여기서는 그것을 통해서 인간관계가 성립되며 발달하는 메카니즘을 뜻한다. 즉 정신의 모든 심볼(symbol) 및 그것들을 공간적으로 운반하고 청각적으로 보존하는 수단이다.[11]

커뮤니케이션이란 개인(통신자)이 다른 개인(수신자)의 행동을 변용하기 위하여 자극(보통은 언어적 심볼)을 보내는 과정이다.[12]

두 사람 사이의 커뮤니케이션 활동은 양자가 동일한 기호(sign)를 동일하게 이해하는 경우에 완결된다.[13]

---

9) C. Cherry, 앞의 책, p.2.
10) G. Maletzke, *Psychologie der massen-Kommunikation*, NHK放送学研究室 譯, pp.29~30.
11) C.H. Cooley, *Social Organization*, p.61.
12) C.I. Hovland, *Social Communication*, p.182.
13) H.D. Lasswell, *Describing the Contents of Communications*, p.38.

커뮤니케이션은 메시지의 출처(source)가, 신호(signal)를, 통로(channel)를 정해서, 목적으로 하는 수신자에게 통신하는 경우에 생긴다.[14]

어떤 체계, 말하자면 출처가, 많은 가능성 안에서, 양자를 잇는 통로로 운반할 수 있는 신호를 선택하는 것으로서, 다른 체계, 즉 목적(destination) 혹은 수신자(receiver)의 상태 내지는 행위에 영향을 줄 때는 언제나 우리는 커뮤니케이션을 갖는다. 인간의 커뮤니케이션 체계를 취급할 때 우리는 대개 신호의 모임을 메시지라고 부르고 있다. 이 메시지는 반드시 그럴 필요는 없지만 흔히 언어(language) 메시지일 경우가 많다.[15]

커뮤니케이션은 라틴어의 'communis', 즉 영어의 'common'에서 나온 것이다. 우리는 커뮤니케이션 할 때 누군가와 함께 '공통의 것'(commonness)을 세우려고 한다. 말하자면 정보, 사상, 또는 태도를 공유하려고 한다.[16]

커뮤니케이션이란 개인과 개인 사이에서 의미를 전하는 과정이다.[17]

커뮤니케이션이라는 개념은 사람들이 서로 영향을 미치는 모든 과정을 포함한 것이다.[18]

---

14) G.A. Miller, *Psycholinguistics*, p.701.
15) C.E. Osgood et al., *The Measurement of Meaning*, p.272.
16) W. Schramm, *How Communication works*, p.3.
17) C.R. Wright, *Mass Communication*, p.11.

좀 지루한 인용을 했지만, 여기서 우리는 연구자에 따라서 다 같은 인간 커뮤니케이션을 두고 상당히 다른 각도에서 또는 상당히 다른 점에 강조를 두고 있다는 것을 알 수 있다. 그러나 여러 사람의 커뮤니케이션에 대한 개념 중에서 주목할 만한 요소 중의 하나는 인간과 인간 사이에서 어떤 기호든 상징이든 간에 뜻을 주고받는 상관관계가 이루어진다는 점이다. 말하자면 한 인간이 뜻을 전달함으로써 자기의 생각이나 입장을 상대방에게 단순히 전달(통신)만 하는 것이 아니라 상대방의 뜻도 전달받아서(수신) 그의 생각이나 입장을 이해하는 과정이 커뮤니케이션인 것이다. 물론 식량으로 하기 위한 동물이나 적에 대해서 일방적으로 공격의 뜻을 전한다든가 하는 것처럼, 상대방의 뜻에 대해서는 관심을 두지 않는 전달방식도 없는 것은 아니겠으나, 이것은 어디까지나 파생적인 기형체인 것이지 인간 커뮤니케이션의 원래 성질은 아니다. 슈람이 말하는 바와 같이 '공통의 것', 말하자면 공유세계에 대한 이해를 가지려고 하는 것이 커뮤니케이션의 본질이라고 할 수 있다.

일본의 소장연구자 후지타케 사토루(藤竹曉)도 이렇게 말하고 있다.

　최소 두 사람의 커뮤니케이션 단위가 이룩하는 커뮤니케이션의 체계는 상호간에 두 사람의 단위가 발신자와 수신자의 역할을 교환하면서 서로의 환경의 공유 부분을 증대해나가는 과정을 내포하고 있다. 인간 커뮤니케이션의 과정은 거기에 참가하는 커뮤니케이션 단위 사이에 존재하는 공유세계를 확인하고 확대해나가는 시도에 불과

---

18) J. Ruesch and G. Bateson, *Communication: The Social Matrix of Psychiatry*, p.6.

하다.[19]

　말하자면 인간 커뮤니케이션의 정상적인 형태는 커뮤니케이션 당사자간에 이루어지는 상호 전달인 것이며 일방적인 전달은 아니다. 쿨리가 말하는 바와 같이 인간관계를 성립·발전시키는 것이며, 루에쉬(J. Ruesch)와 베이트슨(G. Bateson)이 이야기하는 바와 같이 인간 상호간에 영향을 미치는 과정인 것이다.

　물론 이와 같은 인간과 다른 인간 사이에서 이루어지는 상호 전달에 앞서서 한 개인 내부의 커뮤니케이션을 생각할 수 있다. 오스굿(C.E. Osgood)과 세벅(T.A. Sebeok)은 인간을 커뮤니케이션의 한 단위로 생각했다. 이 단위로서의 인간은 메시지를 수신하고 발신할 수 있다. 이것은 인간이 독립 자족물인 커뮤니케이션의 체계라는 것을 표시하고 있다. 이렇게 해서 커뮤니케이션 단위로서의 인간은 자기 개인 내부의 커뮤니케이션(intrapersonal communication), 즉 사고가 가능한 존재가 되는 것이다.[20] 이와 같이 통신과 발신을 자족적으로 할 수 있는 인간이 다른 개인과의 사이에서 형성하는 이른바 대인적 커뮤니케이션(interpersonal communication)이라는 것은 자족적인 커뮤니케이션의 각 단위 사이에서 통신과 수신을 상호간에 주고받는 과정에 불과한 것이다.[21] 다시 말해서 인간 커뮤니케이션의 기본적이고 중요한 존재형

---

19) 藤竹曉, 『現代マス·コニケイシヨンの 理論』, p.10.
20) C.E. Osgood and T.A. Sebeok(ed.), *Psycholinguistics: A Survey of Theory and Research Problems*, pp.1~7; 藤竹, 같은 책, p.207.
21) 일본의 사회학자 高稿徹는 인간 커뮤니케이션의 3단계 이론이라는 것을 제시하고 있다. 첫째가 intrapersonal communication이며, 다음이 interpersonal communication, 그리고 셋째가 mass communication이다.

태는 인간과 인간 사이의 상호 전달이며 또한 인간 커뮤니케이션의 철학은 인간과 인간과의 관계, 그리고 "인간과 사물과의 관계를 합리적인 것으로 이끌고, 상호 이해와 합의(consensus)를 가져오며, 사물을 객관적으로 파악하게 하는 데 그 목적이 있는 것이다."[22]

매스커뮤니케이션의 특성

인간 커뮤니케이션 연구에 있어서 하나의 중요한 과제는 커뮤니케이션 당사자들이 커뮤니케이션 내용을 가운데 두고 어떠한 대응관계에 놓여 있는가, 그리고 그 결과로서 커뮤니케이션 내용을 어떻게 공유하고 있는가, 혹은 내용에 대해서 누가 주도권을 쥐고 있는가, 하는 점을 밝히는 것이라고 할 수 있다. 말레츠케는 인간 커뮤니케이션의 수많은 종류 중에서 '매스커뮤니케이션'이라 불리는 것을 상세히 규정하기 위해 중요한 뜻을 갖는 대개념만을 다음과 같이 분류하고 있다. 그것은 (1) 직접적 및 간접적 커뮤니케이션 (2) 상호적 및 일방적 커뮤니케이션 (3) 사적 및 공적 커뮤니케이션의 세 쌍의 대개념으로 나누어진다. 그는 첫 번째 대개념에 대해 "모든 커뮤니케이션은 직접적(direkt)으로, 즉 중간물이 없고 무매개적으로 얼굴을 맞대고 흐르거나, 그렇지 않으면 간접적(indirekt)으로, 즉 매개적으로 커뮤니케이션 당사자간에 공간적 또는 시간적 거리를 중계하는 형식으로 흐른다"라고 했다. 두 번째 대개념은 이렇게 설명한다. "커뮤니케이션은 항상 상호적(gegenseitig)이거나 일방적(einseitig)이거나 어느 한 가지 형식으로 흐른다. 상호적이라는 것은 가령 개인적인 회담의 경우와 같이 이야기

---

22) 清水幾太郎, 『社会心理学』, p.113.

상대가 항상 발신자로서의 역할과 수신자로서의 역할을 교환하고 있는 경우이다. 그리고 일방적이라는 것은 한쪽의 상대는 언제나 발신자이며 다른 한쪽의 상대방은 언제나 수신자라는 식으로 역할 교환이 없는 경우이다."[23] 그리고 계속해서 말레츠케는 첫 번째의 '직접적 · 간접적' 대개념, 두 번째의 '상호적 · 일방적' 대개념을 다음과 같은 네 개의 쌍으로 재분류한다.

① 상호적 직접적 커뮤니케이션 — 이것은 얼굴과 얼굴을 맞대고 회담하는 경우이다.

② 상호적 간접적 커뮤니케이션 — 이것은 전화나 전신에서 볼 수 있는 경우이다.

③ 일방적 직접적 커뮤니케이션 — 이것은 강연에서 볼 수 있다.[24]

④ 일방적 간접적 커뮤니케이션 — 이것은 인쇄물(편지 · 전보 · 신문 · 잡지 · 도서 등), 레코드, 영화, 라디오, 텔레비전 등의 커뮤니케이션에서 나타나는 현상이다.

상당히 길게 말레츠케의 커뮤니케이션 형식 분류를 소개했으나 여기서 우리가 주목하는 것은, 이른바 '매스커뮤니케이션'이라는 인간 커뮤니케이션 형식은 항상 일방적이며 간접적이라는 점이다. 그리고 어디서나 이야기되고 있는 바와 같이 매스커뮤니케이션은 불특정 다수의 인간을 대상으로 하고 있기 때문에 '공적 커뮤니케이션'이다. 매스커뮤니케이션이 지니는 이와 같은 특성, 즉 일방적이고 간접적이며 또한 공적인 커뮤니케이션이라는 특성은 많은 중요한 문제를 던져주고 있다.

---

23) G. Maletzke, 앞의 책, pp.38~41.
24) Audience의 질문을 고려해서 상호적이라고 생각하는 것은 여기서는 무시될 수 있을 것이다.

이와 같은 매스커뮤니케이션이 갖는 외형적 특성(본질적인 문제는 제외된다)은 주로는 커뮤니케이션 수단인 테크놀로지가 개재되기 때문이다. 매스커뮤니케이션 과정에는 필연적으로 고도의 기계기술 시스템이 개입되지만 이와 같은 사실은 커뮤니케이션 당사자간의 역할 교환을 불가능하게 하고 있다. 인간 커뮤니케이션의 기본적인 형태가, 그리고 그 본질적인 성격이 서로의 뜻을 상호 전달하고 공존의 세계와 이해를 확대하는 데 있었음에도 불구하고, 인간 커뮤니케이션의 기술이 매스미디어 단계에 이름으로써 인간 커뮤니케이션 형식은 일방적 커뮤니케이션으로 바뀌고 말았다. 이와 같은 현상을 한 연구자는 다음과 같이 정리하고 있다.

매스커뮤니케이션 과정의 특질은 다음 몇 가지 지점에서 구할 수 있다. 첫째는 통신자와 수신자의 전문 분화이다. 둘째는 그 결과 통신자는 메시지의 생산에 종사하는 사람들의 집단이며, 수신자는 이들 메시지를 받아들이고 소비하는 불특정 다수의 인간이다. 그리하여 셋째는 통신자에서 수신자에게로 메시지는 일방통행적으로 흐르고 있는데, 이와 같은 점에서 매스커뮤니케이션의 특질을 구할 수 있다.[25]

매스커뮤니케이션의 일방통행적 성격을 체리는 '협력적'(coope-rative)과 '비협력적'(non-cooperative)이라는 개념으로 표현하고,[26] 라스웰(Harold D. Lasswell)은 '일방 교통'(one way)과 '쌍방 교통'(two way) 커뮤니케이션으로 이야기하고 있다.[27] 그리고 캔트릴(H.

25) 藤竹, 앞의 책, p.11.
26) C. Cherry, 앞의 책, p.16.

Cantril)과 올포트는 '순환적'(circular)과 '직선적'(lineal)이라는 용어로 표현하고 있다.[28]

그러나 문제는 매스커뮤니케이션이 갖는 이와 같은 형식, 일방적이며 간접적이고 또는 공적이라는 형식적인 면에 있는 것이 아니다. 앞에서도 문제점을 지적한 바와 같이 커뮤니케이션 수단을 어떻게 운용하고 또 거기에 어떠한 내용을 담는가, 말하자면 매스커뮤니케이션 활동 속에 인간은 어떠한 대응관계에 놓여 있는가, 즉 커뮤니케이션 수단과 커뮤니케이션 관계 속에 문제점이 깃들어 있는 것이다.

매스커뮤니케이션 활동에서의 소외 현상

인간 커뮤니케이션은 인간 사회 성립의 기본적인 요소였지만 이것은 또한 사회의 발전에 영향을 미치고, 사회의 발전은 다시 커뮤니케이션 수단이나 커뮤니케이션 과정에 영향을 미친다. 성원 상호간의 합의와 이해를 위해서는 대인적 커뮤니케이션만으로 족했던 동질적인 사회로부터 이질적 대중적 사회로 이행함에 따라서 인간 커뮤니케이션의 수단도 발달하고 그 능력도 증대된다. 인간의 커뮤니케이션 수단은 단순한 몸짓(gesture)이나 외마디 소리에서 언어로 발전하고, 나무나 바위에 그리던 극히 단순한 표시로부터 문자를 발명했으며, 물체를 두들기는 것이나 횃불 신호로부터 전신 · 전화나 현대의 인간이 갖고 있는 놀라운 통신수단으로 발전되어왔다. 이와 같이 하여 사회의 발전과 함께 인간 커뮤니케이션의 '원초적 과정'에서 '제2차적 기술'의 발달이 있게

---

27) H.D. Lasswell, "The Structure and Function of Communicationin in Society", in W. Schramm(ed.), *Mass Communication*, p.121.

28) H. Cantril and G.W. Allport, *The Psychology of Radio*, p.265.

되었다. 인간 사회의 진전과 함께 문화도 발전하고 그 속에서 인간 커뮤니케이션 수단 또한 발전한 것이다.

동물집단이 단순한 생물 사회적 체계(bio-social system)로 이해되는 데 비해, 인간 사회는 사회 문화적 체계(socio-cultural system)로 파악되어야만 한다.(Davis Kingsley, *Human Society*) 사회 문화적인 존재로서의 인간이 아무리 문화를 축적하고 발전시킬 수 있다고 해도 필경 그것은 한 개인이 능히 이룩할 수 있는 것은 아니며 필연적으로 집단의 힘에 의존하지 않으면 안 된다. 문화는 (커뮤니케이션 수단을 포함한) 한 사람의 성원보다는 오히려 전체로서의 집단에 속하는 것이라고 해야만 한다.[29]

인간의 문화는 그것 자체가 바로 인간 커뮤니케이션 능력의 결과이지만 커뮤니케이션 수단을 포함한 과학 기술 역시 그러한 것이다. 오늘날의 매스커뮤니케이션 테크놀로지 역시 전 인류문화의 소산이며 결과이기 때문에 어느 특수 집단이나 특정 개인에게 소속될 수 없는 성질의 것이다. 매스커뮤니케이션의 수단도 당연히 '전체로서의 집단에 속해야만' 한다. 과학기술은 그 자체의 논리로 움직이는 것이며 그 속에 어떤 가치관을 포함하고 있는 것은 아니다. 원자력의 개발에서 좋은 예를 볼 수 있는 바와 같이 과학기술이라는 것은 누가 그것을 어떻게 사용하는가에 따라서 가치가 부여된다. "현대에 있어서 중대한 문제는 과학기술의 진보 및 그 소산과 인간과의 관계이다. 가령 물리학, 수학, 화학을 기초로 해서 고도로 발달한 생산기술 등 인간의 지혜가 만들어낸 것들

29) 生田正輝, 『マス・コミュニケイションの諸問題』, p.12.

이 진보와 전진을 위해서가 아니라, 도리어 인간에게 악이나 위협으로 등장하고 있다는 점이 문제다. 이와 같은 과학기술은 그것을 만들어낸 인간의 손으로부터 떨어져 나갔으며 일부의 인간에 의해서 장악되고 조종되는 것이다. 그리하여 대부분의 인간은 그 공포 속에 말려들어가는 상황"30)이 또한 문제인 것이다.

매스커뮤니케이션을 가능케 하는 기계기술이 일반 민중으로부터 분리되어 특정 개인이나 특정 집단의 손으로 넘어갔다는 사실은 매스커뮤니케이션이 형식상으로 일방통행일 뿐 아니라 본질적으로는 매스커뮤니케이션 활동으로부터의 인간소외를 뜻하는 것이다. 매스커뮤니케이션 기술은 일부 특정인의 손으로 넘어가서 하나의 기업적 수단으로 화한다. 그뿐 아니라 이들 특정인들은 매스커뮤니케이션을 "이윤을 만들기 위해서, 그리고 그들의 계급 지배를 유지하기 위해서 사용한다"31)고 한다. 일반 민중은 매스커뮤니케이션 관계에 있어서는 일방적으로 주어진 내용을 "사느냐 안 사느냐의 선택밖에 없는 수동적인 소비자"32)로 전락하고 만다. 그들은 문자 그대로 '포로가 된 민중'(captive audience)에 불과하며 매스커뮤니케이션 활동에 있어서 아무런 주도권도 갖고 있지 못하다. 인간이 만든 기계기술에 의해서 가능하게 된 매스커뮤니케이션, 이 거대한 '괴물'이 무력하고 외로운 일반 민중 앞에 두 팔을 쭉 편 채 버티고 서 있다. 인간에 의해서 만들어진 것이 인간 이상의 권위를 가지고 등장하고 있는 이 현실 속에 인간소외 현상이 펼쳐지는 것이다. 이래서 매스커뮤니케이션은 항상 송신자(communicator)

---

30) 『講座現代社会学』 VI, 有斐閣, p.5.
31) D. MacDonald, "A Theory of Mass Culture", in B. Rosenberg(ed.), *Mass Culture*, p.60.
32) 같은 글, p.60.

에 의해서 일방적으로 흐르며 그 내용 역시 송신자에 의해서 일방적으로 정해진다. 커뮤니케이션 내용에 대한 취사선택의 기준은 매스미디어를 쥐고 있는 사람이 결정하는 것이다. 일반 민중은 이 과정에서 소외된다. 투고나 공개방송 프로그램 따위에 '참여'하는 것은 정해진 기준에 말려들어가는 것 외의 아무것도 아니다.

한편 매스커뮤니케이션 과정에 있어서의 송신자들은 어떠한가. 라스웰은 송신자의 내부 구조를 지적한 바 있었다. 그는 지배자(controllers), 경영자(manipulators) 그리고 실무자(handlers)의 세 개념을 사용하여 다음과 같이 설명하고 있다.

> 우리는 그들(communicator)을 경영자(지배자)와 실무자로 분류한다. 첫째 집단은 전형적으로 내용을 변경시키는 집단이며, 둘째 집단은 그렇게 하지 못하는 집단이다.[33]

이와 같이 내용 제작에 결정권을 갖지 못한 실무자는 다만 지배자나 경영자에 의해 정해진 선에 따라 내용을 제작한다.

실무자들이 가지고 있는 가치관과 커뮤니케이션 내용의 기준이 직접적인 연관성으로 맺어져 있는 것은 아니다. 따라서 그들은 때로 그들 자신이 제작한 내용에 대해서 매우 자조적이다. 그들은 경영자들의 기준에 따라 내용을 제작하고, 제작한 다음에는 그 내용을 자기로부터 분리시켜 경영자에 넘기고 만다. 구체적으로는 경영자로부터 제시된 영업부로 넘기고 만다. 그리하여 송신자 소외 현상 속에 빠지고 만다. 말하자면 일반 민중들뿐만 아니라 매스커뮤니케이션에 직접 종사하고 있

---

33) H.D. Lasswell, 앞의 글, p.122.

는 실무자들 역시 매스커뮤니케이션 활동에 있어서 주도권을 쥐고 있지는 못하며, 본질적으로는 그들 또한 소외되어 있는 것이다. 맥도널드(D. MacDonald)도 다음과 같이 이야기하고 있다.

　이러한 (대중문화를 제작하는) 정신노동자들은 공업노동자들이 그들의 수공노동으로부터 소외되어 있는 것과 마찬가지로 정신노동으로부터 소외되어 있다.[34]

맺음말

인간 커뮤니케이션의 철학은 인간 상호간의 공유세계의 증대와 상호 이해, 합의를 가져오는 데 있었다. 인간 커뮤니케이션의 수단은 목적을 이룩하기 위한 수단에 불과하다. 수단 이상의 아무것도 아니며 오로지 수단에 그치는 것이다. 커뮤니케이션 수단이 발달하면 커뮤니케이션 능력도 증대된다.[35] 커뮤니케이션 능력의 증대는 인간 사회에 더욱 많은 공유세계와 상호 이해를 가져와야 할 것이다. 그러나 커뮤니케이션 수단이 발달하여 매스커뮤니케이션의 생산물이 많이 나돌면 나돌수록 인간은 커뮤니케이션 활동에서 소외(외재화)된다는 현상 속에 하나의 기본적인 문제점이 존재하는 것이다.

매스커뮤니케이션이 갖는 외형적 특성, 즉 일방적 전달이라든가 간접

---

34) D. MacDonald, 앞의 글, p.65.
35) C.H. Cooley는 커뮤니케이션 능력에 영향을 미치는 것으로, ① 표현력, 즉 그것이 운반할 수 있는 사상이나 감정의 범위 ② 기록의 내구성, 즉 시간의 극복 ③ 속도, 즉 공간의 극복 ④ 전파력, 즉 모든 사람에의 접근 등 네 가지 요소를 들고 있다.

적 또는 공적 커뮤니케이션이라는 특성은 대개는 매스커뮤니케이션을 가능케 하고 있는 테크놀로지에서 원인을 찾을 수 있다. 그러나 오늘날 매스커뮤니케이션이 갖는 여러 가지 문제점, 특히 그것이 갖는 체제적 성격이라든가 또는 매스커뮤니케이션 활동에서의 인간소외 현상이라든가 하는 것이 바로 테크놀로지로 해서 연유된다고 생각하는 논리에는 허점이 있다.

그것은 수단에 지나지 않는 테크놀로지가 원래 인간 커뮤니케이션이 갖는 본질이나 존재 이유에 어긋나게 존재하고 있기 때문이지, 그 테크놀로지 자체에 어떤 모순이 깃들어 있다고 단정하는 것은 표면 현상에 주목한 나머지 본질적인 면을 보지 못한 결과다. 매스커뮤니케이션이 갖는 문제점을 오로지 테크놀로지에 귀착시키는 논리는 인간을 무시하는 '테크놀로지 결정론'(Technological determinism)에 빠지는 결과가 된다.[36]

아무튼 전 인류문화의 소산인 매스커뮤니케이션 테크놀로지가 사회의 일부 특정인이나 특정 집단에 소속되고 장악되어 있음으로 해서 현대사회에는 광범위하게 '디스커뮤니케이션'(discommunication) 현상

---

36) *UNESCO: Its Purpose and its Philosophy*, 1946에서 Julian Huxley는 다음과 같이 이야기하고 있다. "매스커뮤니케이션 수단은 국경을 넘어서 정보를 넓힐 가능성을 가져오기는 하지만, 이 가능성은 때때로 실현되지 못하고 검열제나 신문·라디오의 관료통제, 민중의 마음속에 심리적 장벽을 쌓는 것으로 해서 때때로 엄중하게 봉쇄되고 만다. 매스커뮤니케이션 수단은 국가와 국가와의 통신이 전혀 제한되지 않고 각 국민이 서로 이야기할 수 있는 사상 최초의 매개체이다. 분명히 그렇기는 하지만, 그러면서도 이들 미디어를 통해서 제 국민이 이야기하는 내용이 잘못된 것일 수 있다는 점, 그들이 듣는 내용이 인위적 장벽에 의해서 제한되기도 하고 또한 그 영향이 사전의 선전으로 왜곡될 수 있다는 것도 또한 사실이다."

이 만연되고 있으며, 이와 같은 현대 매스커뮤니케이션이 갖는 문제점
은 매스커뮤니케이션 수단의 존재 형태와 매스커뮤니케이션 활동에서
의 송신자와 수신자와의 대응관계 속에 있다는 점을 지적하는 것이다.

이 논문은 '근대화에 관한 커뮤니케이션 이론', 이른바 '발전 커뮤니케이션론'에 대해서 비판한 내용이다. 이 커뮤니케이션의 근대화론은 쉽게 말해서 사회 발전을 이룩하기 위해서는 매스미디어들이 정책을 수행하는 사람, 즉 정치가와 행정관료들과 잘 협조해서 국민들을 설득하고 정책이 원만하게 이루어질 수 있도록 도와야만 한다는 것이다. 그뿐 아니라 '서구'(the West)는 발전을 이룩한 사회이기 때문에 발전을 바라고 있는 후진 국가들에게는 좋은 모델일 수밖에 없다는 것이다. 그렇기 때문에 후진 사회의 언론들은 자국민들로 하여금 서구사회에 대해서 좋은 감정을 갖도록 감정이입(感情移入, empathy)을 시켜야만 한다는 것이다.

나아가 '언론자유'라는 것은 발전한 나라에서나 누릴 수 있는 '사치품'이지 후진 사회에서는 국민들에게 혼란과 당혹만을 안겨줄 뿐이라는 것이다.

이 논문에서는 이와 같은 논리에 대해 비판하면서, 원래 미국의 커뮤니케이션 과학이라는 것이 다분히 '정책과학'적 성격을 띠고 있다는 점도 지적했다.

●『서울대학교 신문연구소 학보』Vol. 6, 1969.

---

* 이 논문은 1969년 춘계 한국사회학대회에서 발표한 내용을 정리한 것이다.

제2장 사회변동과 매스커뮤니케이션
— '근대화에 관한 커뮤니케이션 이론'에 대한 하나의 다른 시각

정책과학으로서의 커뮤니케이션 연구

원래 사회과학이라는 것은 모든 사회적 현상, 즉 정치적·경제적·문화적인 사회 현상을 그 대상으로 하는 것이기 때문에 당연히 어떤 국가가 수행하는 정책 자체도 사회과학의 대상이 되는 것이다. 그런데 주로 미국의 커뮤니케이션 과학은 한마디로 정책과학(policy science)적이라고 할 수 있다. 정책과학이라는 것은 임의의 정부가 수행하는 정책이나 대기업체의 방침에 공헌하는 연구활동을 말한다. 사회과학은 정책을 그 대상으로 삼을 수 있으나 정책과학은 결코 정책 자체를 대상으로 삼을 수 없으며 그것이 봉사하는 정책의 하위에 있으면서 다만 그 정책의 효과적인 수행을 뒷받침할 따름이다.

미국의 커뮤니케이션 연구가 활발해진 것은 1930년대였으나, 여기에 앞서서 미국 커뮤니케이션 이론의 정지작업은 C.H. 쿨리[1]나 미드

---

1) C.H. Cooley의 "The Significance of Communication", "Human Nature and Social Order" 등 참조.

(G.H. Mead) 또는 듀이(John Dewey) 등에 의해서 이루어지고 있었다. 또한 오늘날에도 눈부신 활약을 계속하고 있는 리프만(Walter Lippmann)은 이미 1922년에 『여론』(Public Opinion)이라는 명저를 통해서 매스커뮤니케이션이 인간의 사고나 가치관, 나아가 그 운명까지 좌우할 것이라는 경고를 한 바 있었다. 이와 같은 미국 커뮤니케이션 이론이 전개되기 시작한 역사적 객관적 배경으로는, 19세기에 등장한 대중신문이 던진 사회적 공과(功過)에 대한 논의와 점차 주목을 끌기 시작한 영화에 대한 사회적 논란, 나아가 1920년에 등장한 상업방송2) 등의 새로운 대량전달 매체에 의한 중첩된 커뮤니케이션 현상이 세인의 이목을 끌지 않을 수 없는 사회적 현상으로 등장하고 있었던 것 등을 꼽을 수 있다.

그러나 이들 사회학자, 철학자 들의 관심과는 다른 차원에서 미국의 실무적·실용적 커뮤니케이션 연구는 활발해지기 시작했으며 점차 그 성격적 특성을 형성하기에 이르렀다. 20세기에 접어들면서 미국의 기업정신은 더욱 유감없이 발휘되면서 인류의 과학·기술이 쌓아올린 새로운 매체 라디오까지도 이윤 추구의 목적으로 이용하는 것을 잊지 않았다. 2년 후에 시작된 영국의 방송제도가 공공기업체(public corporation)인 데 비해서 미국의 방송이 처음부터 상업방송이었다는 사실도 미국의 정치·경제적 풍토의 반영이라고 할 수 있을 것이다. 아무튼 미국의 상업방송은 스폰서를 획득하기 위하여 청취자의 수나 프로그램에 대한 청취율을 알 필요가 있었다. 그리고 청취자의 프로그램에 대한 기호는 물론 청취행태까지도 파악해야만 했다. 이러한 구체적

---

2) 피츠버그에 등장한 KDKA는 미국 상무성의 정식 인가를 받은 인류 사상 최초의 방송국이었다. KDKA는 처음부터 상업방송을 표방했다.

인 동기 속에 수신자분석(audience analysis)이라는 커뮤니케이션 연구의 한 주류가 이루어져갔다.[3] 그뿐 아니라 1910년대와 1920년대의 미국은 제1차 세계대전을 전후해서 다른 당사국들과는 달리 홀로 국가적 부의 축적과 기업의 융성을 이룩하고 있었다. 대량생산과 대량소비라는 물결에 따라서 광고(advertising)나 마케팅(marketing)이라는 용어가 등장하게 되었으며, 대량생산을 뒷받침하는 대량소비를 가져오기 위하여 매스미디어를 어떻게 활용할 것인가 하는 문제의식이나 실무적인 연구가 궤도에 오르기 시작했다. 1929년의 경제공황은 미국 경제체제에 큰 충격을 주었으며, 벽에 부딪힌 생산활동을 어떻게 재가동시킬 수 있을 것인가, 또한 어떻게 노동자를 설득시키고 흐트러진 생산체제를 재정비할 수 있을 것인가, 하는 문제상황에 부딪히게 되었다. 이러한 역사적 고비에 등장한 것이 이른바 홍보(Public Relations)활동이었다. 두말할 것 없이 홍보활동은 매스커뮤니케이션은 물론 대인적 커뮤니케이션까지를 동원하는 것이며, 미국의 실무적 커뮤니케이션 연구가 공헌하는 주요한 무대일 수밖에 없었다.

미국의 커뮤니케이션 과학이 이와 같이 기업적인 동기로 지탱되고 있는 동안에 유럽과 일본에서는 파시즘이 대두되고 있었으며, 제2차 세계대전의 기운이 점차 무르익어가고 있었다. 다시 말해서 경제공황과 거기에 따르는 국제적 긴장이 계속되다가 미국은 일본으로부터 진주만

---

3) 1920년대의 초보적인 조사를 발판으로 1935년에는 G.W. Allport 등의 *The Pshchology of Radio*, 1940년에 H. Cantrill의 *Invaders from Mars*가 나오고, 이것이 콜럼비아 대학의 Lazarsfeld 그룹으로 계승되고, 1941년에 *Radio Research*, 1946년의 R.K. Merton에 의한 라디오 캠페인 조사 *Mass Persuasion* 등으로 계속된다. 이러한 일련의 방법론적 기초는 주로 사회조사에 의한 실태 분석과 대량 관찰이었다. 이 방법론은 그 후의 매스커뮤니케이션 연구에 큰 영향을 미치고 있다.

공격을 받았던 것이다. 이와 같은 정치적·경제적·사회적인 전반적 위기라는 국내외 정세에 직면한 미국은 커뮤니케이션의 모든 능력을 동원해서 사태에 대처해야만 할 필요에 부딪히게 되었다. 그뿐 아니라 적국의 선전활동은 사상 유례를 볼 수 없는 방대한 양과 날카로운 기교를 보이고 있었다. 이와 같은 긴장된 상황 속에서 커뮤니케이션 연구도 현실적인 요청에 부응하는 방향으로 성격 형성이 이루어져갔다. 구체적으로는 전시 커뮤니케이션, 말하자면 적국 선전활동의 분석이라든가 정치선전, 심리전쟁의 연구로 미국의 커뮤니케이션 과학은 틀이 잡혀간 것이다. 물론 제2차 세계대전 전에도 미국에 정치선전이나 심리전에 관한 연구가 없었던 것은 아니다.

가령 정치학자이면서 커뮤니케이션 과학을 개척한 H.D. 라스웰은 1927년에 『세계전쟁에 있어서의 선전기술』[4]을 내놓은 바 있으며, 1935년에는 두브(L.W. Doob)의 『선전의 심리학』이 출간되어 있다. 한편 연구기관으로서도 '선전분석연구소'(The Institute for Propaganda Analysis)가 이미 설립되어 있었다. 다만 이와 같은 미국의 커뮤니케이션 과학은 더욱더 직접적으로 정책과 밀착하게 되었으며, 제2차 세계대전이 일어나자 미국 정부 내에 정보국, 검열국, 전략정보국, 미대륙 조정국 등을 통합 조직한 기구로 '전시 커뮤니케이션'(Wartime Communication)이 설립되었으며, 이와 같은 전시 커뮤니케이션 연구에는 많은 커뮤니케이션 연구자들이 동원되었던 것이다.

아무튼 미국의 커뮤니케이션 연구는 기업체나 정부 등의 조직체가 그들의 목적 달성이나 정책 수행을 하는 데 있어서 어떻게 매스미디어를 이용할 수 있을 것인가, 또는 매스미디어를 목적 달성이나 정책 수행의

---

4) 제1차 세계대전 중의 국제적인 정치선전을 분석 연구한 것이다.

수단으로 이용할 경우 어떠한 효과나 기능을 기대할 수 있을 것인가, 또는 달성했는가, 나아가서 그러기 위해서는 어떠한 내용을 대량 전달할 것인가 하는 등의 문제의식이 주류를 이루었던 것이다. 이와 같은 미국의 커뮤니케이션 연구의 성격이 바로 정책과학[5]인 것이다. 정책과학은 본질적으로 임의의 조직체가 수행하려고 하는 정책에 종속된 연구활동이며, 정책 그 자체를 연구의 대상으로 할 수 있는 사회과학과는 그 차원을 달리한다 할 것이다.

'근대화이론'의 배경과 성격

미국 커뮤니케이션 연구에 있어 중진 중의 한 사람인 베렐슨은, 1959년에 미국의 매스커뮤니케이션 연구가 벽에 부딪히고 있으며 앞으로의 전망이 비관적이라는 글[6]을 발표한 적이 있었다. 베렐슨의 이러한 주장에 대하여는 반론이 나온 바도 있으나, 한때 미국의 커뮤니케이션 연구가 침체된 분위기 속에 있었던 것은 사실이다. 그와 같은 기조를 깨고 지난 수년 동안에 대두된 경향이 이른바 커뮤니케이션 연구에 있어서의 근대화이론이다.

1958년에 러너(Daniel Lerner)[7]는 『전통사회의 추이: 중동의 근대화과정』(*The Passing of Traditional Society: Modernizing the*

---

5) 'Communication Theory of Modernization'을 일단 이렇게 칭하기로 한다.
6) "The States of Communication Research", in P.O.Q. Spring 1959, pp.1~6.
7) D. Lerner는 제2차 세계대전 중에는 연합군 파견군 최고사령부(SHAEF) 심리전쟁국 정보과주임, 미합중국 군정부 정보통제국 정보과장 등을 역임한 연구자다.

Middle East)이라는 저서에서 중근동사회가 전통사회에서 근대사회로 옮아가고 있는 이행사회(the transitional society)라고 규정하고, 이들 이행사회가 근대사회를 건설하기 위해 아직도 서구가 유용한 모델이라고 주장하면서[8] 이들 사회의 사회개혁이나 사회변동의 중요한 동적 요인의 하나가 매스미디어라고 하는 논리를 전개했다. 러너가 근대화 과정과 매스미디어와의 함수관계에 주목한 이래, 미국 커뮤니케이션 연구에는 두드러지게 '근대화' 내지는 '발전' 문제와 커뮤니케이션과의 상관관계를 취급하는 연구 경향이 나타나게 되었다.

현재 매사추세츠 공과대학의 정치학 교수 및 같은 대학 국제문제연구소의 책임연구원으로 있는 파이(Lucian W. Pye)는 1963년에 『커뮤니케이션과 정치적 발전』(*Communication and Political Development*)이라는 책을 편집했다. 「서문」에서 그는 "이 책은 1960년에서 1963년에 걸쳐 포드(Ford) 재단에서 교부된 보조금으로 사회과학연구회의(Social Science Research Council) 중의 비교정치학위원회가 간행하는 '정치적 발전의 연구'(Studies in Political Development) 시리즈의 제1권이다"라고 이 책의 배경을 밝히고, 또 이 책의 핵심적인 주제나 담겨진 견해가 어떤 사람들로부터 나왔는가 하는 것을 다음과 같이 이야기하고 있다. "현대정치에서의 현저한 현상은, 새로운 국가나 급속히 변동하고 있는 국가가 국제사회에서 어떤 지위를 획득하기 위하여 정치적인 여러 가지 형태, 과정, 정책을 실제로 시도하고 있다는 사실이다. 비교정치학위원회는 이들 국가의 시도를 이해하는 동시에 또한 그 시도의 앞날을 전망하는 능력을 향상시키기 위한 개념, 통찰, 이해의

---

8) Lucian W. Pye(ed.), *Communication and Political Development*, 1963의 Paperback Edition 「서문」 참조.

발전을 목적으로 하고 있다. 이 계획을 진행시키는 데 위원회는 수차에 걸친 회의나 연구 세미나를 개최했으며, 그 과정에서 발전도상에 있는 여러 지역의 근대화 및 민주화의 문제를 구명(究明)하기 위하여 미국이나 그 외의 사회과학자, 교육자, 저널리스트, 정치지도자, 관리 등의 견해를 모았다."

말하자면 후진 신생국가들에서 일어나고 있는 정치 현상을 이해하고 거기에 대처하기 위하여 정치지도자나 관리, 연구자가 협력하였다는 것이다. 그리고 이 책의 구체적인 목적을 '본서는 전반적으로 (중략) 정책적인 일들, 즉 정치적·사회적 발전을 추진하는 수단으로서 커뮤니케이션을 이용하는 문제를 정면으로 다룰 것이다"고 밝히고 있으며, "커뮤니케이션과 정치적 의견 표명의 필요성을 연결하는 것은 주로 정치가에 의한 매스미디어의 이용"9)이라고 하고 있다. '정치가에 의한 매스미디어의 이용'이 그들의 주제요 문제의식인 것이다. 그리고 1964년에는 슈람에 의해서 『매스미디어와 국가발전: 개발도상국가에 있어서의 인포메이션의 역할』(Mass Media and National Development: The Role of Information in the Developing Countries)이라는 책이 나왔다. 이 책은 스탠포드 대학과 유네스코(UNESCO) 공동출판으로, 유네스코의 사업과 밀접한 관계가 있다. 유네스코는 매스미디어의 국제적인 발전을 촉진하기 위하여 1960년에는 아시아지역을 위한 방콕회의, 1961년에는 라틴아메리카를 위한 산티아고회의, 그리고 1962년에는 아프리카를 위한 파리회의를 계속해서 열었다. 이 일련의 회의에 참석한 슈람이 회의의 내용을 정리한 것이 이 책이다. 이 책이 나오게 된 배경이나 그 부제에서도 단적으로 알 수 있는 바와 같이, 후진국에 있

---

9) 같은 책, p.21.

어서의 매스미디어의 역할이 무엇인가, 또는 어떠해야만 하는가 하는 것이 이 책이 나오게 된 동기며 주제라고 할 수 있다.

다음에 나온 일련의 연구과제는 러너와 슈람 두 사람에 의해서 편집된 『개발도상국에 있어서의 커뮤니케이션과 변혁』(*Communication and Change in the Developing Countries*)이다. 1967년에 발행된 이 책에는 당시의 미국대통령 린든 존슨(Lyndon B. Johnson)이 쓴 「서문」이 실려 있다. 1964년에 하와이의 동서센터(East-West Center)에서는 약 한 달에 걸쳐 커뮤니케이션과 개발도상국의 문제에 관해서 연구회가 열렸다. 종래에 이러한 주제로 진행된 일련의 연구는 주로 미국 연구자들에 의한 것이었으나 이 동서센터의 연구회에서는 현지, 말하자면 개발도상국에 몸을 담고 있는 연구자들의 참가와 협력을 얻는 한편, 그들의 연구와 견해를 듣는 것이 하나의 특색이었다. 인도, 파키스탄, 필리핀 등의 연구자들이 참가하고 있던 이 연구회의 핵심은 "국가 발전에 있어서의 국제협력과 커뮤니케이션"[10]이라는 문제였다. 러너는 이 문제를 논하면서 자기가 1958년에 발간한 *The Passing of Traditional Society*에서 주장한 '후진국의 발전을 위해서 아직도 서구는 유용한 모델'이라는 명제를 조심스럽게 계속 전개한다. 러너에 의하면 서양식 발전 모델은 '요리책의 처방'(cookbook recipe)과는 달라서 상당히 선택의 자유는 있으나, 그래도 모든 개발도상에 있는 사회에서는 실제로 기대를 상승시킬 만한 대답으로 등장하고 있다고 주장한다.[11]

그래서 결국 발전을 이룩한 국가들, 말하자면 서양이 후진국에 대해

---

10) D. Lerner의 논문 제목. D. Lerner and W. Schramm(eds.), *Communication and Change in the Developing Countries*, East-West Center Press, 1967, 제2장.
11) 같은 책, p.103.

서 그들의 국가가 장래에 어떠한 방향으로 발전할 수 있을 것인가 하는 이미지를 줄 수 있다는 것이며, 개발도상국에 대한 모범(Model)일 수 있다는 것이다. 그러므로 후진국들은 발전을 이룩한 서양과 국제적 협력을 하는 것이 바람직하다는 이야기다.

그리고 1968년에는 미시간 주립대학의 커뮤니케이션 연구소(The International Communication Institute)에서 *Mass Communication and the Development of Nations*라는 논문집이 나온 바 있다. 이 논문집도 저개발국가의 사회 경제적 발전과 커뮤니케이션에 관한 연구의 계속이며, 같은 계열의 종래의 다른 연구들과 마찬가지로 미국 정부 관계기관의 재정적 원조로 이루어졌다. 이 연구는 '국제개발국'(Agency for International Development)과 '대중정보에 관한 미주계획'(Programa Interamericano de Information Populari)에서 전적인 지원을 했다. 여기에 실린 논문들에는 러너, 풀(Ithiel de sola Pool), 파이, 슈람 등 이른바 근대화론자들의 소론이 도처에서 이용되고, 이들의 연구결과를 답습하고 있으며, 역시 하나의 치계(system)로서의 국가의 발전과정에 영향을 주는 주요한 변수 중 하나로서 매스커뮤니케이션을 중요시하고 있다.

지금까지 주로 미국에서 이루어진 커뮤니케이션과 사회발전 또는 근대화와의 함수관계를 다룬 연구들이 어떠한 배경과 문제의식에서 이루어졌는지를 소개했으나, 이러한 일련의 연구가 기본적으로 어떠한 성격의 것인가 하는 것은 파이에 의해서 잘 표현되고 있다. 그는 자신이 편집한 책의 서문에서 다음과 같은 이야기를 하고 있다. "커뮤니케이션에 관한 연구분야가 개척되기 시작한 것은 일찍이 자유로운 제도가 위협을 받고 국가정책에 긴급한 문제가 있었을 때였으나, 그것은 현재와 같은 상황 아래서도 대단히 의미 깊은 일이다. (중략) 전후 커뮤니케이션의 연구분야는 더욱 확대되어서 연구자의 세계와 정부나 기업체와의 사이에는 우호적인 관계가 유지되고 있다. 따라서 이 연구분야에는 실제적 정책문제를 존중한다는 독특한 경향이 존재하고, 연구를 하기에 따라서는 지식의 진보를 손상시키지 않고도 정치문제를 취급할 수 있는 고도의 이해가 존재해 있다." 또는 "커뮤니케이션 연구의 분야는 이미 이론적 사회과학의 세계와 현실적인 국가정책의 세계를 극히 효과적으로 연결하는 것이라는 사실이 입증되고 있다"는 등으로 설명된다. 이상과 같이 커뮤니케이션 연구의 성격을 밝히면서 그들의 공통된 문제의식이나 주된 연구목적은 이렇게 표명하고 있다. "정책지향적 커뮤니케이션 연구의 대부분은 타인의 태도나 행동을 변용시키는 문제라든가 이질의 문화라는 장벽을 넘어서 행해지는 커뮤니케이션의 문제를 취급해왔다. 이들 문제는 다 같이 정치적 발전 과정에 있어서 극히 중요한 것이다."[12]

결국 커뮤니케이션 연구에 있어서의 근대화 이론의 성격은 한마디로 '정책지향'(policy oriented)적인 것이며, '이질의 문화'를 뚫고서 '타인의 태도나 행동을 변용'시키는 것을 목적으로 삼고 있다고 볼 수 있다. 다시 말해서 이 근대화이론은 미국의 커뮤니케이션 연구가 처음부터 지니고 있던 정책과학으로서의 성격을 더욱 명확히 드러내고 있으며, 구체적으로는 미국의 대외정책을 직선적으로 반영하고 있다고 볼 수 있을 것이다.

---

12) L.W. Pye(ed.), 앞의 책, p.13, "Introduction" 참조.

근대화이론의 논리

먼저 대표적인 근대화론자인 러너의 소론을 들어보자. 그는 파이가 편집한 『커뮤니케이션과 정치적 발전』의 가장 마지막 장에 「근대화에 관한 커뮤니케이션 이론을 위하여」(Toward a Communication Theory of Modernization)라는 논문을 싣고 있다. 이 논문은 앞에 실린 여러 논문들을 딛고서 '근대화이론'의 느리적 전개를 맡고 있는 셈이다. 그의 논리는 다음과 같이 전개된다. "본 논문의 이론적 기초는 '근대사회라는 것은 상호 작용적 행동체계이다'라는 명제에 있다. 즉 이 체계는 그 구성요소의 하나가 유효하게 기능하기 위해서는 다른 모든 구성요소들도 유효하게 기능할 필요가 있다는 뜻에서 각 구성요소들은 상호 작용적인 것이다. (중략) 한 구성요소의 활동의 중요한 변화가 다른 모든 구성요소의 활동에 중요한 변화를 가져온다는 뜻에서 이들 구성요소는 전체로서 하나의 체계를 형성하고 있다."[13] 이와 같이 체계에 대한 설명을 하고 다음과 같이 본론으로 들어간다. "여기서 우리는 미디어 체계(media system)와 사회체계(social system)는 '역사적인 흐름에서 보면 상호 제휴해서 진보할 수밖에 없었다는 사정에서 대개 평행적으로 발전해왔다'는 생각을 전개하고자 한다."[14] 그의 논리를 요약해서 추려보면 "전체 구성요소 중의 하나인 매스미디어가 발달되어서 또 하나의 구성요소인 인간에게 욕당(aspiration)을 불러일으키면, 그것이 동인이 돼서 전 사회체계가 활발하게 가동할 것이다"라고 하는 것인데, 다만 염려가 되는 것은 1950년대에는 세계의 대부분에서

---

13) 같은 책, p.329.
14) D. Lerner의 저서 *The Passing of the Traditional Society*에서 전개된 논리다.

경제개발계획이 확대되었기 때문에 '기대증대혁명'(revolution of rising expectations)이 일어났으나 1960년에는 그것의 과격한 반작용, 즉 '좌절증대혁명'(revolution of rising frustrations)이 일어날 가능성이 있다. 말하자면, 지나친 기대를 불러일으켜놓고 만약 실적이 따르지 못한다면 좌절이 와서 부작용이 일어날 것이다. 따라서 매스미디어를 효과적으로 이용하되 적절한 통제가 필요할 것이다. 욕망충족률(the Want : Get Ratio)이라는 것은 다음과 같이 표시할 수 있겠기 때문이라는 것이다.

$$만족(satisfaction) = \frac{실적(achievement)}{욕망(aspiration)}$$

그리고 "매스미디어라는 것은 대중에게 새로운 흥미를 끌 수 있는 상황을 그려 보이고 선택 가능한 여론을 제시해서 근대화된 사회에의 참여를 가르치는 것이다."[15] "매스미디어와 정치적 민주주의와의 관계는 밀접한 것이다. 매스미디어의 수신자와 유권자는 다 같이 사회에 적극적으로 참여하려는 개인으로 이루어져 있다. 그리하여(매스미디어가 개인에게 '감정이입'[empathy]을 하여) 사람들은 서로 고립된 상태에 놓여 있던 전통사회에서는 관심을 갖지 않았던 많은 일에 대해서도 의견을 갖게 되고 자기 나라의 공적 생활에도 참가하게 된다."[16] 이와 같이 매스미디어와 정치적 민주주의는 밀접한 관계에 놓여 있다고 하면

---

15) 이것이 이른바 D. Lerner의 '감정이입'(empathy)이라는 것이다.

16) D. Lerner, "Toward a Communication Theory of Modernization", in L.W. Pye(ed.), 앞의 책, p.342.

서, 매스미디어가 전체 체계로서의 하나의 사회에 발전을 가져올 핵심적인 요소가 되기 위해서는 다음과 같이 설명되는 도식 속의 위치를 차지해야 한다는 것이다.

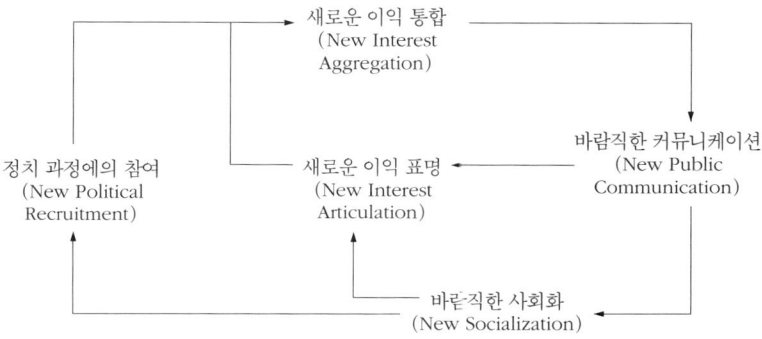

이 도식은 경제학자 마이어(Gerald M. Meier)와 볼드윈(Robert E. Baldwin)의 경제성장모델을 본뜬 것인데,[17] 결국 "노력과 보상, 욕구와 실무를 연결하는 역할을 하는 것이 커뮤니케이션 과정이다. (중략) 이런 뜻에서 커뮤니케이션은 민중을 사회화시키는 데 있어 중요한 수단이며, 또한 민중이 사회화된다는 것은 사회적 변동의 중요한 요인이다."[18] 말하자면 임의의 사회가 하나의 체계로서 발전을 이룩하기 위해서는 새로운 바람직한 커뮤니케이션(new public communication)이 하나의 동인이 되어야 한다는 것이며, 발전도상에 있는 국가의 매스커뮤니케이션은 생기 없는 전통사회적인 인간들에게 '감정이입'을 해서

---

17) Gerald M. Meier and Robert E. Baldwin, *Economic Development: Theory, History, Policy,* 1957, pp.319~320.

18) D. Lerner, 앞의 글, pp.347~348.

그들을 '기대'에 부푼 인간으로 '사회화'하고, 나아가 그 국가의 정치가들이 수행하는 정치 과정에 적극적으로 참여하게 해야만 한다는 논리다.

슈람의 논리는 어떤가. 그는 앞서 언급한 그의 저서에서 이 문제에 관해 대략 다음과 같은 이야기를 전개한다.

한 나라의 발전 과정(process)에는 기본적인 동력(dynamics)이 있다. 이것의 근원을 이루는 것은 생산성을 위한 저축과 투자다. 사회 각 분야의 발전의 배후에는 인적 자원의 동원(mobilizing human resources)이 필요하다. 공업 부문에서 일대 비약을 하기 위해서는 농업 부문, 사회적 경상비(social overhead), 그리고 인적 자원이 어느 정도까지 발전할 필요가 있다. 그런데 이와 같은 것들은 그렇게 손쉽게 이룩될 수 없는 더디게 움직이는(slow tempo) 과정이기 때문에 대폭적인 인간개혁이 필요해지는 것이다.

무기력하고 정체적인 인간자원을 활동적이고 지적인 협력자로 만들기 위해서는 정보의 흐름을 빠르게 하고 교육을 시키며 글자를 가르치고 기술을 배우게 해야 한다. 동시에 지금까지의 낡은 습관이나 행동을 새로운 것으로 옮기도록 하고, 또 때에 따라서는 예전과는 다른 새로운 사회관계를 이행시킴으로써 오랫동안 가지고 있던 신념체계나 가치체계를 바꾸어줘야 한다. 그러기 위해서는 이른바 역사적 변화라는 완만한 속도도 아니지만, 그렇다고 권력의 힘으로 변혁을 강요해서도 안 되며, 설득과 정보의 흐름을 빠르게 함으로써 자발적으로 사회발전에 참가하도록 모든 것을 변혁시키는 것이 요망된다. 한마디로 국가발전이란 인간변혁 그 자체이며, 매스커뮤니케이션이야말로 이 인간변혁의 추진자(mover)다.[19]

이와 같이 국가발전에 있어서의 정보의 역할을 설명하고, 자신의 다른 논문 「커뮤니케이션의 발전과 사회발전 과정」(Communication Development and Development Process)[20]에서 '추진자로서의 커뮤니케이션'(Communication as mover)을 다음과 같이 정리하고 있다.[21]

"국가경제가 발전하는 데 따라서 근본적으로 국가체계는 더더욱 활발해진다. 동면상태에 있던 제 관계가 움직이기 시작하고 그때까지 자기완결적이던 제 요소가 상호 관계를 맺게 된다. 체계 전체를 통해서 눈부신 활동력과 생산력이 증대된다." "전에는 목표를 내걸고 거기에 관한 뉴스를 알리고 수신자를 더욱 확대하기 위해 이용되던 커뮤니케이션은 이번에는 국가 목표의 달성 수준을 높이기 위해 이용되게 된다." 그가 조목별로 드는 것을 보면 다음과 같다.

(1) 커뮤니케이션은 국가의식을 느끼게 하는 데 공헌해야 한다.

(2) 커뮤니케이션은 국가 계획에 대한 확성기(the voice)로 이용되어야 한다.

(3) 커뮤니케이션은 필요한 기술을 알리는 데 이용되어야 한다.

(4) 커뮤니케이션은 효과적인 시장 확대를 위하여 이용되어야 한다.

(5) 개발계획이 추진되는 데 따라서 커뮤니케이션은 민중들이 그들의 새로운 역할을 수행할 수 있도록 하는 데 이용되어야 한다.

(6) 커뮤니케이션은 민중들이 국제사회 속의 일원으로서 그들의 역할을 수행할 수 있도록 하는 데 이용되어야 한다.

---

19) W. Schramm, "The Role of Information in National Development", *Mass Media and National Development*, 1964, pp.20~38 참조.

20) L.W. Pye(ed.), 앞의 책에 실린 W. Schramm의 논문.

21) L.W. Pye(ed.), 앞의 책에 실린 W. Schramm의 논문 pp.36~42 참조.

이상과 같이 커뮤니케이션은 무엇 무엇을 하는 데 '이용되어야 한다' (must be used to……)는 것으로 슈람에 의해서 임무를 부여받고 있다. 또 한 사람의 근대화론자 풀의 논리를 들어보자.

매스미디어가 대인적인 커뮤니케이션과 무관한 상태에 있으면 민중에게 정보를 전달하고 욕망을 불러일으킬 수는 있지만 행동을 일으킬 수 없다는 것은 사실이다. (중략) 대부분의 저개발국에 있어서 정부의 매스미디어에 대한 미지근한 태도라는 것이 그들의 정권을 지탱하고 있는 정치기구의 약체를 드러내고 있다는 것을 여기서는 지적하고 넘어간다. 매스미디어가 전달하는 메시지를 개인의 입을 통해서 지지하는 말단 차원(grass roots)의 효과적인 정치기구 없이는, 매스미디어만으로는 원하는 행동을 가져오지 못할 것이다.[22]

그리고 매스미디어가 갖는 효과에 대해서 사회과학적인 고찰이라는 것을 하고 나서, 매스미디어와 정치기구와의 밀착도를 다시 강조한다.

행동이나 어떤 기술 면에 있어서나 또는 태도에 있어서의 변화라는 것은 매스미디어 혼자의 힘만으로는 효과적으로 이루어질 수 없다. 오히려 그러한 면으로 매스미디어가 효과적으로 영향을 미치기 위해서는, 매스미디어가 하나의 부속물(adjunct)이 되어 있는 정치기구가 직접 효과적으로 작용할 필요가 있을 것이다.[23]

---

22) Ithiel de Sola Pool, "The Mass Media and Politics in the Modernizing Process", in L.W. Pye(ed.), 앞의 책, p.237.
23) 같은 글, pp.251~252.

그리고 그의 논문 「근대화 과정에 있어서의 매스미디어와 정치」의 결론은 이렇게 맺어진다.

미디어는 지금까지 대개의 비공산 후진국이나 미국의 개발계획자들이 인식하고 있던 것보다 발전을 위한 도구(instrument)로서의 역할을 훨씬 더 분명하게 해왔을 수 있다. 그러나 미디어가 효과적으로 이용되기 위해서는 미디어의 발전이 말단의 정치조직과 효과적으로 밀착되어 있어야만 한다.

풀의 소론은 매스미디어가 효과적으로 이용되기 위해서는 대인적 커뮤니케이션의 도움이 있어야만 하는 것이고, 또한 정치조직과 반드시 밀접하게 연결되어 있어야만 효과를 올릴 수 있다는 것이며, 이용하기에 따라서는 지금까지 인식되어 있던 것보다 훨씬 효과적인 도구일 수 있다는 것이다.

언론의 자유는 사치품이 아니다

커뮤니케이션 연구에 있어서 근대화론자들이 이론적인 뒷받침으로 내세우는 것은 이른바 '체계론'이다. 가령 "우리가 '체계'라고 말할 때, 그것은 상호 의존적 분자들의 한계유지적 하나의 세트(a boundary-maintaining set of interdependent particles)를 의미한다. 여기서 핵심적인 말은 '한계'(boundary)와 '상호 의존'(interdependent)이다. 상호 의존이라는 것은 어떤 체계 안의 하나의 구성분자에 일어난 일이 아무리 경미한 것일지라도 그 체계 전체의 균형(balance)에 영향을 미치는 각 부분의 관계를 뜻한다. '한계유지'라는 말은 각 구성분자의 관계가 밀접하기 때문에 어디서 그 체계가 끝났으며, 그것의 환경(외계)은 어디서 시작하였는가 하는 것을 분명히 말할 수 있는 상태를 뜻한다."[24] 슈람이 자기의 이론을 전개하기에 앞서서 설명한 이 '체계론'은 그의 각주에서도 밝히고 있는 바와 같이 레빈(Kurt Lewin)의 장이론(field theory)이나 파슨스(Talcott Parsons), 머튼(Robert K. Merton) 그리고 라스웰 등 일련의 사회학자들로부터 빌려온 것이다. 그리고 러너도 마찬가지다. 앞에서 인용한 그의 말을 다시 상기해보자. "본 논문의 이론적 기초는 '근대사회라는 것은 상호 작용적 행동체계(interactive behavioral system)이다'라는 명제에 있다. 즉 이 체계는 그 구성요소의 하나가 유효하게 기능하기 위해서는 다른 모든 구성요소들도 유효하게 기능할 필요가 있다는 뜻에서 각 구성요소들은 상호 작용적인 것이다."

결국 이들 근대화론자들이 체계론을 들고 나오는 것은 미디어 체계가 사회체계의 하부체계이며 하나의 구성요소이기 때문에 전체 체계로서의 한 사회를 근대화시키는 데 있어서 미디어 체계를 핵심적인 요소로 삼을 수 있다는 논리를 전개하기 위함이다. 다시 말해서 어떤 사회의 발전과 매스미디어와의 상관관계를 규정하고자 한 것이다. 이들이 주장하는 바와 같이 임의의 사회의 변동 과정에 매스미디어가 일정한 상관관계를 유지하고 있는 것은 사실이다. 그러나 문제는 그 매스미디어가 어떻게 기능하는가, 다시 말해서 어떠한 방향으로 작용하는가 하는 것이다. 작용의 방향에 따라서 진정한 뜻에 있어서의 발전에 공헌하기도 할 것이며, 역사적인 안목에서 볼 때 그러하지 못할 경우도 있을 것

---

24) W. Schramm, "Communication Development and the Development Process", in L.W. Pye(ed.), 앞의 책, p.30.

이다. 일본의 한 커뮤니케이션 연구자는 '커뮤니케이션의 사회적 구조'를 논하면서 다음과 같이 이야기하고 있다.

사회체계와 커뮤니케이션의 양자의 관계는, (중략) 다양한 기능적 상호관계를 굳게 한다는 사실에 비추어본다면 '상호적'이라는 측면은 이해할 수 있을 것이다. 그러나 기존의 사회체계 내부의 제 모순이 인식되고, 현상변혁을 바라는 의견이나 사상이 사회적 정보회로에 의해서 매개되고 확대될 때, 더욱 다양하고 광범한 사회의식을 활성화하고 조직하는 경우가 있다. 거기에서 사회구조 자체의 변혁이 역사적으로 현실화되는 것은 결코 드문 일이 아니다. 전체적인가 부분적인가, 또는 순간적인 것인가 영속적인 것인가의 차이를 별문제로 한다면 사회의 발전과 변혁의 모든 것이 커뮤니케이션 시스템의 변화에 매개되어서 현실화된다, 라고 말할 수 있을 것이다.[25]

하나의 체계라는 것은 원래 고정적인 것이 아니라 그것의 각 구성요소들의 상호 작용에 의해서 변화 발전하는 것이지만, 그 구성요소들의 작용 방향에 따라서는 그 체계 자체가 유지되기도 하며 또는 소멸 내지 다른 형태로 변화할 수 있는 것이다. 특히 한 사회체계의 구성요소로서의 매스미디어 체계는 다소 특이한 성격을 지니고 있다. 일반적인 경우, 하나의 체계 내부의 구성요소들이 평상시는 그 체계를 유지, 보존하게끔 상호 작용하는 데 비해서 매스미디어 체계는 다른 구성요소에 대해서 비판 또는 공격하는 작용을 하는 경우가 있다. 이와 같은 비판

25) 早川善治郎, 「コミュニケイションの社会的構造」, 千葉雄次郎 編, 『マス・コミュニケイション要論』, 1968, pp.63~64.

또는 공격이 극단적인 경우 다른 구성요소를 약화 또는 파멸시키는 수도 있을 것이다. 그러나 이와 같은 매스미디어의 기능은 전체로서의 한 사회체계를 유지, 발전시키기 위한 작용인 것이며, 공격을 받은 그 구성요소가 사회발전이나 진보를 위하여 저해 요인이었기 때문인 것이다. 이와 같은 저해 요인 중에는 당연히 임의의 사회의 정치권력이나 또는 그들의 정책도 포함될 수 있을 것이다.

현대사회의 정치 과정에 있어서 매스미디어는 파워엘리트와 일반 민중의 중간에 그 전략적 위치를 차지하고 있다. 매스미디어는 현실적으로 정치권력과 민중과의 중간에서 정치권력이 지닌 정책이나 가치관을 일반 민중에게 전달하는 '상의하달형'(上意下達形) 커뮤니케이션으로도 작용하고, 또 한편으로는 일반 민중의 의견이나 비판을 반영하는 '하정상달형'(下情上達形) 커뮤니케이션으로 작용하기도 한다. 말하자면 양자를 연결하는 매개적 도관으로서의 이중기능을 하고 있는 것이다. 그러나 본질적으로는 어디까지나 민중의 입장을 대변하고 그들의 이익에 부합되는 방향으로 작용해야만 한다. 다시 말해서 위에서부터 주어진 하향식 또는 명령형 커뮤니케이션의 도관이 되는 데 그칠 것이 아니라, 아래로부터 위로 올라가는 상향식, 또는 비판적인 카운터 커뮤니케이션(counter communication)의 채널이 되어야만 한다는 것이다. 왜냐하면 하나의 포괄적 체계로서의 한 사회가, 궁극적으로는 그 구성원들이 일반 민중을 위해서 존재하는 것이기 때문이며, 그 사회 속의 어떤 구성요소가 민중의 이익에 해로운 존재일 때는 당연히 변혁 또는 제거되어야만 하기 때문이다. 그뿐 아니라 원래 한 사회체계의 하위체계로서의 매스미디어는 그 사회 내의 저해 요인을 감시 비판하는 것이 그 중요한 기능으로 되어 있다. 한 사회가 유지 보존되기 위해서는 반드시 그 사회 내의 모든 요소들을 검토하고 체크하는 기능을 맡은 특수한 구성요소가 있어야만 한다. 이와 같은 위치에 있는 것 중의 중요한 하나가 매스미디어이며 그러한 특수한 기능이 매스미디어의 존재이유인 것이다. 이러한 뜻에서 보면 매스미디어는 사회의 다른 구성요소, 임의의 정책이나 그 정책의 수행주체인 정권까지도 포함한 구성요소들의 상위에 위치하고 있다고 볼 수도 있는 것이다.

여기서 근대화론자들의 논리를 다시 상기해보자. 그들은 하나같이 포괄적 체계인 한 사회 내의 하나의 구성요소에 지나지 않는 어떤 정부나 어떤 정책 자체의 성격에 대해서는 별로 관심을 표시하지 않는다. 다만 그들에게 공통되고 심심한 문제의식으로 돼고 있는 것은 이른바 발전도상에 있는 국가들의 정부가 어떻게 매스미디어를 효과적으로 이용할 수 있을 것인가 하는 점이다.

풀에 따르면 임의의 정부가 이와 같은 목적을 달성할 수 있기 위해서는 매스미디어는 '정부조직의 하나의 부속물'(political organization to which the mass media are an adjunct)이 되는 것이 가장 효과적이며, 다양한 언론이나 '언론의 자유'가 존재하는 것은 사치일 뿐이라고 한다. 슈람은 인도의 예를 들면서 이렇게 이야기한다.

사실, 개발을 적극적으로 추진하기 위해서 자원을 모으고 민중을 동원하려 하는 국가에서, 이 나라(미국)와 같이 자유롭고 서로 경쟁하며 때로는 민중을 혼란에 빠뜨릴지도 모르는 그러한 커뮤니케이션을 기대한다는 것은 그것을 바라는 우리(미국인)가 잘못일 것이다. 이것은 우리(미국인)가 오늘날 누릴 수 있는 사치(luxury)인 것이다. (중략) 대체로 가난한 나라에서 이와 같은 사치를 할 여유가 없는 것은 당연하다. 이러한 점에 우리가 공감을 표시할 필요가 있으며, 이들 나라일지라도 경제적으로 발전하고 정치적인 안정이 오면 아마

언론의 자유는 점차 확대되어갈 것이다.[26]

슈람의 이와 같은 이야기를 듣고 있으면 '언론의 자유'는 마치 경제 발전이나 사회발전에 있어 하나의 거추장스러운 사치품이거나 장애물이라고 하는 것같이 느껴진다. 경제 발전과 정치 안정이 오면 언론의 자유가 확대될 것이라고 하지만 원래 언론의 자유라는 것은 역사적으로 전제적인 정치권력에 항거함으로써, 한 치도 양보할 수 없는 인간의 기본적 자유로서 쟁취되어온 것이다. 그것은 경제 번영이나 안정된 정치권력이 관대한 아량에서 하사해준 것이 아니라 수많은 지성들의 희생적 투쟁과 그것을 뒷받침한 민중들의 힘에 의해서 비로소 얻어진 결과다. 정치적 자유의 핵심적인 일환으로서의 언론의 자유가 쟁취됨과 동시에 비로소 근대 시민사회가 이룩될 수 있었으며 민주적인 정치제도도 수립될 수 있었던 것이다. 민주적인 정치제도 없이 균형잡힌 경제 발전은 있을 수 없는 것이며 민주적인 제도가 침해당하고 있는 사회가 진보 발전될 수 없는 것은 자명의 일이다.

다만 그와 같은 저해 요인들을 하나하나 제거 개혁함으로써 사회는 진보 발전할 따름이다. 우리는 정치적 발전 내지는 사회발전의 개념을 민주적인 제도와 건전한 사회 경제적인 관계가 확립 신장되는 것이라고 이해하고 있다. 언론의 자유는 민주적 제도나 정치적 발전과 함께 빠뜨릴 수 없는 기본적인 요소이지 결코 정치발전이나 사회 경제적인 발전에 있어서의 사치품이거나 장애물일 수는 없는 것이다.

현대정치 과정에 있어서 민주적인 요소에 대한 하나의 맹점으로 날카롭게 지적되고 있는 점은 파워엘리트들이 일방적으로 전개하는 대중설

---

26) W. Schramm, 앞의 글, p.55.

득(mass persuasion)이나 사고방식의 교화(indoctrination)이다. 이 것은 주로는 매스미디어를 통해서 전개되는 하향식 커뮤니케이션의 현 대적 양식이라고 할 수 있다. 또한 어떤 사회의 정치 세력이 어떤 사회 적 제도나 매스미디어를 장악 또는 원격 조작함으로써 그들이 원하는 방향으로 민중들을 교화 설득하는 것을 말하는 것이다. 민주적인 정치 가 여론을 반영해서 이루어지는 것이라면, 이와 같은 대중설득이나 가 치관의 교화는 여론을 반영하는 것이 아니라 오히려 파워엘리트들이 원하는 여론을 조작하는 것이며, 나아가 민중을 통제하고 민중에 대한 그들의 통치 및 지배를 유지 강화하는 수단이나 테크닉에 지나지 않는 것이다.

러너가 이야기하는 '감정이입'이나 '새로운 공공정보'(new public information)는 구체적으로 무엇을 말하는 것인가. 결국 정치가나 정 부가 매스미디어를 이용해 민중을 설득하고 그들이 원하는 정치 과정 에 참여하게 하자는 논리 이외의 아무것도 아니다. 슈람이 "국가발전이 란 인간변혁 그 자체이며, 인간변혁을 가져오는 추진자가 바로 매스미 디어이다"라고 이야기할 때, 또한 "커뮤니케이션은 ……을 위하여 이 용되어야 한다"고 주장할 때, 그리고 풀이 "미디어는 발전을 위한 도구 이며, 미디어가 효과적으로 이용되기 위해서는 정치조직과 밀착되어야 만 한다"고 주장할 때, 이와 같은 논리가 파시즘 하의 커뮤니케이션 이 론이 아닌가 착각을 일으킬 정도다. 한 정부가 매스미디어를 완전히 장 악하고 가장 효과적으로 이용했으며, 하향식 커뮤니케이션 양식이 극 한적으로 지배하던 사회의 전형은 두말할 것 없이 파시즘 체제였다. 파 시스트들은 정치권력을 장악한 후 그들의 정권과 권력을 정당화시키고 유지하기 위하여, 그리고 그들 정책의 핵심인 전쟁수행을 위하여 모든 매스미디어를 교묘히 조종하고, 나아가 민중들을 침략전쟁으로 몰아세

웠던 사태는 아직도 생생한 역사적 사실로 기억에 남아 있다.

물론 민주주의체제 아래서도 하향식 커뮤니케이션은 중요한 역할을 지니고 있다. 임의의 정부가 전개하는 홍보활동은 정부정책에 대한 국민의 지지를 획득하는 데 있어서 불가결한 것으로 되어 있으며, 매스미디어를 적극적으로 이용할 때 가장 효과적인 것이다. 그러나 매스미디어가 이와 같은 하향식 커뮤니케이션의 도관 구실만을 담당하고 정부조직과 밀착되어 있다면, 그리고 민중의 뜻이나 비판을 반영해서 위로 전달하는 채널 역할을 하지 못한다면 그 사회는 민주주의 사회로 발전하지 못할 것이다. 왜냐하면 민주주의 사회에 있어서는 민중의 의견, 카운터 커뮤니케이션이 정상적으로 기능해야만 한다는 것이 필수조건이기 때문이다. 정치 과정에 대한 민의의 피드백(feedback)은 민주주의를 지탱하는 불가결의 요소이기 때문이다.

저개발지역의 정치에 관한 논문을 많이 발표하기로 유명한 쉴즈(Edward A. Shils)는 다음과 같은 이야기를 하고 있다.

선동정치(demagogy)는 선진국에 있어서도 항상 존재하지만 신생 국가들에서는 거의 불가피한 것이다. 정치가가 경쟁에서 승리하기 위하여 전국에 있는 유권자들의 투표와 동의를 얻어야만 하는 나라에서는 선동정치에의 유혹이 항상 존재한다. 그리고 정치적 분위기 속에 강한 민중적 요소가 있을 때 그 유혹은 점점 강해진다. 매스미디어의 이용 가능성은 선동정치적 사용에 대한 하나의 초대장(invitation)인 것이다.[27]

---

27) Edward Shils, "Demagogues and Cards in the Political Development of the New States", in L.W. Pye(ed.), 앞의 책, p.67.

현실이 이와 같다면, 특히 후진 사회에 있어서 아직 민주적 제도나 정치풍토가 확립되지 못한 상황 아래서 근대화론자들이 주장하는 바와 같이 정치가에 의해서, 또는 어떤 정치 세력에 의해서 매스미디어가 그들에게 밀착된 상태로 이용된다면, 과연 우리는 거기서 사회의 민주적 발전이나 진정한 국가발전을 기대할 수 있을 것인가, 주저하지 않을 수 없는 것이다.

더욱이 이러한 '선동정치적 풍토'를 시정해야 할 입장에 있는 후진 사회의 지식인들은 쉴즈가 지적하는 바와 같이 그 임무를 수행하기에는 너무나 어려운 상황에 놓여 있다.

선동정치적 문화의 중심부는 돈줄(purse strings)을 쥐고 있어서 어떤 방법으로든지 지식계급의 양심 위에 올라앉아 있다. 지식계급은 신중한 배려와 육체적 · 경제적 제재에 대한 염려로 선동적 정치가에 적극적으로 반대하지 않는다. 왜냐하면 정치가가 국가적 존립과 반식민주의의 상징(the symbols of national existence and of anti-colonialism)을 자기만의 것인 양 쥐고 있기 때문에, 이 두 가지를 앞에 놓고서는 지식인도 국가에 대한 충성심을 의심받을 만한 행동이나 사고를 조심스럽게 피하려고 하기 때문이다.[28]

이러한 사정들로 해서 그렇지 않아도 후진 사회의 매스미디어들은 그것 특유의 독자성과 자주성을 상실할 위기에 항상 처해 있는 실정이다. 그럼에도 불구하고 근대화론자들이 문제로 삼고 있는 '개발도상에 있는 국가들'의 매스미디어가 더욱 정치조직에 밀착되어야 하고, 그것의

---

28) 같은 글, p.76.

'부속물'로 전락해야 할 것인지 회의를 느끼지 않을 수 없는 것이다.

미디어의 주체와 목적은 인간이다

커뮤니케이션 연구에 있어서의 근대화론자들의 문제의식이나 그들 이론의 주제가 무엇인가 하는 것은 전술한 바와 같이 파이에 의해서 분명히 설명되고 있다. 다시 인용하거니와 "과도기에 있는 사회의 정부가 근대화를 촉진하기 위하여 매스미디어를 가장 잘 이용할 수 있는 길은 어떠한 것인가" 또는 "정책지향적 커뮤니케이션 연구의 대부분은 다른 사람의 태도나 행동을 변용시키는 문제라든가 이질의 문화라는 장벽을 넘어서 행해지는 커뮤니케이션의 문제들을 취급하는 것이다"라고 그가 편집한 책의 서문에서 밝히고 있다. 여기서 우리는 두 가지의 중요한 문제의식을 본다. 하나는 정책과학으로서의 '근대화에 관한 커뮤니케이션 이론'이 어떤 사회, 구체적으로는 후진 사회의 정치가나 정치 세력에 공헌하자는 의도요, 또 다른 하나는 이질의 문화라는 장애물을 뚫고서 타인의 행동에 영향을 주기 위한, 말하자면 미개발 사회의 주민들에게 일정한 정신 내용을 전달하고 이른바 '국제 협력'을 달성하자는 목적의식이다.[29]

전자의 문제의식은 매스미디어의 본질적인 존재양식을 다분히 침해하는 논리다. 매스미디어의 존재양식은 파워엘리트와 민중 사이에서 매개적 도관으로서의 구실을 하는 것이지만, 그러면서도 어디까지나 민중의 의견을 흡수 반영하는 카운터 커뮤니케이션이 우선되어야 하기

---

29) D. Lerner, "International Cooperation and Communication in National Development", in D. Lerner and W. Schramm(eds.), *Communication and Change in the Developing Countries*.

때문이다. 매스미디어가 어떤 사회의 일부 권력자나 정치가의 자의에 의해서 마음대로 이용된다든가 민중이나 소집단의 의견을 반영하지 않을 경우에는 도리어 그 사회체계는 동맥경화증을 일으킬 것이며, 진정한 발전이 있기보다는 오히려 역행만이 있을 것이다. 커뮤니케이션의 본질적 존재양식과 관련하여 어떤 연구자는 다음과 같이 말하고 있다.

> 언론의 자유와 정보의 다양성이 확보되어 있지 못하다면 사회와 인간의 영속적인 전진이나 진보의 원동력은 없어지고 말 것이다. 말이 인간을 만들었다고 하는 입장에 서는 한, 인간과 그 사회의 발전 가능성과 언론의 자유와는 바로 상호 매개적인 관계에 있다고 해야만 할 것이다.[30]

오늘날 '발전을 이룩한 국가'(developed country)에서도 이른바 '조종형 민주주의'(manipulated democracy)가 문제가 되고 있다. 파워엘리트에 의해서 일방적으로 통제되고 관리되며 일반 민중은 다만 사육당하고 순화될 뿐인 정치현실은 진정한 민주주의와는 아무런 관계가 없는 사회이다. 이와 같은 정치 과정 속에서 정신적 사육과 순화의 임무를 담당하는 것이 매스미디어인 것이다. 이러한 논리가 지배하는 사회에서는 민중들은 아무런 자주성도, 아무런 실질적 주권도 갖지 못하며 오로지 수동적이고 가소적(可塑的)인 존재로 전락하고 말 것이다. 커뮤니케이션이라는 것은, 그리고 커뮤니케이션의 미디어라는 것은 어디까지나 인간이 자주적인 입장에서, 또한 주체적인 입장에서 이루어지고, 인간 자신의 목적에 부합되도록 기능하여야만 한다. 인간 자신이

---

30) 早川善治郎, 앞의 글, p.76.

남으로부터 통제당하고 조종당하기 위한 도구로 존재해서는 안 되는 것이다.

　후자의 목적의식은 후진 신생국가에 대하여 선택 가능한 범위 내에서 서구 모델을 이식시키자는 것이다. 여기에 대해서는 파키스탄의 연구자 이나야툴라(Inayatullah)가 뜻있는 발언을 하고 있다. 1964년 하와이 세미나에 참석했던 연구자 중에서 좀 색다른 의견을 가졌던 그는 대략 다음과 같은 이야기를 하고 있다.

　　발전도상에 있는 국가의 민중들에게는 비서구적이며 또한 외부로부터 강요당하지 않는 발전의 유형이나 목적이 필요하다. 역사라는 것은 서양인의 그것과 꼭 같은 운명이나 가치 방향으로 발전하지는 않기 때문이다. 따라서 발전에 관한 서양의 개념을 무비판적으로 받아들인 후진 사회의 학계나 거기에 타협하는 것이 편리하다고 생각한 정치적 관료적 엘리트들은 통렬히 비판받아야 한다. 발전을 위한 '개혁의 새 길'(innovate new ways)은 강요당하는 것이 아니라 그 나라 사람에 의해서 창조되어야만 한다. 그것은 결코 서양의 원조에 의해서든지, 또는 국가주의적이거나 이미 근대화된 국가에 의해서 강요되어서는 안 된다.[31]

　발전을 위한 서양의 모델이 전적으로 거부될 필요는 없지만, 발전도상에 있는 어떤 사회의 역사적 · 문화적 · 사회적 구성요소들이 서양의 그것과 당연히 다르기 때문에 이들 사회의 발전 과정 또한 당연히 서양

---

31) Inanyatullah, "Toward a Non-Western Model of Development", in D. Lerner and W. Schramm(eds.), 앞의 책, pp.98~99, 해설문 참조.

의 그것과 같을 수는 없는 것이다. 따라서 근대화론자들이 추구하는 이른바 '이질의 문화라는 장벽을 넘어서 행하지는 커뮤니케이션의 문제'도 그것을 받아들이는 사회의 자주성을 침해해서는 안 될 것이며, 더욱이 독선적으로 강요하는 일이 있어서는 더욱 안 되는 것이다.

원래 커뮤니케이션이라는 것은 인간과 인간, 그리고 집단과 집단, 나아가 사회와 사회 사이에 상호 이해의 가교를 놓는 것이지, 특수 소수집단으로부터의 하향식 커뮤니케이션만이 일방적으로 흐른다거나 몇몇 발전된 사회에서 미개발 사회로 일정한 가치관이 흐르는, 그러한 성질은 아닌 것이다.

커뮤니케이션 연구자 중의 근대화론자들이 가지고 있는 후진 사회 개발에 대한 열의는 높이 평가하지만, 다만 그들의 문제의식과 논리에 대하여 심각한 회의를 제기하지 않을 수 없는 것이다.

매스미디어, 특히 방송은 그것이 놓여 있는 객관적 여건에 따라서 그 기능 방향이라든가 내용의 질적인 차이가 두드러지게 드러난다. 방송이 놓여 있는 객관적 여건이란 한 사회의 정치적, 사회 경제적 특성들을 말한다. 같은 자본주의 사회라 하더라도 영국과 미국의 방송제도는 달리 형성되게 되었으며, 소련과 같은 사회주의 국가에서는 또 전혀 다른 방송제도가 만들어졌다. 정치 경제적 제도의 차이뿐만 아니라 사회 문화적 차이, 또는 한 나라 내부의 정치 세력들의 균형 관계 여하에 따라서도 방송제도의 존재양식은 영향을 받는다.

　이 글은 이러한 시각에서 영국의 방송제도, 미국의 방송제도 그리고 소련의 방송제도가 어떻게 형성되었는지를 밝힌 논문이다.

　2009년 지금에 와서 우리나라 방송제도에도 강력한 압력이 가해지고 있다. 오랜 시간 민주화 과정을 통해서 겨우 이룩해놓은 방송의 공공성을 허물어뜨리려는 정치공세가 집요하게 이어지고 있는 것이다. 방송을 둘러싼 정치적, 사회 경제적 역학관계가, 그리고 방송매체의 쟁탈을 둘러싸고 펼쳐지고 있는 한국의 현실이 이 논문이 뜻하는 바를 잘 증명해준다 하겠다.

●『서울대학교 신문연구소 학보』Vol. 9, 1972.

제3장 매스미디어의 존재양식에 대한 일고찰
─방송의 제도화 과정에 작용한 정치적, 사회 경제적 요인

방송의 존재양식에 무엇이 어떻게 개입하고 있는가

　매스미디어가 자아내는 기능[1]은 그것이 놓여 있는 객관적 여건 여하에 따라서 그것의 기능 방향이라든가 질적인 차이가 두드러지게 나타난다. 매스미디어가 존재하고 있는 어떤 임의의 사회, 그 사회가 갖는 정치적, 사회 경제적, 문화적, 또는 역사적인 상황들은 매스미디어의 존재양식을 규정하고, 그 존재양식은 또 매스미디어의 기능이나 내용의 질을 규정한다.

　매스미디어의 기능이 사회 과정의 각 차원, 즉 정치적, 사회 경제적, 문화적인 각 차원에 강력한 영향을 미치고 있다 하더라도, 어떤 각도로 어

---

1) 여기서 '기능'이라 하는 것은 매스커뮤니케이션 현상이 총체적인 사회 과정 속에서 다른 요인들과 상호 작용하면서 비교적 긴 시간 동안 중첩적으로 자아낸 과제를 말하는 것이며, 기능분석이론에서 말하는 바와 같은 개념규정 '관찰가능한 객관적 결과'(observable objective consequences)를 말하는 것은 아니다.

떠한 영향을 어떻게 미치고 있는가 하는 것은 기본적으로는 매스미디어가 존재하고 있는 사회의 객관적 여건에 의하여 규제받고 있는 것이다.

시버트(Fred S. Siebert), 피터슨(Theodore Peterson), 슈람 등 세 사람은 그들의 책『신문에 관한 네 개의 이론』에서 문제점의 주제를 다음과 같이 던지고 있다.

"왜 신문은 현재와 같은 상태로 존재하고 있는가? 왜 신문은 나라에 따라서 분명히 상이한 목적을 위해서 봉사하며, 상당히 다른 형태로 나타나고 있는가? 예를 들어서, 왜 소련의 신문은 미국의 신문과 그렇게도 다른가, 그리고 아르헨티나의 신문은 영국의 신문과 그렇게 다른가?"[2]

이들 세 연구자는 문제의 핵심을 위와 같이 제기하고, 그 기본적인 이유를 이렇게 설명한다.

신문은 항상 그것이 작용하고 있는 사회 정치적 구조의 형태나 색채를 취한다. 특히 신문은 그것에 의해서 개인과 관계를 조정하는 사회통제체계를 반영한다. 우리는 사회의 이러한 국면을 이해하는 것이 신문을 어느 정도라도 체계적으로 이해하는 데 기초가 된다고 믿고 있다.[3]

결국 같은 기계기술, 말하자면 인쇄술, 라디오, 텔레비전, 또는 필름 등을 사용한다 하더라도 그와 같은 기술이 놓여 있는 객관적 여건을 이해하지 않고서는 매스미디어가 자아내는 갖가지 현상들을 파악할 수는 없다는 이야기다.

---

2) F.S. Siebert, T. Peterson and W. Schramm, *Four Theories of the Press*, Univ. of Illinois Press, Urbana, 1963. p.1.
3) 같은 책, pp.1~2.

객관적 여건 중에서도 매스미디어가 놓여 있는 사회의 사회 정치적
또는 경제적 구조야말로 가장 기본적인 규정요인이라고 보고 있는 것
이다.

피터슨은 '신문에 관한 네 개의 이론'이라는 규범적인 이론과는 별도
로 매스미디어의 활동을 사회적인 상호 작용의 한 양태로 보고, 정치적
제도나 경제적 질서가 매스미디어에 미치는 영향을 중요시하는 입장을
취하고 있다. 이러한 입장을 그는 '매스커뮤니케이션의 객관적 이
론'(The Objective Theory of the Press)[4]이라고 하는데, 본 논문에서
도 그러한 입장에 많은 공감을 가지고 있다.

한편 존 라일리(John W. Riley, Jr.)와 마틸다 라일리(Matilda
Riley) 부부도 커뮤니케이션 과정을 연구하는 데 있어서 그것을 둘러싼
객관적 환경에 대한 고려가 얼마나 중요한가, 또는 일정한 커뮤니케이
션 체계가 그 속에서 움직이고 있는 사회체계와는 어떻게 밀접하게 연
관되어 있는가, 하는 점을 재인식시켜주고 있다. 라일리 부부는 그것을
다음과 같은 도식으로 명쾌하게 설명한다.

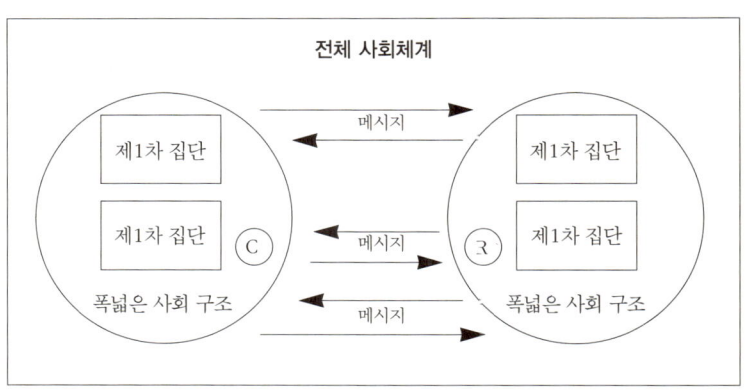

---

4) T. Peterson, J.W. Jensen and W.L. Rivers, *The Mass Media and Society*,
1965. pp.118~122 참조.

이러한 도식은 커뮤니케이션 과정에 미칠 제1차적 집단들이나 그것을 포괄하고 있는 사회구조, 그리고 그러한 모든 것을 전체적으로 둘러싸고 있는 총괄적인 사회체계를 보여주고 있다. 전체적인 사회체계 안에 커뮤니케이션 체계가 존재하고, 객관적 요인들과 상호 연관하면서 커뮤니케이션 과정이 이루어지고 있다는 이야기다.[5]

매스미디어의 존재양식이나 그것의 활동이 객관적 상황, 즉 사회 정치적, 경제적, 문화적 구조로부터 규정을 받고 있는 것이 사실이지만, 매스미디어 중에서도 가장 전형적으로, 또는 가장 민감하게 이와 같은 규정을 받는 것이 방송매체라 할 수 있다. 방송활동이 가능하기 위해서는 전파의 사용이 불가결의 조건인데, 이 전파가 갖는 물리적 유한성이나 혼신(混信) 등의 기계적 조건으로 말미암아 부득이 어떤 규제를 받을 수밖에 없는 운명을 지니고 있다. 인쇄매체인 경우에는 기계적으로는 사회 성원 누구나 그것을 소유·활용할 수 있다는 형식논리가 성립될 수 있으나 방송매체에 있어서는 아무리 전파의 층이 개발된다 하더라도 그것이 갖는 물리적, 기계적 제약이 해소되지는 않는다. 그뿐 아니라 방송매체가 갖는 표현능력의 폭과 박진성, 또는 친근감, 그것의 전달능력이 갖는 편재성(遍在性)이나 속보성(速步性)은 커뮤니케이션 능력이나 효과를 극대화하고, 그때그때의 정치적 세력이나 경제 세력에게 참을 수 없는 유혹을 던지고 있다. 나아가서 방송매체는 그것이 아직도 지니고 있는 가정적인 매체라는 성격 등으로 하여 집요한 규제나 이용의 대상이 되고 있는 것이다.

현실적으로 이와 같은 규제는 국가, 국가라 하더라도 구체적으로는

---

5) John W. Riley Jr. and Matilda White Riley, "Mass Communication and the Social System", in R.K. Merton et al.(eds.), *Sociology Today*, 1959, p.577 참조.

그때그때의 임의의 정부에 의해 행하여지고, 이러한 정부의 성격이나 그것을 뒷받침하고 있는 경제적 세력이 핵심적인 영향을 가하고 있는 것이다.

구체적으로 방송활동은 국가가 정책적으로 규정한 제도 위에서 이루어지며, 방송현상이 자아내는 갖가지 기능은 이와 같은 제도에 의해서 기본적인 테두리나 틀이 정해지고 만다. 말하자면 방송현상이 갖는 물리적, 기술적 전제조건을 이유로 하여 국가는 방송의 존재양식을 규정하고, 현실적으로는 정치적, 경제적 요청을 고려해서 방송제도를 결정하고 마는 것이다. 다시 말해 방송의 존재양식, 즉 방송제도는 방송활동에 어떤 정부가 어느 정도 어떻게 개입하고 있는가 하는 문제로 귀책되고, 결국 방송제도는 어떤 임의의 사회가 갖는 사회 정치적, 경제적 현실의 반영이라고 볼 수 있는 것이다.

매스미디어의 존재양식은 정치적, 사회 경제적 또는 문화적인 객관요인에 의해서 규정을 받고 있으며, 그중에서도 전형적인 것이 방송제도이기 때문에, 여기에 관한 다소 구체적인 사례연구를 함으로써 매스미디어 존재양식의 제도화 과정과 여기에 작용한 객관적 요인의 영향을 살펴보고자 하는 것이다. 이러한 관심을 전개해나가는 데 있어서는 어떤 기준이나 분석 틀을 설정하고 그를 통해 현상을 분석 파악하려는 정태적 수량화의 접근을 피하고, 역사적·문화적인 문맥 속에서 사례를 동태적으로 기술하고자 한다. 각국의 정치형태나 경제적 발전단계, 교육수준, 그리고 매스미디어의 보급도 등을 어떤 기준을 설정하여 분류하고 그를 통해 매스미디어의 존재양식을 비교 연구하려는 시도라든가,[6] 정치권력, 특히 집권 세력과의 거리를 도식화하여 방송제도를 기

---

6) 일본신문학회 회지『新聞学評論』Vol. 12, p.22.

술하려는 노력7) 등이 있으나 이와 같은 이른바 '객관적'인 또는 '과학적'인 방법론이라는 것이 지나친 조작주의와 형식논리에 빠져서 도리어 연구대상을 왜곡·추상화시키고 연구결과를 빈곤하게 만드는 것을 보고 넘길 수 없기 때문이다.8)

그뿐 아니라 방송제도를 몇 개의 유형으로 분류해서 보편화시키려고 하는 노력도 일정한 한계를 극복할 길이 없다. 같은 상업방송이라 하더라도 미국의 그것과 영국의 그것은 엄청난 차이가 있는 것이며, 같은 국영이라 하더라도 소련의 그것과 1960년 당시의 프랑스 국영방송을 동열에 놓고 논할 수는 없기 때문이다. 에머리(W.B. Emery)도 다음과 같은 견해를 피력한 적이 있다.

방송제도를 이론적으로 몇 개의 유형으로 분류하는 것은 위험하다. 그것들은 모두 그 나라의 역사를 배경으로 하고 있기 때문에 이를 단순히 카테고리화한다는 것은 독자성을 없애게 되는 것이다.9)

따라서 한 나라의 방송이 제도화되어가는 과정은 역사적인 문맥 속에서 파악해가야 될 것이다. 다만 이와 같은 작업에서는 방송사를 기술하는 것과는 달리 제도화 과정의 역사성을 검토하고, 구체적으로는 방송제도의 형성 과정에 작용한 정치적, 사회 경제적 상황을 살펴보고자 하는 것이다.

그러한 관계로 분석 검토의 초점은 자연히 그 나라, 그 나라의 방송제

---

7) 辻村明, 「放送制度の類型とその背景」, NHK放送学硏究室 編, 『放送硏究入門』.
8) 이상희, 「사회체제와 매스커뮤니케이션」, 『한국사회학』 Vol.3에서도 이러한 견해를 비친 바 있다.
9) W.B. Emery, *National and International System of Broadcasting*, 1969.

도가 틀이 잡혀가는 초창기에 맞추어질 것이다.

미국의 방송제도

미국의 방송제도는 전형적인 상업방송이다. 미국의 방송제도가 상업방송으로 틀이 잡혀가는 과정을 사회 경제적인 또는 정치적인 차원에서 살펴보기로 한다.

미국에서 정규 방송국으로 첫 출발을 한 방송국은 1920년 11월 2일 피츠버그에서 개국한 KDKA였다. KDKA는 1920년 10월 16일에 상공부에 방송국 개설을 위한 면허 신청을 내고, 10월 27일에 KDKA라는 이름으로 면허를 획득했다.

그리하여 마침 11월 2일에 있었던 당시 대통령선거의 속보방송을 함으로써 개국을 장식했던 것이다.

이 KDKA는 인류 역사상 최초의 정규 방송국이었지만, 방송국이 출범한 1920년이라는 시기는 세계사에 있어서도 하나의 전환기에 해당한다고 볼 수 있다. 1920년을 전후한 세계사를 보더라도, 1917년에는 러시아에 공산혁명이 일어나서 인류사 최초의 사회주의국가가 수립되었으며, 다음 해 1918년에는 독일에서 바이마르 공화국이 탄생했지만 얼마 못 가서 나치의 대두로 민주적인 바이마르 체제는 붕괴되고 만다. 이탈리아에서 무솔리니가 로마로 진군한 것은 1922년의 일이었다.

말하자면 '공중의 공동체'(Community of Publics)로 그려지던 초기 시민민주주의(Public Democracy) 이념이 점차 붕괴되고, 이른바 대중민주주의(Mass Democracy)가 현실화되어가던 시기가 1920년 전후라고 할 수 있다.[10] 대중민주주의가 자리 잡혀가던 하나의 지표로서 보통선거권의 실현 연도를 보면, 독일이 1919년, 미국이 1920년, 벨기에

1921년, 영국은 몇 단계의 고비를 넘긴 후 1928년에 이루어진다. 고전적 시민민주주의(Bourgeois Democracy) 아래서는 '다수의 신성'을 내세우면서 실제에 있어서는 당시의 대다수 민중들, 이른바 제4계급들은 정치 과정에서 완전히 소외되어 있었던 것이다. 이러한 상황이 민중들의 정치적 투쟁과 사회 경제적 성숙으로 말미암아 점차 타개되고, 구체적으로는 선거권을 획득함으로써 정치 과정에 참여하게 된다.

정치 과정의 이와 같은 대중화가 진행되자 필연적으로 대중설득(mass persuasion)이나 가치관의 교화(indoctrination) 작업이 필요해지고, 여기에 알맞은 도구로서 매스미디어가 각광을 받게 된다. 인쇄매체에 비해서 전파매체가 갖는 기계적 특성은 대중에 대한 침투성이라든가 소구력(訴求力)이 월등하기 때문에 대중설득에 있어서 꼭 알맞은 도구가 될 수 있었던 것이다.

방송활동이 시작되던 시기가 이와 같은 대중사회적 상황 속에서 이루어졌다는 것을 간과할 수는 없다.

이것은 독점적인 대기업의 등장이라는 자본주의의 발전단계에 대응한 시민사회의 구조적 변화를 나타내는 것이지만, 여기에 방송은 대량으로 출현한 유권자의 사회적 커뮤니케이션의 수요를 충당하는 데 맞아떨어진 수단이었을 뿐 아니라, KDKA의 제일성이 하딩(Warren G. Harding)과 콕스(Cocks)가 대결했던 대통령선거 결과 속보였다는 점도 대중정치의 개막을 고하는 상징적 사건이라 할 것이다.[11]

---

10) William Kornhouser, *The Politics of Mass Society*, The Free Press, 1959 참조.
11) NHK放送学研究室 編, 『방송학서론』, p.351.

그렇기 때문에 방송매체가 대중민주주의의 정치 과정에 필요하고 알맞은 수단일 뿐 아니라, 자유기업적인 정치체제의 기본 세력이라고 할 수 있는 기업가들에게 방송매체를 위임해둔다는 것은 그러한 정치적 체제를 유지하는 데 있어서도 필요한 일이라고 할 수 있다. 라자스펠트와 머튼도 다음과 같은 견해를 발표하고 있다.

　매스미디어는 현대의 사회 경제적 기구에 깊이 뿌리 박은 거대한 기업(Concern)에 의존하고 있기 때문에 그러한 체제를 유지하는 데 공헌하게 된다.
　공헌의 방법은 광고주의 제품을 효과적으로 광고하는 것만이 아니다. 잡지 기사나 라디오 프로그램이나 신문의 칼럼 안에 사회구조의 현상을 긍정하고 승인하도록 하는 요소를 담는 쪽이 더 비중이 크다.
　매체들은 계속하여 꾸준히 현상의 재확인을 반복하고, 그것을 받아들일 의무를 강조한다. (중략) 매스미디어는 사회구조의 현상을 계속 걱정할 뿐만 아니라 그에 대한 중대한 의문은 일체 제기하지 않으려 하고 있기 때문이다.
　상업적 광고주에 의존하고 있는 매스미디어는 사람들을 현상에 동조하는 방향으로 인도함으로써, 또 사회를 비판적으로 평가하기 위한 자료를 거의 제공하지 않음으로써, 순수한 비판적 견해가 강력하게 자라지 못하도록 간접적이나마 효과적인 억제를 하고 있는 것이다. (중략)
　그리하여 미국의 상업적인 광고주에 의해 지탱되고 있는 매스미디어들은 미국의 사회구조에 대해서 분별없는 충성을 다하도록 적극 추진하고 있으며, 그러한 사회구조 속에 어떤 변동, 사소한 변동이라도 일어나지 않도록 하는 것이다.[12]

결국 그렇기 때문에 방송매체도 대기업이 운영하는 상업방송으로 두는 것이 미국의 정치적 상황에서는 유리할 뿐만 아니라 필연적인 귀결이라고도 할 수 있는 것이다.

그런데 이와 같은 정치적 국면만이 미국의 방송제도를 상업방송으로 이끌었다고는 할 수 없다. 오히려 당시 미국의 자유기업적 경제체제가 처해 있던 상황 속에서 더욱 핵심적인 요인을 찾을 수 있을 것이다. 미국이 독일에 대하여 선전 포고하고 제1차 세계대전에 뛰어든 것은 1917년의 일이었다. 미국은 참전과 동시에 징병제를 실시하고 전 산업을 군수산업으로 전환시키는 동시에 국내 경제를 모든 면에서 전쟁 목적으로 통제하는 데 성공했다. 군수산업으로 재정비된 미국의 자본주의경제는 전쟁 경기를 맞아 막대한 이윤을 올리게 되었다. 미국은 '세계의 무기고'를 자처하면서 연합군이 필요한 많은 무기를 공급하고 있었다. 그 결과 종래 채무국이었던 미국은 채권국으로 바뀌고, 세계대전을 계기로 하여 정치·경제 면에서 유럽을 앞지르게 되었다. 그러나 전쟁 경기에 의하여 축적된 거대한 이윤은 소수 군수산업의 자본가들에게 집중되고, 대다수 봉급생활자나 임금노동자들에게는 별로 분배가 되지 않았다. 그 결과는 1919년, 400만 명 이상이 참여한 노동자들의 파업으로 나타났다.

그리하여 종래 비교적 보수적인 사업체들은 공황과 도산의 위기에 처하게 되었다.[13]

일정한 자본이 축적되어 있는 상황에서 종래의 보수적인 사업종목들이

---

12) P.F. Lazarsfeld and R.K. Merton, "Mass Communication, Popular Taste and Organized Social Action", in W. Schramm(ed.), *Mass Communication*, p.503.

13) 加藤儀一, 『世界文化史』 Vol. 5, pp.1796~1799 참조.

투자의욕을 끌지 못할 때, 필연적으로 새로운 사업이 모색되기 마련이다. 이와 같은 시기에 각광을 받은 것 중에 하나가 전기통신산업이었다.

전기통신산업은 제1차 세계대전 중에 급속도로 추진되었다. 특히 미국의 경우에는 대자본의 뒷받침과 정부의 시책으로 말미암아 경이적인 발전을 이룩했던 것이다. 1910년대 전반부터 제너럴 일렉트릭(General Electric), 미국전화전신회사(American Telephone & Telegraph Company), 웨스팅하우스전기회사(Westinghouse Electric Corporation) 등의 대기업체가 전기통신공업 분야에 진출하고 있었다. 해군 당국에서는 전쟁목적을 수행한다는 이유를 내걸고 필요한 모든 발명고안을 접수하는 한편, 특허 침해 같은 것은 염두에 두지 않고 각 전기통신회사들의 기술 및 생산력을 결합 가동시켰던 것이다.

그 결과 미국은 세계에서도 가장 우수한 송·수신기를 생산 공급할 수 있게 되었으며, 실제 전쟁 중에는 다른 무기들과 함께 많은 전기통신기구들을 연합국에 공급할 수 있었던 것이다.

전쟁 중에 미국 국내외에서 쇄도한 수요를 받아서 비약적으로 발전한 미국의 전기통신기구산업은 전쟁이 끝나자 하루아침에 시장을 잃게 되었다.

이러한 여건 속에서 대기업으로부터 새로운 사업으로 채택된 것이 방송이었다. 미국 최초의 방송국 KDKA는 웨스팅하우스전기회사에서 시작한 것인데, 방송국을 개설한 이유는 다음과 같은 것이었다.

"첫째, 정규의 정기적인 방송이 행해지면 방송에 대한 관심이 높아지고 라디오 수신기의 수요가 본격적으로 늘어갈 것이다. 둘째, 수신기에 대한 수요가 많아지면 라디오 수신기 시장이라는 미개척의 신시장이 생겨나고, 방송국 운영에 필요한 경비 같은 것은 새로운 시장에서 획득한 이윤에 비하면 문제가 되지 않을 것이다.

결국, 재생산이 벽에 부딪힌 전기통신산업이 새로운 시장 개척을 위해서 시작한 것이 방송기업으로 나타났던 것이다."[14]

말하자면 미국의 방송 현상에는 처음부터 자본의 논리가 끼어들어 있었으며, 이윤추구의 목적을 위해서 시작되었던 것이다.

하지만 이와 같은 자본의 논리가 바로 미국의 방송제도를 상업방송으로 만든 것은 아니다. 거기에는 좀더 자세한 설명이 필요하다.

KDKA는 청중을 자극함으로써 라디오 수신기의 판매고를 올릴 목적으로 개국되었으나 왕성한 미국의 자본주의적 기업의욕은 전혀 새로운 사업방식을 방송활동에 적용하게 되었다.

그 당시로서는 기상천외의 새로운 사업방식이라고 할 수 있는데 그것은 방송시간을 잘라서 팔며, 사이 사이에 광고방송을 한다는 것이었다.

이와 같은 방식을 고안해낸 회사는 미국전화전신회사(AT&T)였는데, 이 회사는 시외전화를 시간거리(통화 횟수)로 판매하는 데서 힌트를 얻어 방송도 시간을 잘라 팔 수 있다는 묘안을 생각해냈던 것이다.[15] AT&T가 이와 같은 방식을 적용한 방송국은 동사가 1922년에 설립한 뉴욕의 WEAF도 있었다.

이리하여 AT&T는 방송국이 이윤을 획득하기 위한 간접적인 수단이 아니라, 방송국 자체가 이윤을 올릴 수 있는 하나의 기업체로 만들었던 것이다. 여기에 상업방송이라는 하나의 제도가 형성된다.

그뿐 아니라 AT&T는 다음 해 1923년 1월 4일에 뉴욕의 WEAF와 보스턴의 WNAC를 전화회선으로 연결함으로써 동시에 같은 방송내용을 더욱 많은 지역에 전달하는 방안도 고안해낸다. 이것이 네트워크의 시

---

14) NHK 編, 『世界のラジオとテレビジョン』, 1968, p.119 참조.
15) 같은 책, p.120.

초인데 네트워크가 형성됨으로써 방송국의 제작경비는 훨씬 절감되며, 반면 가청지역은 넓어지기 때문에 광고주는 더욱 많은 돈을 지불해준다.

이와 같은 방식으로 네트워크를 확대해나가자 경영상태는 호전되고 이윤은 더욱 폭을 넓혀갔다. AT&T의 이와 같은 경영방식은 곧 다른 회사들, 특히 RCA(Radio Corporation of America) 등에서 채택하게 되고 그들은 또한 독자적인 네트워크를 형성해서 AT&T에 대항하기에 이른다.

물론 이렇게 광고주에게 시간을 판매하는 상업방송이 가능하게 된 객관적 여건은 당시 미국의 경제가 고도로 산업화되어 있어 물자의 대량생산이 이루어지고 있었기 때문이었다. 대량생산은 대량소비가 뒤따라야만 재생산이 가능하고, 그렇게 되어야만 기업도 유지되고 이윤도 축적되는 것이다. 그래서 이와 같은 순환과정을 지속시키기 위해서는 반드시 대량소비를 촉진시키는 작업이 있어야만 한다.

이와 같은 작업의 주된 것 중의 하나가 광고활동이다. 새로이 등장한 방송현상은 그것이 갖는 기계적 속성으로 하여 강력한 침투력과 추진력을 지니고 있을 뿐만 아니라, 표현능력과 전달능력에 있어서 종래의 어느 광고매체보다도 우위에 서 있었던 것이다.

그리하여 미국의 대기업들은 다투어 방송을 광고매체로 이용하기에 이르렀고, 방송은 또한 그 자체가 하나의 새로운 기업으로 등장했을 뿐만 아니라 고도의 이윤을 올릴 수 있는 유망주로 성장해갔던 것이다.

이러한 여건들이 미국의 방송을 상업방송으로 제도화시켜나갔다고 할 수 있다.

이상에서 미국의 방송이 상업방송으로 제도화되어가는 과정에 작용한 정치적, 사회 경제적인 추세와 다소 구체적인 요인들을 살펴보았다. 이러한 요인들 외에 지엽적 요인이 있겠지만 여기서는 생략하기로 한다.

영국의 방송제도

　정치적으로는 자유민주주의를 신봉하고 경제적으로는 자유기업적인 사회체제를 취하고 있는 자본주의 국가라 하더라도, 그 국가가 처해 있는 역사적, 문화적 전통이라든가 그것이 놓여 있는 구체적 상황에 따라서 방송의 제도화 과정에 미치는 정치적, 사회 경제적 또는 문화적인 요인은 상이하게 작용한다. 영국이 미국과 같이 큰 테두리에서 자유민주적 자본주의 국가라 하더라도, 방송제도라는 하나의 상부구조는 상이하게 나타날 수 있다.

　이것이 같은 체제 내에서의 구체성이며, 이와 같은 구체성을 도외시하는 기계적인 또는 조작주의적인 유형화작업의 계도성을 염두에 두어야 할 것이다. 따라서 같은 체제 내에서의 매스미디어들이 갖는 공통성이나 일반성, 그리고 그것들이 다른 한편으로 갖는 특수성과 구체성을 동시에 파악해야 할 것이다.

　이와 같은 특수성이나 구체성을 살피기 위해서는 영국의 정규방송이 발족된 1922년 전후의 영국을 알아볼 필요가 있다. 제1차 세계대전이 끝난 후의 영국은 미국과는 달리 정치적, 사회 경제적 혼란에 빠져 있었다. 20세기 초까지 대영제국이 지니고 있었던 '세계의 은행과 공장'이라는 지위와 위신은 제1차 세계대전을 분기점으로 하여 허물어져가고 있었다.

　전쟁 이전부터 시작된 영국의 경제 불안은 전후에 더욱 심각한 양상을 띠게 되었다. 해외시장에서의 경쟁은 격화되었으며, 그럴 때마다 영국의 해외시장은 좁아져갔다.

　당시의 신흥 자본주의 산업국가들은 자국 산업의 건설과 보호 육성을 위하여 보호관세정책을 취하며 영국의 수출품에 적극적으로 대항하고 나섰다. 영국의 해외무역은 점차 감퇴하더니 결국 수입이 수출을 초과하고 말았다. 영국은 전쟁에서는 승리했으나 국내에서는 완전히 위기적 상황에 놓이고 말았다. 국내의 면제품, 철, 석탄 등의 생산량은 엄청나게 줄어들고, 1921년에는 실업자의 수가 200만이 넘는 지경에 이르고 말았다.[16] 거기에다 전쟁 중에 빚진 미국의 차관이 무거운 짐이 되고 있었다.

제1차 세계대전을 계기로 하여 영국과 미국의 입장은 전도되고 말았으며, 대전 중에 연합군의 일원이었던 양국은 자본주의적 이해관계로 날카로운 대립을 하고 있었던 것이다.

영국 방송회사의 형성과정

방송제도의 성립 과정에서도 이와 같은 경쟁의식이나 대립은 노출되고 있었다. 대전 중에 미국의 무선통신산업은 군수산업으로 비약적인 발전을 이룩하였으며, 세계통신에서의 영국의 해저통신망 독점상태를 날카롭게 위협하고 있었다.

전쟁의 종식과 함께 대자본을 축적한 미국의 전기통신산업이 재빨리 송신을 기업화하고 해외진출 움직임을 보이게 되자, 영국의 전기통신산업도 수수방관할 수 없게 되었다.

가령 영국의 독점적 무선통신업체인 마르코니무선전신회사(Marconi Wireless Telegraph Company)는 1920년에 첼름스퍼드에 6kW 방송국을 설립했는데, 그 설립 의도는 미국의 전기통신자본의 진출에 대항하고, 기술 면에 있어서도 영국의 무선통신산업이 결코 뒤떨어져 있지 않다는 것을 보여주기 위한 것이었다고 한다.[17]

---

16) 加藤儀一, 앞의 책, Vol.5, pp.1653~1656 참조.

그러나 이 6kW 방송국은 하루에 두 번씩 30분 동안 뉴스와 음악을 방송하는 정도의 실험국에 불과했다. 영국에서 정규방송이 개국된 것은 1922년 11월 14일이었다. 영국의 6대 전기통신기업이 합동으로 설립한 영국방송회사(British Broadcasting Company, 현재 BBC의 전신)가 그것인데, 이 방송국의 특징은 기업체들 공동운영의 독점방송이라는 데 있다.

영국의 방송이 이와 같은 형태로 출범한 데는 경제계, 특히 전기통신산업의 사정과 당시 정부의 정책 속에서 두드러진 요인을 찾을 수 있다.

첫째, 당시 영국 정부의 방송사업에 대한 방침이 뚜렷해진 것은 1922년 3월에 있었던 무선협회 제2차 회의에 의해서였는데, 거기에 담긴 정부의 방침은 다음과 같은 것이었다.

① 방송용 주파수가 실험용 방송에 사용되고 있는 파장(360미터파) 이외에 본래의 업무[18]를 방해하지 않는다 하더라도 다른 파장을 할당할 수 없다.

② 많은 출원자들 중에서 피면허자를 결정하는 것이 어렵다.

③ 마르코니에 방송사업의 독점권을 줄 수 없으며, 동사에 의한 방송사업의 독점적 운영도 허가할 수 없다.

④ 무선협회가 출원자를 통합하는 것을 희망한다.[19]

이와 같은 정부의 방송사업에 대한 정책방침이 나오게 된 배경을 살펴보면, 영국에서도 20세기에 접어들면서 무선통신에 대한 일반의 관

---

17) S.G. Sturney, *The Economic Development of Radio*, London : Duckworth, 1966, p.138.
18) '본래의 업무'란 여기서는 방송 외의 통신업무를 말한다.
19) 『放送学研究』 Vol.24, p.38.

심이 높아지고, 아마추어 무선송신이 부쩍 늘어나게 되었다. 특히 전후에 아마추어 무선활동 금지가 해제되고 디국에서 정규방송이 활발히 시작되자 영국의 무선통신기술자들은 다투어 이 분야의 활동을 개시하게 되었다. 전후 정부는 한때 실험용 면허를 교부하고 있었으나, 아마추어 무선가들이 쇄도하게 되자 중요한 통신에 지장을 가져오며 다른 무선국에 방해가 된다는 이유로 면허 교부를 중지하고 만다. 이와 같이 전파의 혼란이 야기되고 있는 상황 속에서 정규방송에 대한 출원자가 쏟아져나오자, 출원자 전부에게 방송면허를 줄 수도 없을뿐더러 그렇다고 어떤 특정인에게만 줄 수도 없는 선택의 곤란에 부딪혔던 것이다.

그뿐 아니라 영국의 자연적, 지리적 조건은 방송사업에 기술적인 제약을 가지고 있었다.

영국은 유럽대륙에 가까이 위치하고 있기 때문에 방해받지 않고 자국에서만 사용할 수 있는 방송주파수를 얻기 위해서 국제협정을 맺어야만 했다.

그 결과 영국이 얻은 방송주파수는 두 개에 지나지 않았다.[20] 또한 영국의 방송제도를 독점적인 것으로 몰아가는 영국 정부의 정책은, 미국의 방송사업 현상에 대한 반작용이 중요한 요인의 하나이기도 하다. 1922년 당시까지의 미국 방송계를 보면, "전기통신기업 외에 백화점, 신문사, 교육단체, 교회 등에서도 점차 방송사업에 손을 대기 시작하여, 1920년에는 30개의 방송국이 면허를 받고 있는 정도였으나 1922년 봄에는 라디오 방송국이 급증하여 동년 5월에는 200건 이상의 면허가 주어졌고, 1923년 초에는 면허를 가지고 있는 방송국이 576개에 이

---

20) C.H. Wright, *Mass Communication : A Sociological Perspective*, Random House, New York, 1959, p.35.

르렀다." 21)

그렇기 때문에 미국의 방송사업에는 약육강식의 현상이 벌어지고 만 것이다.

자본의 한계가 미치는 데까지 방송국들은 출혈경쟁을 일삼았고, 계획적인 상호 전파방해를 하고 있었다. 이렇게 되자 전파는 혼란에 빠지고 경영상태는 부실에 허덕였으며 방송내용도 저질화될 수밖에 없었다.

이와 같은 미국의 현상이 당시의 영국 정부에게 어떤 영향을 주지 않았다고는 할 수 없다. 당시 영국 정부의 우정장관은 의회에서 다음과 같은 답변을 하고 있다.

"다수의 방송회사 설립을 허가하는 것은 불가능합니다. 그렇게 되면 미국의 혼신상태보다 더 심한 혼신상태가 일어날 것입니다." 22)

그렇다고 해서 마르코니 사에 방송사업의 독점권을 줄 수는 없다고 생각한 이유는 이러하다. 당시 정부가 주로 사용하고 있던 통신수단은 케이블 통신이었으며, 전 세계에 걸쳐 있던 영국 자치령과의 사이에서도 케이블 통신에 의존하고 있었다. 이것은 시간과 비용의 낭비를 가져왔고, 무선통신이 이루어지면 이와 같은 문제가 해결될 수 있는 것이었다.

그런데 마르코니 사는 무선통신 부문에서 독점화를 진행시키고 있었으며, 특히 영국 군부까지도 마르코니 사의 특허에 얽매이게 되었다. 이러한 상황 아래서 영국 정부는 전파를 관장할 것을 결심했고, 그런 상황에서 마르코니 사에 새로운 방송사업까지 전담시킬 생각이 있을 리가 없었다.

그리하여 많은 출원자들 중에서 여건이 합당한 자들이 합동하여 독점

---

21) NHK 編, 『世界のラヂオとテレビジョン』, 1965, p.102.
22) 『放送学研究』Vol. 24, p.39.

적인 단일방송을 하는 것을 정부 방침으로 정했던 것이다.

영국이 미국과 기본적으로는 같은 체제의 국가라 하더라도 이상에서 살펴본 구체적인 요인들은 영국의 방송제도를 전혀 다른 것으로 만들어가고 있었던 것이다.

다음으로 사회 경제적인 요인을 살펴볼 필요가 있다. 영국의 방송이 미국과는 달리 독점적인 단일방송으로 시작되었다고는 하나, 그 역시 자본주의적인 이윤 추구의 목적을 가지고 있었다.

이것은 역시 영국이 세계에서 가장 앞선 자본주의 국가였기 때문에 극히 자연스런 현상이라 할 것이다.

물론 1927년 이후의 영국 방송이 기업체가 아닌 공공단체(Public Corporation)에 의해서 운영되고 있는 것은 주지의 사실이나, 거기에 대한 고찰은 뒤로 돌린다.

여기서 당시 영국 정부의 방송정책에 대응한 경제계의 동태를 다소 구체적으로 살펴볼 필요가 있다.

정부가 방송국 면허를 둘러싸고 출원자들의 통합을 내세우자, 당시 영국의 독점적 전기통신기업이었던 마르코니 사와 기타 통신기업들 간에는 날카로운 경쟁이 불꽃을 튀겼다.

기타 통신기업들은 '반 마르코니'로 결속하여 마르코니 사의 강력한 독점의 벽에 도전하기에 이르렀다. 면허신청자대표회의의 결과를 보더라도 업자들이 통합하여 단일회사를 설립하는 것은 불가능하며, 독립으로 운영되는 두 개 회사를 설립하는 수밖에 없다는 결론이 나왔다.[23]

여기에 따라서 부득이 정부는 두 개의 회사를 런던에 설립하고, 기타 방송국은 우정성이 적절히 분배한다는 구체안을 제시하기에 이르렀다.

---

23) "Sykes Committee Report", Paragraph 5 참조.

그러나 사태는 역전하여 결국 단일회사로 귀착되는데, 그 주된 이유는 경제적 이해타산에서 연유된다.

신청자대표회의와는 별도로 양측 대표가 막후접촉을 가진 결과, 단일회사 설립에 합의를 보았던 것이다.

그것은 수신허가료의 징수 문제라든가 마르코니 사가 가지고 있던 특허권에 대한 사용료 문제 등이 얽혀 있었으나, 결국 전기통신업자들이 궁극적인 목적으로 한 것은 라디오 수신기의 판매에서 오는 이윤이었던 것이다.

그러고 보면 각 기업체가 독자적으로 방송국을 운영할 아무런 이유가 없는 것이다.

방송국은 한 지역에 하나만 있어도 족히 소비자들의 관심을 촉구하고, 라디오 수신기에 대한 구매의욕을 복돋울 것이다. 각 기업이 독자적으로 방송국을 운영함으로써 부담해야 할 경비를 덜고도 소기의 목적을 달성할 수 있다면 그쪽을 채택하는 것이 자본의 논리요 극히 자연스런 귀결이기도 한 것이다.

영국의 전기통신기업이 방송사업에 열을 올렸던 것은 한마디로 시장개척정책의 일환에 불과했으며, 궁극적인 목적은 수신기 판매에 있었던 것이다.

이러한 목적은 미국의 웨스팅하우스전기회사가 KDKA를 설립한 목적과 일치하는 것이었다.

아무튼 영국의 방송이 미국과는 달리 단일 독점방송으로 형성될 수밖에 없었던 객관적 요인은 제1차 세계대전 직후의 냉엄한 경제적, 정치적 현실과 날카롭게 이해관계의 대립을 보인 국제관계 속에 있었다.

외국 자본, 특히 미국의 전기통신자본의 진출에 직면한 영국의 동열 기업들은 국내 개별 자본의 이해를 초월해서 하나로 결속, 외국 자본에 대항하는 것이 현명하다는 것을 깨달았던 것이다.

한편, 정부의 입장에서 보더라도 외국제 수신기를 배제하는 것은 국내 기업의 보호와 시장 육성을 함으로써 결국 국익을 높이는 길이 되고, 당시의 영국 정부가 오랜 전통을 지닌 자유무역정책을 깨고 보호무역정책을 취하게 된 사정과도 일치하는 것이다.

이렇게 하여 단일방송제도는 영국의 전기통신산업을 보호하는 한편, 무선통신 분야에 독점적 지위를 가지고 있던 마르코니 사가 방송사업까지 전담하는 것을 막았으며, 나아가서 정부는 방송사업에 대한 통제권한까지 보유하기에 이르렀던 것이다.

결국 영국의 방송사업이 단일 독점방송으로 제도화된 것은 당시 영국이 처한 국내외의 사정을 바탕으로, 정부와 경제계가 공통의 이익을 발견한 선에서 이루어졌다고 할 것이다.

영국방송협회의 형성과정

지금까지 영국방송회사(British Broadcasting Company)의 성립과정에 대한 정치적, 사회 경제적 요인을 살펴보았으나 오늘날 영국의 방송제도가 갖는 전형성은 역시 공공방송이라는 데 있다. 현재의 영국방송협회(British Broadcasting Corporation)가 어떻게 형성되고 제도화되었는가 하는 점을 논하지 않고 넘어갈 수는 없다.

영국방송회사(B.B. Company)의 재정적 기반은 보호무역정책[24]을 배경으로 하여, 국가를 매개로 한 수신료와 특허사용료에 두고 있다. 그러나 수신료와 특허사용료가 예상 외로 저조한 실적에 머물렀으며,

---

24) 영국 정부가 오랜 전통을 가진 자유무역정책을 버리고 보호무역정책으로 전환한 것은 1921년의 일이었다.

전기통신 기업이 목적으로 하고 있던 라디오 수신기의 판매고 또한 보잘것없었다. 따라서 영국방송회사에 투자한 기업주들은 방송국 운영에 대한 흥미를 잃고 오로지 그동안의 투자에 대한 정부의 보상만을 바라고 있는 형편이었다.

이와 같은 방송국 경영상의 사정은 필연적으로 방송국 운영 주체에 대한 재검토를 요청하게 되었고, 이런 상황에서 등장하는 것이 방송조사위원회였다. 1923년 4월에 발족한 사이크스(Sykes) 위원회[25]와 1925년 여름에 활동을 개시한 크로포드(Crawford) 위원회[26]가 자문한 결과가 새로운 영국 방송제도에 크게 작용했다. 크로포드 위원회는 앞섰던 사이크스 위원회의 기본 정신을 참작하여 대략 다음과 같은 내용의 권고안을 정부에 제출했다.

① 미국과 같은 상업방송 방식은 영국에 적합하지 못하며, 이윤 추구의 목적을 가진 자들에게 커다란 사회적 기능을 갖는 방송사업을 맡길 수는 없다.

② 영국방송회사는 해체하고 대신 공공단체에 의해서 방송국이 경영되어야 한다. 이러한 공공방송은 사회 각계각층의 양식 있고 분별 있는 인사로 구성된 경영위원회(Board of Governers)에 의해 운영되어야 한다.

③ 이와 같은 공공방송에 대한 면허기간은 10년 이상이어야 하며,

④ 의회에서는 우정장관이 방송사업에 대한 답변의 책임을 지나 방송 운영에 대한 정부기관의 간섭은 배제하는 것이 좋다.

---

25) 하원의원인 Frederic Sykes 경을 위원장으로 했기 때문에 흔히 이렇게 부른다.
26) Crawford 백작을 위원장으로 했다.

대략 이상과 같은 내용이 정부에 제시되었던 것이다.[27]

이와 같은 방송조사위원회들의 권고를 받아들인 결과 영국에서는 1927년 1월 1일을 기하여 공공방송인 영국방송협회가 창설된다. 그러나 이와 같은 변화를 다른 각도에서 보면 디미 정부에서 정해놓은 기본 방침에 따라서 조사보고가 작성되었다고도 할 수 있다. 가령 브릭스(A. Briggs) 같은 사람은 이렇게 주장하고 있는 것이다.

"미리 정해진 목표를 향하여 모든 것이 진행되어갔다." [28]

따라서 영국의 방송제도가 기업체들에 의해서 운영되던 민간방송에서 이른바 공공방송으로 제도상의 변신을 가져온 이면에는 역시 정치적인 고려와 경제적인 타산이 엄연히 작용하고 있었던 것이다.

사실 크로포드 위원회가 본격적인 심의에 들어가기에 앞서서 영국 우정성이 제시한 '각서'에 따르면 독점 단일방송의 장점을 다음과 같이 열거하고 있다.

① 한정된 주파수의 테두리 안에서는 단일방송국을 설치하는 것이 효율적이다.

② 방송청취 상태의 전국 균등 발전을 위해서 유익하다. 개개의 기업체가 방송국을 운영하려면 인구가 집중되어 있는 대도시에 편중되고 말 것이다.

③ 혼신을 방지할 수 있다.

④ 전국적인 중계를 하는 데 편리하다.

⑤ 수신료를 배분하는 데 번거로움을 덜 수 있다.

⑥ 기술상으로도 그러하고 운영상으로도 효율적이다.

---

27) NHK 編, 『世界のラジオとテレビジョン』, 1957, pp.6~7 참조.
28) A. Briggs, *The History of Broadcasting in the United Kingdom*, Vol.1, London Oxford Univ. Press, 1961, p.249.

이상과 같은 장점을 들어 당시의 영국 정부는 독점 단일방송을 적극적으로 주장하고 있었다.[29)]

따라서 영국의 방송제도가 독점 단일형태로 공공사업화했다는 것은 역시 경제적인 이유와 정치적인 의도가 악수한 결과라고 할 수밖에 없는 것이다. 영국의 방송제도가 결정적으로 변신하는 시기인 1922년에서 1926년까지의 영국의 정정은 극도로 불안한 것이었다.

제1차 세계대전 당시의 2대 정당이었던 자유당과 보수당의 틈바구니를 뚫고 노동당이 정부를 수립할 수 있는 세력으로까지 성장하게 되었으며, 경제불황에 허덕이는 노동자들은 커다란 사회 불안을 조성하고 있었다. 자유무역정책의 패배와 함께 자유당 세력은 점차 쇠퇴일로를 걷게 되고, 1922년 10월에는 자유당을 물리친 보수당이 보호관세정책을 들고 내각을 조직하나 내부의 반대 세력으로 인해 목적을 달성하지 못한다. 여기에 1924년 초, 영국 사상 최초의 노동당 내각이 맥도널드(Ramsay MacDonald)를 수반으로 등장하게 된다.

그러나 이 역시 자기 본래의 정강(政綱)인 사회주의 시책을 단행하지 못하고 1년도 못 되어 붕괴하고 만다. 또다시 볼드윈(Stanley Baldwin)을 수상으로 하는 보수당 정부가 등장해 보호관세정책을 강력하게 밀고 나가게 된다. 이와 같이 불과 4, 5년 동안의 영국 정세와 경제사정은 극도의 혼란과 불안에 놓여 있었던 것이다. 특히 1925년 5월에 단행된 탄광 노동자를 비롯한 전국적인 일대 동맹파업은 영국을 위기의 절정으로 몰아넣고 있었다. 철도 운행과 신문 보급이 전국적으로 마비되고 사회는 혁명전야를 방불케 했다. 이와 같은 시기에 방송이 발휘한 역할

---

29) R.H. Coase, *British Broadcasting: A Study in Monopoly*, London : Longmans, 1950, pp.56~57.

은 정치가로 하여금 방송 기능에 대한 재인식을 가져오게 했으며, 그와 같은 재인식은 방송의 제도화 과정에 어김없이 작용했을 것이다.

국왕의 조칙(詔勅), 수상의 선언, 각 장관, 특히 내무장관과 경찰총장의 훈시방송, 특별경찰대의 징모편성, 교통·운수·철도·전력 등의 사업에 대한 의용지원자의 모집공고 또는 수상이나 대주교 등 정부와 노동조합 사이의 협조를 촉구하는 강연이나 설교 등은 방송되었으나 노동자대표는 결코 마이크 앞에 초대받지 못했다.[30]

불안과 공포의 순간에 놓여 있던 정치가들 및 기업가들에게 방송이 위에서 지적된 방향으로 작용했을 때, 그것이 갖는 사회 정치적 중요성과 놀라운 기능은 한마디로 경이로운 것이었다. 따라서 영국 방송이 공공사업으로 이행한 배경에는 이와 같은 방송의 경이적인 기능에 대한 정부의 재인식 및 국가의 정치적, 경제적인 요청이 존재하고 있었다. 그리하여 적어도 이 시점에 있어서는 방송사업이 국가기관(국가의 상부구조)의 일부로서의 위치를 부여받고 있었다.

그것은 방송사업이 개개의 자본가가 운영하기보다는 '외견상 사회의 위에 서는 공적 권력'에 위임되는 것이 좋다고 판단했기 때문이며, 그와 같은 사업체(방송제도)를 만들어내기 위해서 '전래의 보도인 국왕대권'으로서의 특허장(Royal Charter)이 필요했던 것이다.[31]

흔히 영국의 매스미디어 제도를 정치적, 경제적인 이해관계를 떠난 '공공적인' 것이라고들 한다. 그러나 위에서 검토한 바와 같이 이른바

---

30) NHK 編, 『日本放送史』, 1951, p.140.
31) 『放送学研究』 Vol.24, pp.54~55.

공공단체에 의한 방송이라 하더라도 거기에는 뚜렷한 경제적, 정치적인 목적의식과 이해관계가 반영되어 있는 것이다. 영국 방송제도가 공공기업화된 객관적 배경은 통신자본에 의한 방송회사가 채산이 맞지 않았다는 경제적 이유와 당시의 사회 정치적 상황이 정부로 하여금 방송에 대한 통제욕구를 자극한 결과가 상호 작용하여 이루어진 것이라고 할 수 있다.

ITA의 형성과정

방송제도는 객관적인 여건의 규정을 받아서 형성되는 것이기 때문에 그 여건이 변동되면 제도도 변화한다. 제도라는 것은 고정된 영구불변의 것은 아니며, 영국의 방송제도 또한 약 30년의 단일 독점방송이 계속되었다 하더라도 그것이 영구히 고정되었다는 것은 아니다. 방송사의 길이로 보면 엄청나게 긴 시간인 약 30년의 BBC 독점을 깨고 ITA (Independent Television Authority)라는 또 하나의 텔레비전 방송이 영국에도 출현했다. ITA는 1954년 7월에 텔레비전 법(Television Act)이 영국의회를 통과, 발효되면서 다음 해인 1955년 9월 22일 정규방송을 시작했다. 흔히 이 ITA를 이른바 영국의 상업방송이라 하나 ITA 자체는 영업행위를 하지 않는다. ITA는 방송의 송신시설만을 소유하고 있는 공공기업체이며, ITA와의 계약에 의해서 방송내용을 제작하고 광고주와 접촉하는 프로그램 제작회사(programme contractor 또는 programme company)가 실제에 있어서는 영리활동을 하는 것이다. ITA와 이 프로그램 제작회사를 합쳐서 흔히 ITV(Independent Television)라고 하며, 이것을 영국의 상업방송이라고 한다.

이와 같은 이중적인 구조는 '연방제'(two federal system) 또는 '이중제'(two tiers system)라고 불린다.

ITA의 성립과정을 해부하기 위해서는 '1949년 방송조사위원회'의 권고 내용을 알아볼 필요가 있다. 1949년에 당시의 영국 노동당 정부는 제1차 세계대전 후의 영국 방송사업에 대한 전반적인 재검토를 동 위원회에 위촉했다. 제2차 세계대전 전에 영국, 소련, 미국 등에서 시작한 텔레비전 방송은 전쟁과 함께 일단 중단되었다가 전쟁이 끝나면서 본격적인 텔레비전 시대의 막을 열기에 이르렀다.

영국에서는 텔레비전 방송에 대한 열기가 일기 시작하고, 특히 경제계에서 상업방송에 대한 관심이 강력하게 일어나고 있었다.

이와 같은 경제계의 욕구를 반영하여 보수정치인들은 BBC의 독점상태를 타파하려는 주장을 집요하게 내세우고 있었다. 이러한 상황 속에서 당시의 노동당 정부는 방송조사위원회를 구성시켰던 것이다.

1951년 초에 이 조사위원회는 보고서(The Report of the Broadcasting Committee, 1949)를 발표했는데, 그 내용은 대략 다음과 같다.

① BBC에 의한 방송사업의 독점적인 경영을 무기한으로 계속한다.

② 독점에서 오는 폐단을 막기 위해 별도의 조치를 강구한다.

③ 5년마다 조사위원회를 설치한다.

④ 소수의견으로, BBC의 독점은 타파되어야 하며, BBC와 함께 상업방송이나 별개의 공공방송을 설치함으로써 경쟁을 유도해야 한다.[32]

이런 의견을 제시한 '1949년 위원회 보고서'는 가장 엄밀하고 공평한 것이라는 평을 받기도 했다. 그러나 노동당 정부는 이 보고서의 정신에 따라 영국 방송제도에 변화를 가져올 정책을 전혀 고려하지 않았을 뿐

---

32) NHK 編, 『世界のラジオとテレビジョン』, 1957, 1965, 1970년판의 영국편 참조.

만 아니라 경제계와 정계의 반대의견도 물리쳤다. 이것은 노동당이 갖는 정치적 체질과 관련이 있을 것이다. 그런데 1951년 10월의 총선거에서 노동당이 패배하고 처칠(W. Churchill)을 수반으로 하는 보수당 정부가 수립된다. 여기에 힘입은 영국의 경제계, 특히 『데일리 미러』나 『데일리 익스프레스』 등의 대중 상업신문자본, 그리고 전기통신산업이 중심이 되어 상업 텔레비전을 실현시키려는 적극적인 움직임을 보이게 되었다.

보수당 정부는 여기에 호응하여 1953년 7월에 상업 텔레비전을 인가한다는 방침을 발표하기에 이르렀다.

보수당 정부의 이와 같은 방침이 발표되자 영국사회, 특히 교육계와 종교계 및 노동당의 맹렬한 반대가 일어났으며, 『더 타임즈』는 1953년 11월 16일자 사설에서 상업방송에 대한 통렬한 비판을 가하고 다음과 같이 끝을 맺는다. "처칠 내각이 다른 분야에서 아무리 훌륭한 업적을 남기더라도 상업 텔레비전과 같은 커다란 사회악을 시작했다는 책임을 묵과할 수는 없는 일이다."

결국 영국사회가 지니는 오랜 문화적인 전통과 영국 지식층의 양식에 역행하면서까지 보수당 정부는 오락산업 및 전기통신자본의 이익을 옹호하여 상업 텔레비전을 실현시키고 말았던 것이다.

여기서도 우리는 방송제도에 미치는 정치적, 경제적 요인이 얼마나 냉엄하게 작용하고 있는가를 엿볼 수 있는 것 같다.

소련의 방송제도

소련에서 정규방송이 시작된 것은 1922년 9월 1일의 일로, 방송국의 이름은 코민테른 라디오(Comintern Radio)였다. 인류 역사상 최초의 공산혁명이 성공하고 사회주의국가가 수립된 것이 1917년이니까, 방송은 사회주의제도의 형성 과정 속에서 함께 형성되어간 것이다. 사실 "모든 매스미디어 중에서 소련보다도 새로운 것은 라디오와 텔레비전뿐이었다. 따라서 방송은 소련 정부에 의해서 완전히 설계도대로 발달시킬 수 있는 기회가 있던 유일의 매스커뮤니케이션이었다."[33]

후진적인 러시아 사회에 새로운 정권을 수립하고, 사회 전체를 일대 혁신 속에 몰아넣고 있던 당시의 레닌 정부는 일반 민중들을 어떻게 교육하고 막스-레닌주의로 무장시키며, 어떻게 그들을 새로운 정치 과정이나 경제건설에 효과적으로 동원하는가 하는 것이 핵심적인 문제가 아닐 수 없었다. 이와 같은 역사적인 시기에 소련에서도 라디오 기술은 완성 단계에 접어들고 있었다. 그 당시 레닌은 라디오의 완성에 비상한 관심을 쏟으며 후원했다.

인민위원회의 총무부장에게 보낸 레닌의 편지에는 이런 내용이 적혀 있다. "불치 부르에비치가 개량한 확성기와 수신기에 따르면(더구나 수신기는 쉽게 손에 들어오도록 개량되어 있다) 전 러시아가 모스크바에서 읽는 신문을 들을 수 있을 것이다"라며 경이와 기대에 넘쳐 있었으며, 한편으로 체신 인민위원에게 브낸 편지에서는 "우리에게 있어서 이 사업(방송)의 중요성은 (특히 동방에서의 선전을 위해서는) 대단히 크다. 지체와 태만은 이 경우에는 범죄이다"라고 엄하게 이야기하고 있다.[34]

---

33) F.S. Siebert, T. Peterson and W. Schramm, *Four Theories of the Press*, p.135.
34) 辻村明, 「社会体制と放送制度」, 『放送学研究』 Vol. 2, p.41.

당시의 소련 정부가 라디오방송에 얼마나 기대를 걸고 있었는가 하는 것은 스탈린에게 보낸 레닌의 편지 속에도 잘 나타나 있다.

> 모스크바에서 행해지는 연설이나 보고나 강연을 모스크바에서 수백 베르스타(러시아의 옛 거리단위로 1베르스타는 약 1,016킬로미터)나, 또 어떤 조건 밑에서는 수천 베르스타나 떨어져 있는 공화국의 수백 수천의 지방에 전달할 수 있는 수백 수천의 수신기를 사용할 수 있는 일도 실현 가능하다.
> 이 계획을 실현시키는 일은 선전 선동, 특히 문맹의 주민 대중에 대한 선전 선동의 견지에서 보더라도, 또한 강연을 들려주기 위해서도 우리에게 무조건 필요하다.[35]

이와 같이 당시 소련 정부의 절대적 지도자였던 레닌에게는 라디오방송이야말로 문맹이 아직도 광범위하게 남아 있는 소련 사회에서, 그리고 동서로 넓게 퍼져 있는 지리적 여건 속에서뿐만 아니라 물자가 부족한 사정에서 '종이와 거리가 없는 신문'이라고 인식되었으며, 선전 선동에 있어 가장 알맞은 무기로 간주되었던 것이다. 흔히 인용되는 구절이지만 "신문(매스미디어)은 집단적 선전자인 동시에 집단적 선동자요, 집단적 조직자이기도 하다"라는 레닌의 말은 소련의 신문과 방송에 대한 철학을 단적으로 표현해주고 있다.

> 이것을 좀 구체적으로 부연하면 우리는 신문을 선정적인 기관, 정치적인 뉴스를 보도하는 단순한 기관, 그리고 부르주아적인 거짓말에

---

35) 같은 글, p.41.

반대하는 투쟁의 기관에서 대중에게 경계적인 지식을 교육하는 도구로, 노동을 새로운 방법으로 조정하는 길을 대중에게 알리기 위한 도구로 변화시키지 않으면 안 된다.[36]

말하자면 신문 방송은 사회주의를 실현시키는 데 있어서 중요한 도구인 동시에 새로운 기술과 노동방식을 일반 대중에게 알리는 훌륭한 교사여야 한다는 것이다.

그뿐 아니라 신문 방송이 자본주의 사회의 그것과 같이 단순한 이른바 사실보도 기관이나 오락 기관으로 존재할 것이 아니라, 사회주의 사회를 건설하는 데 있어서의 선전 선동자이며 조직자이고 교사여야 한다는 것이다. 이렇게 소련의 방송은 당시 혁명정부의 설계도대로 제도화되어갔다.

초창기 소련 방송의 운영주체는 '라디오방송주식회사'가 맡았다가 1928년에는 우편전신인민위원부 관할 하에 있는 중앙라디오협의회가 담당하였으며, 제2차 5개년계획(1933~37년) 중에는 인민위원회의 직속 전소련 라디오보급·라디오방송위원회로 옮겨갔다. 그 후 1949년에는 내각 직속의 라디오방송위원회가 방송을 운영했으며, 현재는 '각료회의부속방송위원회'에서 운영을 책임지고 있다.

이 위원회의 의장, 부의장, 위원들은 각료회의(내각)에서 임명된다.[37]

방송사업 운영주체의 명칭이 어떻게 변경되었든지 간에 그것과는 관계없이 실질적으로는 당과 정부의 통제 하에 있었던 것이 사실이다. 이와 같은 방송의 존재양식은 사회주의이론에서 연유한 것이라 생각한

---

36) 같은 글, p.40.
37) NHK 編, 『世界のラジオとテレビジョン』, 1970, pp.65~66.

다. 모든 생산수단은 전 인민 소유로 되어야 하며, 거기서 생산된 모든 물자 또한 전 인민을 위하여 공평하고 합리적으로 활용되어야 한다. 이 러한 그들의 기본 사상은 물리적인 전파나 방송을 위한 기계적인 시설 도 전 인민의 재산이며, 따라서 전 인민 소유, 말하자면 국영이 되고, 그 방송수단의 생산물인 정신적 내용도 전 인민을 위한 것이어야만 한 다는 것이다. 다만 전 인민을 위한 정신적인 내용이 구체적으로 무엇을 말하는가 하는 것은 막스-레닌주의의 철학에서 설명되는 것으로 안다. 다만 방송관계 책임자가 구체적으로 다해야 할 임무로서는 다음과 같 은 것들이 지적되고 있다.

① 광범한 인민 대중에게 정치적 정보를 전달하고, 대중의 정치적 지 식이나 정치적 의식을 높인다.

② 대중의 문화적 교육을 확보하고, 음악 · 문학 · 연극의 위대한 작품 에 관한 지식이나 이해를 증진시킨다.

③ 민중을 규합해서 당이나 정부의 정책을 이해 · 지지시키고, 국가가 직면하고 있는 정치적인, 또는 경제적인 사업을 달성할 수 있도록 노동 자 대중을 동원한다.

④ 교육 당국에 협조해서 민중의 일반적인 교육수준, 특히 건강 · 위 생 · 기초과학 · 생산기술 영역에서의 수준을 높인다.

⑤ 민중에게 적극적이며 건설적인 휴양을 준다.[38]

방송책임자에게 부여된 이와 같은 임무나 역할은 궁극적으로 일반 대 중을 정치적 · 경제적 · 사회적 또는 문화적으로 교육 · 계몽하여 각 차

---

38) Alex Inkeles, "Public Opinion in Soviet Russia", *A Study in Mass Persuasion*, 1962, p.254.

원에서 지식이나 의식 수준을 높이고, 궁극에 가서는 그들이 목적으로 하는 사회주의 사회 건설에 공헌하게 한다는 논리다.

아무튼 이와 같이 사회주의 국가에 있어서는 정치적인 요인이 결정적으로 방송제도를 규정하고 있으며, 경제적인 차원에 있어서도 비록 이윤 추구의 목적은 있을 수 없으나, 그들의 경제건설, 특히 종합적이며 장기적인 계획경제를 추진해나가는 데 있어서 방송이 중요한 역할을 다하도록 제도화되었다는 것은 명백한 사실이다. 소련 방송의 제도화 과정에 미친 정치적, 사회 경제적 요인은 더욱 직접적이며 결정적인 것이라 아니할 수 없다.

모든 방송제도는 우연한 것이 아니다

매스미디어들은 그것이 놓여 있는 어떤 임의의 사회나 국가에 따라서 전혀 다른 형태로 존재하고, 그 존재양식 여하에 따라서 또한 전혀 다른 목적이나 가치관에 봉사하고 있다. 그것들은 다같은 기계기술을 사용하면서 제각기 다른 각도와 방향으로 기능하며, 또한 제각기 다른 정신 내용과 질적 차이를 드러내놓고 있다.

이와 같은 차이를 가져오는 가장 기본적인 요인은 어떤 임의의 사회가 신봉하는 가치관의 문제, 말하자면 그 사회를 지배하고 있는 이데올로기, 즉 지배적 가치에 따라서 좌우될 것이다. 구체적으로는 그 사회가 취하고 있는 사회 정치 체제나 경제 체제가 기본 요인이 될 것이다. 다음으로 문제가 되는 것은 역시 그 사회가 갖는 역사적·문화적 전통, 나아가 그 사회가 현재 처한 정치적, 사회 경제 발전단계, 문화적인 수준 등이 중요한 요인으로 작용할 것이다. 다시 말해 매스미디어의 존재 양식은 그것이 놓인 객관적 여건에 따라서 변화하고, 그 여건의 규정을 받아서 존재양식이 제도화되어간다는 것이다.

그러한 제도화 과정에 작용하는 기본 요인은 역시 정치적, 사회 경제 상황이며, 그것의 구체적인 작용 과정을 살펴본 것이 이 소론이다.

미국, 영국 그리고 소련의 세 나라에 한하여 검토한 것은 이들의 방송 제도가 가장 전형적이며,[39] 더구나 이 3국은 정치적 · 경제적 체제로 인해 방송제도가 어떻게 다르게 제도화되어가는가 하는 문제와 또한 기본적으로는 같은 체제이면서도 방송이 제도화되어가는 시기에 그 국가가 처한 정치적, 사회 경제적 상황이 어떻게 상이하게 방송을 제도화 해갔는가 하는 문제를 명시해주고 있기 때문이다. 다시 말해 정치적으로는 자유민주주의와 경제적으로는 자본주의를 취하고 있는 사회와 정치 경제적으로 사회주의를 취하고 있는 국가가 어떻게 상이하게 방송 제도를 형성시켰으며, 또한 같은 자유민주적 체제 하에 있더라도 그 사회가 처해 있는 상황 여하에 따라서 어떻게 다른 형태로 방송을 제도화 했는가 하는 것을 알아보기 위한 가장 적합한 예가 되는 것이 3국의 경우인 것이다.

이 세 나라 방송제도의 예에서 밝혀지는 것은 자본주의제도라고 하여 곧 상업방송이 형성되는 것도 아니며, 사회주의 체제에서만 국영방송 이 있는 것이 아니라 자본주의 국가에서도 국영이 있을 수 있다는 점이다. 그러면서도 공통적으로 드러나는 것은 매스미디어의 제도화 과정에, 그 제도가 어떠한 형태로 되든지 간에 결정적으로 미치는 요인은 역시 정치적, 사회 경제적 요인이었다는 것이다.

---

39) Judith C. Waller 같은 사람은 주요 방송제도를 ① 국유방식 ② 영국방식 ③ 미국방식으로 분류하고 다시 세분한다. 자세한 것은 그의 책 *Radio-the Fifth Estate*, Second Edition, Boston: Houghton Mifflin Co., 1950, pp.9~10 참조.

물론 이러한 기본 요인 외에 2차적인, 뜨는 부수적인 요인들이 있겠으나 여기서는 그 기본 요인만을 역사적인 문맥 속에서 검토한 것이다. 스코니아(Harry J. Skornia)의 말대로 "현행의 방송제도는 우연한 것도 아니며, 또한 당연한 것도 아니다."[40] 그것은 역사적인 문맥 속에서 형성되고, 또한 변화될 수도 있는 것이다.

어떤 임의의 사회나 국가 속의 매스미디어가 총체적인 사회 과정이나 정치 과정에서 어떤 위치에서 어떤 형태로 존재하고 있는가 하는 문제는, 곧 그 사회 속의 매스커뮤니케이션이 어떤 가치관과 목적을 위해서 기능하고 있느냐 하는 점을 구명해준다.

바꾸어 말하면, 매스미디어의 존재양식이 형성되어가는 과정을 살핌으로써 어떤 사회가 갖는 매스커뮤니케이션 현상의 본질을 파악하는 데 도움을 받을 수 있는 것이다. 방송제도의 형성 과정에 작용한 정치적, 사회 경제적 요인을 역사적인 문맥 속어서 구체적으로 검토함으로써, 어떤 임의의 사회가 갖는 매스커뮤니케이션 현상의 본질을 살펴보고자 했다.

---

40) H.J. Skornia, "Television and Society", *An Inquest and Agenda for Improvement*, 1965, p.21.

이 글은 미국의 커뮤니케이션 연구가 우리나라에 유입되면서 뿌리를 내리기 시작한 1970년대 중반에 쓴 논문이다. 논문의 형식은 미국 커뮤니케이션 연구를 일본의 그것과 비교하는 형식으로 되어 있으나, 사실은 미국 커뮤니케이션 연구가 갖는 한계나 문제점을 지적하기 위한 글이었다. 미국 커뮤니케이션 연구의 문제의식이나 방법론이 과연 당시의 우리나라 실정에 맞는 것인지, 그것을 받아들인다면 어떤 점을 고려해야 할 것인지 등을 따져보고자 했던 것이다.

●『서울대학교 신문연구소 학보』Vol. 12, 1975.

제4장 미국과 일본의 커뮤니케이션 연구 동인과 성격에 대한 비교고찰
— 한국적 커뮤니케이션 이론 모색을 촉구하며

미국문화의 일본으로의 이식

커뮤니케이션 연구는 다분히 '미국적인 학문'[1]이다. 저널리즘 연구가 주로 인쇄매체를 연구대상으로 하면서 유럽를 중심으로 형성되었다면, 커뮤니케이션 연구는 인쇄매체에 라디오, 영화 등이 중첩되면서 이른바 매스커뮤니케이션 현상이 일어나자 여기에 자극받아서 형성된 학문영역이라고 할 수 있다.

다양한 매체에 의한 매스커뮤니케이션 현상이 가장 먼저 본격화된 사회는 역시 미국이었다. 미국은 20세기에 접어들면서 '세계의 공장'이라는 타이틀을 영국으로부터 빼앗고 가장 공업화된 산업사회로 진입하고 있었다. 이 무렵에 인류가 오랜 역사를 두고 쌓아올린 과학기술은 새로운 매체인 영화와 라디오를 출현시키고 있었다. 고도로 산업화된 미국

---

1) R.K. Merton, *The Social Theory and Social Structure*, The Free Press, 1957, Part III에서도 미국의 매스커뮤니케이션 연구를 'American Species'라고 부르고 있다.

사회가 이들 새로이 등장한 과학기술을 재빨리 실용화시킨다는 것은 극히 자연스러운 논리이다. 가령 라디오만 하더라도 세계에서 최초로 정규방송을 시작한다. 그리하여 미국사회는 세계 어느 사회보다도 가장 먼저 커뮤니케이션 현상이 대량화하고 중첩, 심화된다. 일단 형성된 매스커뮤니케이션 현상은 하나의 커다란 사회적 힘(social force)으로 작용한다. 정치 · 경제 · 사회 · 문화 · 가정생활 그리고 인간형성 과정의 각 차원에서 매스커뮤니케이션 현상은 하나의 중대한 작용인(作用因)으로 대두된다.

이와 같은 매스커뮤니케이션 현상은 미국의 연구자들은 물론 정치가 · 기업가 · 종교단체 · 각종 사회 정치적 조직들뿐만 아니라 일반 사회인들로부터도 주목의 대상이 되었다. 주목의 각도는 제각기 다른 것이었으나 아무튼 비상한 관심의 초점이었던 것은 사실이다. 이와 같이 고조된 관심은 매스커뮤니케이션 현상을 필연적으로 연구의 대상으로, 학문의 대상으로 만들 수밖에 없었다. 그리하여 종래의 저널리즘 연구와는 다른 차원의 커뮤니케이션 연구가 미국에서 궤도에 오르기 시작한다. 구체적으로 미국에서 매스커뮤니케이션 현상이 출현한 것은 1920년대라고 볼 수 있지만, 커뮤니케이션 연구가 자리를 잡은 것은 역시 1930년대에 접어들면서의 일이다.[2]

어쨌든 세계에서 가장 먼저 복수의 매체에 의한 커뮤니케이션 현상이 심화 · 중첩된 사회는 미국이었으며, 그와 같은 현상의 투영으로서 커뮤니케이션 연구가 활발해진 것도 역시 미국이었다. 일정한 연구 성과는 필연적으로 그 연구를 낳게 한 객관적 상황을 반영하고 있는 법이

---

2) B. Berelson, "The States of Communication Research", in P.O.Q. Spring 1959에서 Berelson도 미국의 커뮤니케이션 연구가 본격화하는 것을 1930년대 후반으로 잡고 있다.

다. 미국의 커뮤니케이션 연구도 그것이 처해 있던 미국사회의 역사적 · 문화적 여건을 투사한 것으로 성격 지어졌다.

1930년대는 미국의 대기업들이 진로를 개척하기 위하여 몸부림치고 있던 시대였으며, 또한 그와 궤도를 같이하고 있던 중앙정부의 권력이 더욱 강대해지고 있던 시대였다. 1929년에 월스트리트에서 촉발된 경제공황을 극복하기 위하여 미국의 기업들은 사태의 정확한 파악과 그에 대응하기 위한 창의력의 발휘를 촉구받고 있었다. 또한 사회 정치적 조직의 대규모화와 그 구조의 밀도가 높아짐에 따라서 중앙정부의 사회통제나 사회 성원들의 동원에 대한 관심도 더욱 높아져가고 있었다. 이 무렵에 강력하게 대두된 매스커뮤니케이션 현상은 이들 기업체나 정치권력에게 비상한 관심과 이용의 대상으로 떠올랐다. 그뿐 아니라 영화나 라디오 그리고 대중지들의 영향은 현재적으로, 또는 잠재적으로 미국사회에 커다란 물의를 일으키고 있었다. 이와 같은 역사적 · 문화적 상황 속에서 미국의 커뮤니케이션 연구는 성립되어가고 있었던 것이다. 1940년에 접어들면서 제2차 세계대전이 발발하자 미국 정부 내에는 각종 정보와 적국의 정치선전 등을 분석 · 연구하는 기관으로 '전시 커뮤니케이션'이 설치된다.[3] 이와 같은 기관에 커뮤니케이션 연구자가 대량으로 동원되어서 수많은 실용적인 업적을 남기게 된다.

한편, 제2차 세계대전이 끝나고 일본에는 맥아더 사령부의 군사통치가 시행된다. 미국이 일본에서 실시한 군정은 종래의 천황 · 파시즘체제를 해체시키고 이른바 자유민주주의 체제로 개편해나간다.[4] 이와 같은 과정은 바꾸어 말하면 미국의 정치 문화권이 일본으로 확대되어갔

---

3) 이상희, 「사회변동과 매스커뮤니케이션」, 『신둔연구소 학보』 제6호, 32~33쪽 참조.
4) 이상희, 「일본사회와 일본문화」, 『신동아』, 1975년 8월호 참조.

다는 이야기이기도 하다. 이런 사실은 미국의 문화, 그 속의 중요한 부분인 학술연구 업적 등도 일본에 유입되어서 강력한 영향을 미쳤다는 것을 말한다.

미국의 커뮤니케이션 연구의 성과들도 이러한 시기에 물밀듯이 일본으로 흘러들어간다. 일본의 사회과학자들은 새로운 학문영역에 대한 호기심과 현실적인 관심으로 미국의 커뮤니케이션 연구 성과들을 받아들였으며 재빨리 그것들을 소화 흡수해갔다.[5] 그뿐 아니라 일본의 연구자들은 그것을 단순히 직수입하는 것으로 끝내지 않고 그들의 상황이나 문제의식으로 변용시켜갔으며, 나아가 전혀 새로운 영역이나 논리를 전개해가고 있는 것이다. 또한 일본의 커뮤니케이션 연구자 중의 상당수가 미국의 커뮤니케이션 연구를 날카롭게 비판하면서 벽에 부딪힌 커뮤니케이션 연구의 활로를 열 수 있는 방법은 자기들이 제시할 수 있을 것[6]이라고 주장하고 있다.

이와 같은 주장이 다소 과장된 것이라 하더라도 분명히 미국의 커뮤니케이션 연구와는 논리를 달리하는 그 무엇이 있는 것은 사실이다. 이러한 일본의 커뮤니케이션 연구를 미국의 그것과 비교해보는 것은 연구의 시야와 폭을 넓혀주는 것으로 생각된다.

---

5) 구체적으로는 1947년부터 활자화되어서 나타난다. 『思想の科學』 제2호에는 세 사람의 연구자에 의해서 미국의 커뮤니케이션 연구가 소개된다.

6) 가령, 일본의 한 연구자는 다음과 같은 발언을 하고 있다. "이제부터 통합, 구성되어나갈 매스커뮤니케이션 이론은 이미 미국종의 이론 수준을 명확히 초월한 것, 혹은 커뮤니케이션 영역에서는 세계적으로도 제1급의 강점을 갖게 될 가능성을 가지고 있다고 생각된다." NHK 編, 『放送学研究』 Vol. 22, p.8.

미국 커뮤니케이션 연구의 동인과 성격

버나드 베렐슨은 1959년에 「커뮤니케이션 연구의 현상」이라는 논문을 발표하여 상당한 충격을 불러일으킨 바 있는데, 그는 그 논문에서 미국 커뮤니케이션 연구의 발단을 다음과 같이 이야기하고 있다.

현대적인 의미에 있어서의 커뮤니케이션 연구는 약 25년 전에 학문적인 관심과 상업적인 관심이 증대됨에 따라서 시작되었던 것이다. 학문적인 관심은 1930년대 후반의 록펠러 기금에 의한 세미나가 직접적인 자극은 아니라 하더라도 그것과 거의 때를 같이하고 있다. 또한 상업적인 관심은 라디오 산업이 그 청취자의 실태를 파악해야만 하는 필요성과 더불어 생겨났다. 그 이후 두 가지 측면에 있어서의 연구활동이 많이 이루어져왔다. 따라서 한떼 이 분야의 연구가 학계의 유행처럼 된 적이 있기도 했다.[7]

베렐슨은 이상에서 보는 바와 같이 '현대적인 의미'에 있어서의 커뮤니케이션 연구를 1930년대 후반에 시작되는 것으로 보는 동시에, 연구의 동인을 크게 둘로 잡고 있다. 하나는 비교적 순수한 학문적인 관심에서 비롯되는 것이고, 다른 하나는 상업적인 동기에서 연유하는 것으로 보고 있다. 그러면서도 전자, 즉 학문적인 관심에서 비롯된 연구 역시 록펠러 재단의 후원이 간접적인 자극으로 작용하고 있다는 것을 암시해주고 있다.

라디오 산업의 필요성에 의한 연구는 수없이 이루어져왔지만 전형적

---

7) B. Berelson, 앞의 글.

으로 들 수 있는 것은 콜럼비아 대학의 라자스펠트 팀이 연차적으로 쏟아놓은 『라디오 리서치』(*Radio Research*)가 있다. 그 외에 올포트의 『라디오의 심리학』이라든가 칸트릴(H. Cantrill)의 『화성으로부터의 침입』, 또는 머튼의 『대중설득』 등은 모두 라디오와 직접 연관된 연구결과들이다.

어쨌든 베렐슨이 지적하고 있는 바와 같이 미국의 커뮤니케이션 연구가 상업적인 욕구와 기업체의 후원에 의해서 이루어져왔다는 것이 사실이지만 이것을 더욱 명확하게 정리하고 있는 것은 라자스펠트와 크뉘퍼(G. Knüpfer)이다. 이 두 사람은 1945년에 발표한 「커뮤니케이션 연구와 국제협력」이라는 논문에서 미국의 커뮤니케이션 연구의 동인을 다음과 같이 정리하고 있다. 다소 길지만 인용하기로 한다.

우리는 사회과학자로부터 어떠한 원조를 기대할 수 있을 것인가. 그 답은 최근 세 개의 루트를 통해 발달되어온 커뮤니케이션 연구의 분야에서 찾을 수 있다.

첫째, 사회과학자는 그들 입장에서 사회적 행동의 객관적 지수를 구하려고 매스미디어에 관심을 가져왔다.

둘째, 제2의 루트는 미국 실업계의 활동에서 파생했다. 사업이 국가적으로 확대된 규모로 발전했을 때, 사업가들은 자기의 고객을 공공관계상의 정책 대상인 동시에 광고 대상으로서 그들과 접촉을 유지하는 방법을 찾지 않으면 안 되었다. 적어도 1년에 1억 달러 이상이 여기에 소비되었다. 사업체가 매스미디어의 활동과 유효성에 관하여 유용한 지식의 모든 것을 수집하려고 한 것은 놀랄 바가 못 된다.

셋째, 제3의 루트는 세계의 정치적 상황이라는 토양에서 발생한다. 오늘날 중앙정부의 중대성은 어디에서든지 증대하고 있다. 파시스트

국가에서는 독재자가 자국민을 틀 속에 잡아둘 특별한 수단을 구했다. 더욱 강력한 지도권을 중앙정부에 드게 된 민주주의적인 국가에서도 정부는 국민의 협력을 보증하는 방법을 구했다. 따라서 매스미디어가 무엇을 할 수 있을 것인가를 조사하는 데 소비되는 비용은 늘어만 갔다.[8]

이상에서 보는 바와 같이 라자스펠트와 크뉘퍼는 미국 커뮤니케이션 연구의 동인을 명료하게 셋으로 구분해놓고 있다. 첫 번째가 비교적 순수한 학문적인 동기요, 다음이 기업적인 필요성에서 비롯된 것이고, 마지막 세 번째가 정치권력이나 중앙정부의 요구에 부응하는 것으로 되어 있다.

베렐슨은 미국 커뮤니케이션 연구가 갖는 정치적인 동인을 앞에서 인용한 그의 논문에서는 지적하고 있지 않으나, 그가 이와 같은 측면을 간과하고 있었다고는 생각되지 않으며, 다만 미국 커뮤니케이션 연구가 갖는 기업적인 동인을 강조한 것으로 볼 수 있을 것이다. 이렇게 본다면 역시 미국 커뮤니케이션 연구의 동인은 라자스펠트와 크뉘퍼가 정리한 대로 세 가지 측면을 가지고 있다는 데 별로 이견이 없을 것이다.

첫 번째의 동인, 즉 순수한 연구자의 관심에서 이루어진 연구는 비교적 일찍부터 나타나고 있었다. 1909년에 이미 사회학자 쿨리는 「커뮤니케이션의 중요성」이라는 논문을 발표했다. 그는 커뮤니케이션이 인간관계나 사회관계에 있어서 기본적인 요소이며, 이와 같은 커뮤니케이션의 발전은 인간관계를 더욱 좋은 것으로 발전시키고 인간관계를

---

8) P.F. Lazarsfeld and G. Knüpfer, "Communications Research and International Cooperation", in Ralph Linton(ed.), *The Science of Man in the World Crisis*, 1945, pp.471~472.

더욱 원만한 것으로 만들 수 있을 것이라 생각했다. 커뮤니케이션의 확대는 상호 전달과 이해, 그리고 문화의 전달과 축적을 더욱 증대시키기 때문에 그러하다는 것이다. 구체적으로 그는 커뮤니케이션을 다음과 같이 정의한다.

> 커뮤니케이션은 인간관계를 존재하게 하고 발달시키는 메커니즘—공간을 통해서 전달하고 시간적으로 보존하는 수단을 갖는 인간의 모든 심볼이다. 그것은 표정, 태도, 몸짓, 음성의 상태, 언어, 쓰여진 것, 인쇄물, 철도, 전신, 전화, 그리고 시간과 공간을 정복하는 근대기술의 모든 것을 포함한다.[9]

한편, 미드에 의해서도 인간존재에 있어서 커뮤니케이션이 기본적인 것이라고 주목된 바 있었다. 특히 타자와의 접촉, 즉 커뮤니케이션을 통해서 인간의 정신이나 자아가 형성되는 것으로 생각하고 있었다. "정신과 자아는 본질적으로 사회적인 산물이다. 따라서 인간 경험의 사회적 측면에 있어서의 산물 또는 현상이다. 한편 경험의 근저에 있는 생리학적 기구는 정신과 자아의 발생 및 존재에 대해서 무관계한 것이 아니고 사실은 불가결한 것이다."[10] 말하자면 인간의 정신이나 자아는 타자와 커뮤니케이션을 통해서 공동으로 나누는 사회적 경험의 소산이며, 타자와 의사를 소통하고 사태나 사회적 사상(social affairs)을 인식

---

9) Charles H. Cooley, "The Significance of Communications"(1909), in B. Berelson and M. Janowitz(eds.), *Reader in Public Opinion and Communication*, 1950, p.145.

10) G.H. Mead, "Mind, Self and Society: From the Standpoints of Social Behaviorist", in C.W. Morris(ed.), 1934, pp.1~2.

하는 능력, 즉 생리학적 기구는 커뮤니케이션 능력이라고 생각할 수 있는 것이다.

그리고 리프만은 저널리스트의 거장답게 매스커뮤니케이션 현상과 사회 정치적인 문제를 직결시켜서 통찰하그 있다. 그가 1922년에 발간한 『여론』은 오늘날에도 생생한 의미를 갖는 고전이 되어 있다. 이 외에 존 듀이 같은 사람에 의해서도 커뮤니케이션 현상은 주목받은 바 있으나, 아무튼 20세기에 접어들면서 인간 커뮤니케이션은 사회과학이나 철학적 관심의 대상으로 부각되었던 것이다. 그리하여 비교적 순수한 연구자의 관심에서 미국의 커뮤니케이션 연구는 시작되는 듯했다.

그러나 커뮤니케이션 연구가 태동하고 있던 20세기 초의 역사적 상황은 그 후의 커뮤니케이션 연구에 심각한 제약을 가하게 된다. 1914년의 인류 역사상 최초의 세계대전, 1917년의 역시 사상 최초의 볼셰비키 혁명, 그리고 대전 후의 세계를 엄습한 정치적, 사회 경제적 혼란, 이 틈바구니를 비집고 솟아난 파시즘이라는 독버섯, 나아가 1929년에 비롯되는 세계적 경제공황 등 전쟁이나 혁명, 그리고 사회 정치적 긴급사태들은 커뮤니케이션 연구를 더욱 현실적이고 실용적인 것으로 규정지어갔다.

이와 같은 사실은 매스커뮤니케이션의 사회적 기능의 중대성에 기인하는 것이며, 이 거대한 기능을 문제 해결을 위해 구사하고자 하는 현실적 요청이 커뮤니케이션 연구의 내용이나 성격을 잡아나갔다는 이야기이기도 하다.

구체적으로 미국의 대기업들은 대량생산을 뒷받침하는 대량소비를 가져오기 위하여 매스미디어를 어떻게 활용할 것인가, 또는 벽에 부딪힌 생산활동을 어떻게 재가동시킬 수 있을 것인가, 그리고 종업원들을 자기들의 상품에 대한 우호적인 구매자로 확보할 수 있을 것인가, 하는 문제상황에 부딪히게 되었다. 여기에 커뮤니케이션의 문제가 대두되고, 이것을 해결하기 위한 커뮤니케이션 연구가 자리잡혀갔다. 그뿐 아니라 상업적인 신문·방송을 위한 독자·청취자 조사나 효과분석 등이 수없이 이루어졌다는 것은 앞에서 언급한 바와 같다. 한편 제1차 세계대전은 사상 유례없는 심리전과 선전전을 전개했으며, 이와 같은 심리전이 병사들의 사기나 전세의 향배에 미치는 영향이 무기에 못지않게 크다는 것을 인식하게 된 미국 정부는 이와 같은 분야에 아낌없이 연구비를 투자했던 것이다.

그뿐 아니라 자유기업적인 정치체제가 자유방임적인 단계를 넘어서 중앙정부에 강력한 통제력이 필요하게 되고, 일반 대중의 정치 과정에의 적극적인 편입이 절실히 요구되자 여기에도 역시 커뮤니케이션의 문제가 핵심적인 것으로 대두되었던 것이다. 결국, 미국의 커뮤니케이션 연구는 기업계나 정부의 직접적인 욕구에 부응하는 현실적이고 실용적인 연구로 성격이 매겨졌다. 이와 같은 미국 커뮤니케이션 연구의 성격은 한마디로 정책과학적인 것이라고 할 수 있는데, 정책과학을 체계화한 라스웰은 "정책과학이라는 것은 정책 작성 과정을 해명하고, 정책 문제에 관한 합리적인 판단에 필요한 자료를 제공하는 과학이다"라고 단정하고 있다.

다시 말하거니와 미국 커뮤니케이션 연구의 성격은 기업계나 정부의 현실적 요청에 부응한 실용적인 정책과학이라고 할 수 있다.

일본 커뮤니케이션 연구의 동인과 성격

일본의 커뮤니케이션 연구는 제2차 세계대전 이후에 본격화된다. 주로 미국의 커뮤니케이션 연구에 자극받아서 그것을 발판으로 연구는 본 궤도에 오른다. 그러나 1945년 이전에 일본에서 신문학에 대한 연구가 없었던 것은 아니다. 1945년 이전의 연구는 주로 독일 신문학의 영향을 받은 저널리즘 연구가 있었다. 이들 저널리즘 연구의 성격은 신문 현상을 단편적으로, 그리고 그것 자체의 테두리 안에서 설명 또는 기술하거나 실무에 필요로 하는 지식을 소개·연구하는 경향이었다. 따라서 신문 현상을 정치적, 사회 경제적 구조와의 상관관계 속에서 파악하려는 문제의식이나 논리는 희박했다. 다만 도사카 준(戶坂潤)이나 하세가와 뇨제칸 등은 다분히 사회과학적인 차원이나 문제의식에서 신문현상을 파악, 기술하고 있다.

아무튼 제2차 세계대전이 끝나자 일본에는 미국의 정치문화권이 확대되어왔으며, 학문이나 연구 분야에서도 예외는 아니었다. 특히 커뮤니케이션 연구는 압도적으로 미국 커뮤니케이션 연구를 지름대로하여 시작되었다. 그리하여 전쟁이 끝난 후 약 10년 동안에는 당시까지 미국에서 이루어놓은 연구 성과들을 탐욕스러울 만큼 보급·소화하는 데 여념이 없었다.

구체적으로 1947년에는 이구치 이치로(ㅋㅁ一郎)의 「선전·커뮤니케이션·여론」, 쓰루미 슌스케(鶴見後輔)의 「모리스의 기호론」, 그리고 미나미 히로시(南博)의 「기호·상징·언어」 등의 제 논문이 『사상의 과학』 제2호에 발표된다. 1949년에는 시미즈 이쿠타로의 『저널리즘』, 미나미 히로시의 『사회심리학』, 그리고 1951년에는 이구치 이치로의 『매스커뮤니케이션』, 시미즈 이쿠타로의 『사호 심리학』 등이 출판되어서 매스커뮤니케이션 현상을 주제로 다루고 있다. 그리고 역시 1951년에는 일본사회학회 기관지 『사회학평론』 제6호와 종합 월간지 『사상』 6월호 등에서 주요한 커뮤니케이션 연구논문을 싣고 있다. 그뿐 아니라 같은 해 1951년에는 일본의 커뮤니케이션 연구자들이 함께 모여서 일본신문학회를 발족시킨다. 그리하여 다음 해 1952년 3월에는 그들의 기관지 『신문학평론』 창간호를 내게 되며, 1954년에 이르러서는 『매스커뮤니케이션 강좌』 전6권을 출판하기에 이른다. 이 강좌는 일본에서 커뮤니케이션 연구가 본격화된 지 몇 년 안 되었는데도 불구하고 그동안에 상당한 양의 연구 성과를 쌓았다는 것을 말해준다. 그뿐 아니라 이 강좌는 짧은 시간 동안에 일본의 커뮤니케이션 연구자들이 미국에서 이루어진 성과들을 그들 입장에서 흡수·소화하고, 나아가 새로운 문제의식이나 논리를 전개하려고 하는 싹을 보여주고 있다는 점에서 주목되는 것이다.

아무튼 이 무렵까지의 일본의 커뮤니케이션론, 특히 매스커뮤니케이션에 관한 연구들은 문명비판적인, 또는 매스커뮤니케이션의 심리적 폭력이나 사회 정치적 역기능론이 주된 색채를 이루었다. 이와 같이 일본의 커뮤니케이션 연구가 처음부터 문명비판적인 성격을 띠며 또는 역기능론 중심으로 기울어진 데는 몇 가지 중요한 동인이 작용하고 있었다.

첫째로 들 수 있는 점은 당시의 일본사회가, 말하자면 전후의 일본사회가 위기적 상황에 놓여 있었다는 점이다. 패전 후의 일본은 정치적 체제의 개편과 사회 경제적 재편성, 극도의 가치관 혼란 등에 빠져 있었다. 이와 같은 위기적 상황 속에서 커다란 사회 정치적 힘으로 등장한 매스커뮤니케이션 현상은 연구자들의 관심을 집중시켰으며, 특히 그 무렵에 일본에 상륙한 대중사회이론은 매스커뮤니케이션 현상에 대한 연구를 촉진시켰다고 볼 수 있다. 가령 일본의 한 연구자는 다음과 같이 말하고 있다. "일본의 매스커뮤니케이션 연구사를 돌이켜볼 때, 연구활동에 자극 또는 동인이 되었다고 생각되는 것 중에서 비교적 큰 것은 '대중사회이론'에 의한 문제의식을 첫 번째로 들 수 있겠다. 지금에 와서 생각하면 일본의 매스커뮤니케이션 연구는 대중사회 상황에 대한 인식을 기반으로 전개된 '매스커뮤니케이션의 사회적 기능론'이 가장 주류를 이루고 있었다고 할 수 있을 것이다."[11] 또는 "1950년 전후의 이 분야의 제 연구 또는 문명평론에서 양적으로도 바깥을 압도한 것은 일본의 현실에 대한 격렬한 위기의식이 토대가 되었기 때문이다"[12] 등으로 인식되어 있다. 이와 같이 위기적 상황 자체가 매스커뮤니케이션 현상에 대한 관심과 연구를 촉진시켰다고 볼 수 있다.

둘째로 들 수 있는 점은, 매스커뮤니케이션 현상이 자아내는 역기능에 대한 일종의 공포감이나 위기의식이 커뮤니케이션 연구의 동인이었다고 할 수 있다. 특히 매스커뮤니케이션의 역기능 중에서도 반평화적이고 반민주적인 작용에 대해서는 일본의 연구자들이 한결같이 규탄하고 있다. 가령 "신문의 보도는 매스커뮤니케이션의 기능을 수행함으로써 평화의 사도이기보다는 오히려 전쟁의 심리적 중개자라는 가공할 역할을 할 수도 있는 것이다. 우리는 이 위험에 대해서 부단한 감시와 경계를 필요로 하고 있으며, 그것을 예방하기 위한 수단을 진지하게 연구해야 한다는 과제에 당면하고 있다."[13] 뜨는 "저널리즘이 만약 진실로 그 사명을 다하려고 할 것 같으면, 커뮤니케이션의 역사적인 방향이 항상 폭넓은 사회권 안의 사람들 사이에서 감정과 의지를 연결시켜주는 일에 힘써왔다는 사실을 잊어서는 안 될 것이다. 만약 그것을 잊는다면, 가령 전쟁이라는 현대 최대의 문제를 해결하는 데서도 매스커뮤

---

11) 早川善次郎, 小川肇, 「日本のマス・コミ研究の現狀について」, 『放送学研究』 Vol. 22, 1971, p.10.
12) 佐藤毅, 「マス・コミュニケーションの理論」, 『講座現代マス・コミュニケーション』 Vol. 1, 1961, p.100.
13) 中野收, 「新聞の報道機能について」, 『思想』, 1951年 6月号 p.5.

니케이션은 해결을 위한 유효한 힘이 되기보다는 오히려 장애가 될 수밖에 없을 것이다."[14] 이와 같은 표현 등에서 나타나고 있는 바와 같이 당시 일본의 매스커뮤니케이션 현상을 평화에 대한 적으로, 전쟁에 대한 심리적 중개자로 위험시하고 있는 것이다. 이와 같은 인식의 배경에는 당시 일본의 사회 정치적 격동이 깔려 있다. 1949년경부터 1951년 9월에 조인되는 '샌프란시스코 미일평화조약'에 이르는 이른바 강화(講和) 문제를 둘러싸고 일본의 정계는 물론 지식인, 청년, 학생, 일반 국민들 사이에는 날카로운 여론의 각축이 빚어졌던 것이다.

이와 같은 여론의 소용돌이 속에서 신문 방송들은 결국 보수적인 방향으로 여론을 유도하고 있었다. 그뿐 아니라 1952년의 이른바 파괴방지법 논쟁, 그리고 1953년의 '우치나다(內灘) 기지 문제'를 둘러싼 논쟁, 또한 1954년의 '교토 아사히가오카(旭丘) 중학교 사건' 등을 둘러싸고 일본의 신문과 방송들은 일관하여 보수적이고 반민주적인 방향으로 작용하고 있었던 것이다. 사회 정치적인 결정적 쟁점이 대두될 때마다 일본의 신문과 방송이 이와 같이 보수적이고 반민주적인 방향으로 작용하는 것을 눈앞에서 본 일본의 연구자들은 한결같이 분노를 터뜨리고 있다. "솔직히 말해서 내가 매스커뮤니케이션에 대해서 정말 화를 내게 된 것은 1949년 이후 강화 문제의 논의과정을 통해서였다. 그때까지는 매스커뮤니케이션에 대한 충실한 지지자였다고 해도 과언이 아니다."[15] 또는 "매스커뮤니케이션에의 위기의식, 그리고 저주에 가까운 마이너스 심볼로서의 사용법은 1949년경에서 1951년 9월에 조인된 샌프란시스코 대일 평화조약에 이르는 강화 문제에 대한 논의의 시기에

---

14) 日高六郎, 「新聞と讀者の要求」, 『思想』, 1951年 6月号 p.9.
15) 淸水幾太郎, 「マス・コミュニケイション」, 『日本資本主義講座』 Vol. 3, 1953, p.265.

급격히 전개된다."[16] 이런 발언에서 볼 수 있는 바와 같이 매스커뮤니케이션 현상은 분노와 저주의 대상으로까지 느껴지고 있었던 것이다. 이와 같은 매스커뮤니케이션의 반평화적이고 반민주적인 역기능에 대한 위기의식은 연구자들을 자극하여 매스미디어에 대한 비판적 연구를 촉진시켰던 것이다.

셋째로 들 수 있는 일본 커뮤니케이션 연구의 동인은 업계나 행정조직, 그리고 정치집단들의 필요였다. 업계나 정치조직, 정치집단 들은 강력하게 대두된 매스커뮤니케이션 현상을 그들의 필요에 따라서 파악하고 활용할 절실한 욕구를 가지고 있었다. 그리하여 신문 방송이나 광고회사들이 행한 시장조사, 시청자조사, 효과분석, 그리고 행정조직들이 필요로 하는 국민들의 가치관조사, 생활시간대조사, 또한 매스미디어에 대한 접촉도조사 등 수없는 실증적 연구들도 이루어지고 있었다. 이와 같은 실증적·실용적 연구에 커뮤니케이션 연구자들이 참가한 것은 사실이지만, 다만 학계의 주류는 이와 같은 실증적 연구를 기피하는 경향이 없지 않았다. 이러한 경향에 대해서 어떤 연구자는 다음과 같이 지적하고 있다. '응용적·실천적 과제에 대한 과도한 금욕적 태도'[17]라는 것이다.

그리하여 결국 일본의 커뮤니케이션 연구를 촉진시킨 동인은 첫째, 커뮤니케이션 연구가 궤도에 오를 무렵의 사회 정치적 위기상황이고, 둘째는 그와 같은 상황 속에서 빚어진 매스커뮤니케이션 자체의 역기능에 대한 위기의식이었으며, 셋째는 업계나 행정조직의 실용적 욕구였던 것으로 요약될 수 있을 것이다. 그러나 첫 번째 동인과 두 번째 동

---

16) 佐藤毅, 앞의 글, pp.99~100.
17) 早川善次郎, 小川摩, 앞의 글, p.14.

인은 밀접히 상호 연관된 것이다. 결국 사회 정치적인 격동기 속에서 매스커뮤니케이션 현상이 자아내고 있던 역기능에 대한 위기의식이 연구를 촉진시켰다고 할 수 있는 것이다.

이러고 보면 일본의 커뮤니케이션 연구가 다분히 문명비판적인 동시에 역기능론 중심으로 성격이 매겨졌다는 것이 자연스럽게 수긍이 간다. 가령 어떤 연구자는 다음과 같이 말하고 있다. "'서로 이야기함으로써 합의를 만들어낸다'는 신앙으로 관철되어 있는 미국형 매스커뮤니케이션 기능론을 배운 시미즈 이쿠타로는 그 역기능의 측면을 일본의 매스커뮤니케이션 과정에서 발견하고 강조했다. (중략) 이와 같은 경향은, 당시 일본의 객관적 정세의 추이와 그 안에서 연출된 매스미디어에 의한 정보조작의 실태를 눈앞에서 본 연구자들의, 말하자면 필연적 반응이었다고 할 수 있을 것이다."[18]

미국 커뮤니케이션 연구와 일본의 그것과의 견해 차이

일본의 커뮤니케이션 연구자들은 미국의 커뮤니케이션 연구를 직수입하기보다는 비판적으로 섭취했다. 말하자면 그들의 사회 정치적 상황과 문제의식으로 여과시켜서 미국에서의 연구 성과를 수용하고, 그 위에 그들의 논리를 전개해갔다. 이와 같은 수용 과정 속에서 그들은 미국의 커뮤니케이션 연구에 대해 주목할 만한 비판을 가하고 있다.

탈체제적 성격에 대한 비판

첫째, 그들이 지적하는 점은 미국의 커뮤니케이션 연구가 현존체제나

---

18) 日高六郎 等 編, 『マス・コミュニケイション入門』, p.223.

기성구조(establishment)와 지나치게 밀착하고 있기 때문에, 인간 커뮤니케이션과 체제와의 상호 연관 속에서 연구의 주제를 찾는다든가 이질적인 사회계층 사이에서 야기되는 커뮤니케이션의 문제라든가 하는 것이 연구의 대상에서 탈락되고 있다는 것이다. 가령, "이것은 바로 미국적 민주주의 이념의 표현에 불과하다. (중략) 항상 체제의 논리를 빼고서 무조건이라고 생각되리만큼 합의에의 신앙에 살고, 커뮤니케이션 과정에의 기대에 부풀어 있는 풍조가 미국의 제 연구를 지탱하고 있다."[19] 또는 "후기자본주의 단계의 '미국사회→프래그머티즘→미국 커뮤니케이션론'이라는 일단의 개념도를 가지는 것은 필요할 것이다. 적어도 생산관계가 아니고 커뮤니케이션 관계가, 계층 사이의 갈등이 아니고 커뮤니케이션 행동이 사회적 모순을 지양하는 데 관계된다는 미국 커뮤니케이션론의 기본적 틀을 이 도식 안에서 찾을 수 있기 때문이다."[20] 이러한 표현으로 일본의 연구자들은 미국의 커뮤니케이션 연구가 탈체제적이라는 것을 시사하고 있다.

그렇기 때문에 미국의 커뮤니케이션 연구가 현존상태의 테두리 안에서 왜소화된 형태로 실용적이고 응용적인 정책과학으로 존재해 있다는 것이다. 또 그렇기 때문에 사실은 미국의 커뮤니케이션 연구가 이른바 '탈체제적'인 것이 아니라 기성체제에 대한 유지·옹호 기능을 적극적으로 수행하고 있다고 보는 것이다.

단편성 및 비체계화에 대한 비판

둘째로 들 수 있는 비판점은 미국의 커뮤니케이션 연구가 지나치게

---

19) 佐藤毅, 앞의 글, p.107.
20) 佐藤毅, 「コミュニケイション社会学の問題」, 山田宗睦 編, 『現代社会学講座』 Vol. 4, p.49.

응용적이고 단편적인 것이어서 논리화나 체계화가 결여되어 있다는 것이다.

베렐슨이 정리·소개한 연구사 부문을 통합하는 이론(또는 논리)적 중심축은 부재였다. 그것은 당시까지의(그리고 오늘날에도) 미국 커뮤니케이션 연구의 기본적 동인이, 학문적 체계성을 의도적으로 또는 적극적으로 구하는 것과는 일단 별개의 것이었다는 점과 밀접한 관계가 있다. 미국의 그것은 오히려 실용적인(pragmatic) 동인에 의해서 저 30년대 이후의 연구 붐을 이루었다고 해도 과언이 아닐 것이다.[21]

이와 같은 일본 측 견해와 같은 의견은 미국 측에서도 찾아볼 수 있다.

이 분야에서 방대한 연구가 이루어졌음에도 불구하고, 나는 커뮤니케이션에 관한 이론적 의의나 여론에 관한 이론에 대해서 배운 것을 돌이켜볼 때 어떤 자격지심을 느끼지 않을 수 없다. 많은 연구들은 이론적 일반화를 피해왔다. 지적 풍토는 논리적 이론의 출현에 대해서 호의적이지 못했으며, 그뿐 아니라 객관적으로 수집된 자료는 일반화나 이론화에의 기초를 주기에는 너무도 단편적인 것에 불과했다. 거기에는 서술에의 과다증이 있고, 경험적 연구의 증식작용이 있고, 또한 통합하려는 노력이 결여되어 있었다. 상세함에 대한 창조적인 노력은, 일반화나 의견형성 및 변용에 관한 광범한 과정을 이론화하는 노력과 병행해서 행해진 적이 없었다.[22]

---

21) 早川善次郎, 小川肇, 앞의 글, p.12.

이렇게 평가하면서 미국 커뮤니케이션 연구가 갖는 단편성이나 이론의 결여를 통감하고 있는 것이다. 그리하여 미국의 커뮤니케이션 연구는 이른바 '사실의 발견'과 그 사실에 대한 수없는 증식작업을 수행해 왔으면서도, 그 사실들이 하나로 체계화되고 일반화되어서 하나의 홀륭한 이론으로 승화되지는 못했다. 수없이 발견된 '사실'의 단편들은 수없는 파편으로 흩어지고 그 파편의 집적 속에서 연구자들은 주저앉아 있는 셈이다.

창시자들은 이미 이 분야를 떠나고, 여기에 비길 만한 창조력을 가진 생각(idea)은 나오지 않고 있다. (중략) 신인들 중에는 개척자들이 오래전에 이미 실시했으며, 현재 거기에 실망하고 있는 것을 새삼스럽게 되풀이하고 있는 자도 있다.[23]

베렐슨은 또 이렇게 술회하고 있다.

결국 10년이나 20년 전에 커뮤니케이션 연구 분야에 커다란 활력을 주었던 위대한 생각은 지금에 와서는 동이 난 것 같다. 여기에 비길 만한 힘을 가진 아이디어는 나타나지 못하고 있다. 우리는 연구의 발달도상에 있는 고원에 머물고 있으며, 상당한 기간을 여기에 머물고 있다.[24]

---

22) W. Albig, "Two Decades of Opinion Study: 1935~1955", in P.O.Q. Spring 1957, p.15.

23) B. Berelson, "The States of Communication Research", in P.O.Q. Spring 1959, Vol. 23, p.4.

24) 같은 글, p.6.

연구의 시각이나 방법론에 대한 비판

세 번째로 비판받고 있는 점은 시각이나 방법론에 대한 것이다.

미국의 전통적인 커뮤니케이션 연구는 이른바 라스웰의 도식, '누가, 무엇을, 어느 통로를 통해서, 누구에 전달하고, 어떤 효과를 얻었는가'라는 분석틀에 의거하고 있었다. '누가'에 대한 분석은 송신자분석 (communicator analysis)이며, '무엇'에 대한 분석은 내용분석 (content analysis)이고, '어느 통로'에 대한 분석은 매체분석(media analysis)이며, '누구에게'에 대한 분석은 수신자분석(communicatee analysis 또는 audience analysis)이고, '어떤 효과'에 대한 것은 효과분석(effect analysis)이라는 것이다.[25] 이와 같은 분석도식은 어떤 점에서는 편리하고 유용한 것이지만, 커뮤니케이션의 총체적 과정을 단편화시킬 염려가 있으며, 특히 커뮤니케이션이 이루어지고 있는 상황에 대한 고려가 탈락되기 쉽다. 그뿐 아니라 라스웰의 도식이 시사하고 있는 문제점은 커뮤니케이션의 흐름이 항상 송신자로부터 수신자에게로만 흐르는 일방통행이라는 점이다. 그리하여 초기의 미국 커뮤니케이션 연구가 이른바 '피하주사식 모형'(hypodermic needle model)이라든가 '탄환이론'(bullet theory)이라고 불리고 있는 것이다.

또한 이 도식이 가지고 있는 기본적인 문제점은 커뮤니케이션 연구의 시각이, 또는 문제의식이 항상 송신자의 입장에 서 있다는 점이다. 어떤 내용을 어떻게 주었을 때 수신자들은 어떠한 반응을 일으키며, 어떤 효과를 얻을 수 있었는가, 하는 주제들이 연구의 주류를 이룬다. 그렇기 때문에 미국 커뮤니케이션 연구의 압도적인 부분은 효과분석이나

---

25) H.D. Lasswell, "The Structure and Function of Communication in Society", in W. Schramm(ed.), *Mass Communication*, p.117.

시청자 · 독자분석, 또는 내용분석으로 충당되어 있다. 송신자에 대한 연구는 상대적으로 극히 적은 분량에 지나지 않으며, 그것도 송신자 내부의 효율성 문제라든가 경영합리화 문제를 해결하기 위한 문제의식으로 이루어진 것이 대부분이다. 말하자면 연구의 시각은 어디까지나 송신자의 입장과 방향을 같이하고 있었다고 할 수 있다.

라스웰의 도식이 가지고 있던 이와 같은 몇 가지 문제점들은 그 뒤를 이은 미국의 연구자들에 의해서 부분적으로 수정되어갔다.[26] 특히 카츠와 라자스펠트, 베렐슨 등의 '소집단의 재발견'이나 '의견지도자의 존재', 특히 '대인적 커뮤니케이션의 중요성' 등에 대한 연구는 이른바 '커뮤니케이션의 2단계 흐름설'[27]을 성립시킨다. 말하자면 커뮤니케이션 과정이 폐쇄적인 독립된 체계가 아니라 커뮤니케이션 당사자들을 둘러싼 사회집단의 존재를 중요한 분석요인으로 삼아야 한다는 논리가 전개된 것이다.

그리고 이어서 클래퍼(Joseph T. Klapper)는 커뮤니케이션 과정에서 사회집단의 존재를 중요시해야 할 뿐 아니라, 커뮤니케이션 당사자들이 가지고 있는 성격(personality)이나 선행적 가치체계(pre-disposition) 또한 중요한 분석요인으로 고려되어야 한다고 주장한다.[28] 그리하여 이른바 '상황적'(situational) · '기능적'(functional)인 요인들을 고려한 '현상론적 연구'(phenomenistic approach)가 필요

---

26) P.F. Lazarsfeld, B. Berelson and H. Gaudet, "The People's Choice", *How the Voter makes up his mind in a Presidential Campaign*, 1948 : B. Berelson, P.F. Lazarsfeld and W. McPhee, "Voting", 1954 : E. Katz and P.F. Lazarsfeld, "Personal Influence", 1955 등.

27) E. Katz, "The Two Step Flow of Communication", in P.O.Q. Spring 1957.

28) J.T. Klapper, "The Effect of Mass Communication", 1960.

하다는 것이다. 말하자면 사회학적 변수뿐만 아니라 심리학적 요인까지도 분석 틀에 포함시켜야 한다는 점이 강조된다. 그러나 카츠나 클래퍼의 이와 같은 커뮤니케이션 흐름의 모형도 송신자로부터 수신자로 흐르는 일방통행이라는 발상에는 하등의 변화도 없는 것이다. 다만 라스웰의 모형과 다른 점은 커뮤니케이션 과정이 폐쇄적인 독립체계를 이루는 것이 아니라 흐름 과정에 사회학적인, 또는 심리학적인 변수가 개재한다는 점을 지적하고 있을 따름이다. 말하자면 라스웰의 분석 틀로부터의 기본적인 탈출이 있었다고는 볼 수 없는 것이다.

그리하여 미국의 커뮤니케이션 연구는 흔히 '전달과정 —수용과정'이라는 개념을 사용하게 되고, '전달자—전달내용—전달통로—수용자'라는 개개의 사슬로 해체되고, 그 하나하나의 내부가 더욱 세분화된 요소들로 분해된다. 이렇게 되면 총체적인 매스커뮤니케이션 과정이 문제가 되기보다는 오히려 개별적이고 국부적인 것이 연구의 대상이 되고 만다. 이와 같은 경향에 대해서 일본의 한 연구자는 다음과 같은 비판을 가하고 있다. "그러나 이와 같은 '송신자—수신자'라는 단위적 커뮤니케이션 세트의 도식(개념)은 사회적 커뮤니케이션 전체를 대상으로 하는 경우 당장 불충분한 것이 되고 만다. 왜냐하면 사회적 커뮤니케이션의 범위는 광대한 사회체계의 범위와 중첩되는 것이며, 현실 사회에서는 다양한 사회적 커뮤니케이션이 상호 결합되면서 전체로서 그물의 눈과 같이 발달해 있다는 것, 말하자면 무수한 '송신자—수신자'적 커뮤니케이션 세트가 서로 접속·연결되어 있을 뿐 아니라 혹은 '불균등하게' 중층화되면서 전체적인 사회체계의 내부에서 '신경계'로 작용하고 있기 때문이다. 따라서 역사사회에 있어서의 커뮤니케이션은 한쪽에서 사회적 정보 과정으로 존재한다고는 할 수 있어도, 동시에 이 사회적 정보처리 과정은 불균등한 망상연쇄회로에 의해서 상호 관련되면서 기능하고 있다고 첨가해야 할 것이다. 이와 같이 사회적 커뮤니케이션을 포괄적 = 체계적으로 이해하는 편이 더욱 현실적이고 과학적이라고 할 수 있을 것이다."[29] 또한 그는 계속 다음과 같이 주장한다. "그렇기 때문에 사회적 커뮤니케이션을 전면적으로 이해하려고 한다면, 커뮤니케이션을 메시지의 단순한 (송신내용의 변용 없이) 공간적 이동을 취급하는 '통신공학'적 일방통행형 과정론이나 혹은 캠페인 = 설득적 = 심리학적(송신자—수신자라는) 단위 커뮤니케이션 과정론에 의해서 생각하기보다는, 커뮤니케이션을 '인간—사회'계에 편재하는 정보처리활동 과정으로 파악하고, 그 사회적 = 코편적인 체계라는 차원에서 생각하는 것이 적절하다."[30] 그뿐 아니라 다른 한 연구자도 매스커뮤니케이션 현상은 역사적 문맥 속에서 전체 사회 과정과의 연관 아래 파악되어야 한다고 주장하고 있다. "사회 과정으로서의 매스커뮤니케이션 과정을 정치적·경제적·문화적 요인과의 결합적 관련 속에서 사적으로 연구해야만 한다"[31]고 강조하고 있는 것이다.

그런데 미국에서도 커뮤니케이션 과정의 일방통행적 모형이나 커뮤니케이션 상황에 대한 무시에 대해서 비판이 없었던 것은 아니다. 가령 J. 라일리(J.W. Riley)와 M. 라일리(M.W. Riley) 부부의 커뮤니케이션 모형은 커뮤니케이션 당사자들이, 그것이 송신자이건 수신자이건 간에 제각각 제1차 집단 또는 사회구조와 연관되어 있으며, 이들 당사자간에 흐르는 메시지도 일방통행이 아니라 상호 전달(inter communication)하고 있으며, 더욱이 이와 같은 현상은 일정한 사회체계 안에서 이루어지고 있다는 것을 보여주고 있다.[32] 이 라일리 부부의

---

29) 千葉雄次郎 編, 『マス·コミニュケーション要論』, 有斐閣雙書, p.58.
30) 같은 책, p.58.
31) 內川芳美, 『新聞研究』 105号, 1960.

모형은 상당히 포괄적인 사회체계 속의 커뮤니케이션 현상을 보여주고 있을 뿐만 아니라 커뮤니케이션 과정에서의 피드백 현상까지 제시해주고 있으나, 실제로는 정치 경제적, 문화적, 역사적 요소들이 분석대상에서 탈락되고 있거나, 아니면 적어도 그러한 것들은 고정불변의 것으로 암묵리에 전제해놓고 있다. 그렇기 때문에 역시 매스커뮤니케이션 현상을 파악하는 데 있어서 총체적이고 역동적인 시각은 나타나지 않는다. 그렇기 때문에 이 라일리 부부의 연구에 대해서도 다음과 같은 비판이 가해지고 있다.

매스커뮤니케이션을 포함한 사회적 커뮤니케이션의 그물의 눈이 다원적이라는 지적은 있지만 그것이 기본적으로는 생산관계에 기초를 둔 대립관계 속에 놓여 있다는 인식은 나오지 않는다. 또 매스커뮤니케이션 기구(송신자 조직체) 자체가 기본적으로는 이윤 추구를 위한 자유기업적 생산업체이며, 거기서 이데올로기 상품을 생산하며 유통시키고 있다는 인식은 성립하지 않는다.[33]

그리하여 결국 라일리 부부의 발상도 미국 커뮤니케이션 연구의 기본적인 체질을 탈피할 수 없다고 보는 것이다. "라일리 부부의 논문에서 전형적으로 나타나고 있는 바와 같이, 송신자집단 내부에 있어서의 제1차 집단의 문제로 왜소화시키고 말았다. 이와 같은 막다른 골목길에서 맴돌고 있는 한 이론적 생산성도 실천성도 아마 영구히 회복되지 못할 것이다"[34]라고 다른 한 연구자도 비판하고 있다.

---

32) J.W. Riley and M.W. Riley, "Mass Communication and the Social System", in R.K. Merton(ed.), *Sociology Today*, 1959.
33) 佐藤毅, 앞의 글, p.53.

미국 커뮤니케이션 연구의 방법론 중에서 집요하게 비판의 초점이 되고 있는 것은 역시 이른바 실증적 과학주의에 대한 것이다. 머튼은 그의 기능분석이론에서 '기능'(function)이라는 것을 다음과 같이 정의하고 있다.

> 사회적 기능이라는 것은 관찰가능한 긱관적 결과를 말하는 것이지 주관적 의향(의도, 동기, 목적)을 말하는 것은 아니다.[35]

여기서 머튼의 '관찰 가능하다'는 이야기는 이른바 실증적이고 엄밀히 통제된 방법론에 의해서 수식화될 수 있는 현상만을 가리키는 것이다. 이와 같은 엄격히 통제되고 조작된 방법론에 의해서 파악될 수 있는 대상은 극히 좁은 범위로 한정되고 만다. 가령 어떤 매체의 어느 특정 내용이 어떤 수신자들에게 얼마 동안 전달된 결과 어떠한 반응을 일으켰는가 하는 테두리가 알맞은 주제로 떠오른다. 예를 들어서 어떤 연속극이 3개월 동안 방영되었는데, 서울에 사는 중류 가정에서는 여기에 어느 정도 노출되고 그 자극에 대해서 어떤 반응을 일으켰는가 하는 것이 검출된다. 이 과정에서 이른바 사회학적인 변수들이 고려되고 분석되나, 그 외의 수많은 사회 문화적, 심리적 요인들은 통제되고 사상(死狀)된다. 따라서 역시 '관찰가능한 객관적 결과'는 비교적 한정된 커뮤니케이션 내용이 비교적 짧은 시간 동안에 한정된 테두리의 사람들에게 어떠한 반응을 가져왔는가 하는 것이 되고 만다.

그러나 매스커뮤니케이션 현상이라는 것은 역사적인 시간거리로 형

---

34) 稻葉三千男, 「マス・コミニュケイションの生産過程」, 山田宗睦 編, 『現代社会学講座』, Vol.4, pp.146~147.
35) R.K. Merton, 앞의 책, p.24.

성된 사회상황 속에서, 장기적이고 종합·전체 관련적으로 누적되면서 기능하는 것이다. 그뿐 아니라 이것은 두드러지게 사회 문화적인 현상이기 때문에, 즉 질적인 성격의 것이기 때문에 거기에 점수를 매기고 수치화한다는 것은 아무래도 한계에 부딪히고 만다는 것이다. 가령 매스커뮤니케이션의 기능분석에 대한 비판을 들어보면 다음과 같은 의견이 나온다. "여기서 말하는(미국의 실증적인) 매스커뮤니케이션의 기능은 단적으로는 '효과'로 대치되고, 자극으로서의 전달내용에 대한 수용자의 반응(의견이나 태도의 변용)에 의해서 정의되는 수가 많다. 그뿐 아니라 그런 경우의 효과를 판별하는 준거는 흔히 전달주체의 의도달성의 성취 여하에서 구한다. (중략) 의견 또는 태도의 변용으로서의 효과는 비교적 단기간 내에 있어서만 확인할 수 있는 특성을 갖기 때문에 분석대상의 시간적 폭도 그만큼 한정되어 있다. 설혹 장기간에 걸친다 하더라도 역사적인 시간 축으로서의 폭이라고는 말할 수 없는 것이다"[36]라고 비판하면서, 매스커뮤니케이션 연구의 시각이 송신자의 입장에서가 아니라 어디까지나 수신자, 즉 일반 국민의 시각이나 입장에서 이루어져야 한다고 주장한다. 기능분석이론의 대가이며 실증적인 커뮤니케이션 연구에 많은 업적을 남기고 있는 머튼도 지식사회학적인 방법론의 필요성을 내세운 바 있다. 그는 미국의 실증적인 커뮤니케이션 연구를 사회과학에 있어서의 '미국종'(American Species)이라 말하고, 지식사회학을 '유럽종'(European Species)이라 하면서 이 양자의 방법론적 성격을 비교하여 각각의 장점을 살려서 상호 보완할 것을 시사하고 있다.[37]

---

36)「社会学の歴史と方法」,『講座社会学』第9巻, 東京大学出版会, 1967, p.158.

37) R.K. Merton, Part III Introduction, "The Sociology of Knowledge and Mass Communications", 앞의 책, pp.439~455 참조.

사실, 지나치게 실증과학적 방법론과 경험적 이론에 치중함으로써 하나의 종합적이고 장기적인 현상 파악을 불가능하게 하고 단편적이고 국부적인 것으로 해소하는 수도 있는 것이다. 기능주의적 개념도식에 맞지 않는다든가 정확한 측정이 불가능하다든가 하는 이유로 중요하고 직감적인 현상도 도외시하며, 방법 및 분석적 이론에 몰두함으로써 정치적 불모성이나 보수주의로 전락하는 경향도 없지 않다. 실증과학적 방법론의 적용은 자연적·역사적·문화적 요인이 탈락되기 쉬운데, 이와 같은 기본적 상황을 사상한 평면적인 분석연구는 실제에 있어서 더욱 관념적이고 추상적인 개념에 불과할 수도 있는 것이다.

수신자의 성격 파악에 대한 비판

네 번째로 지적할 수 있는 미국 커뮤니케이션 연구에 대한 일본에서의 비판점은 수신자(communicatee)에 대한 견해다.

미국 커뮤니케이션 연구에서는 수신자를 이른바 'receiver'로 파악하고 있었다. 'receiver'로 파악한다는 것은 수신자들이 일방통행적인 매스커뮤니케이션 과정에서 항상 수동적이고 가소적(可塑的)인 존재로 존재한다는 뜻이다. 인간은 매스커뮤니케이션 과정에서 역할이 고정된 '수신기'와 같이 기계적이며 비주체적인 것이 되고 만다. 그리하여 수신자들은 강력한 매스커뮤니케이션의 영향을 직접 받아서 미디어의 지시대로 움직이는 존재가 되고 만다. 그러나 미국의 커뮤니케이션 연구가 진척되면서, 특히 대인 커뮤니케이션의 중요성이나 선행적 가치체계(predisposition)가 고려되어야만 한다는 점들이 지적되면서 수신자들은 다소 인간성을 회복한다. 'receiver'는 '수신자'(audience)로 파악되고, 이들은 주어진 사회적 상황 속에서 생활인으로 활동하면서 매스미디어를 그들의 필요에 따라서 '이용하고 만족한다.' 미국 커뮤니케이션 연구에서의 이른바 '이용과 만족 연구'(uses and gratification studies)[38]가 이러한 경향을 단적으로 말해주고 있다. 말하자면 초기의 연구가 '매스미디어는 무엇을 할 수 있는가'였다면, 이것은 '사람들은 매스미디어를 어떻게 이용하고 있는가'라는 것이 된다.

그러나 이 '이용과 만족 연구'도 사실은 미국의 커뮤니케이션 연구의 시각을 기본적으로 바꾸어놓았다고는 할 수 없다. 왜냐하면 이와 같은 연구도 결국은 수신자연구(audience analysis)의 일환에 지나지 않은 것이며, "시청자나 독자들은 무슨 내용에 어떻게 접촉하고 얼마만큼 이용하고 있는가"라는 것이 되고 만다. 결국 송신자의 시각에서 수신자들은 매스미디어를 어떻게 이용하고 있는가를 관찰하는 것 외의 아무것도 아니다.

여기에 비해서 수신자에 대한 일본의 시각은 다분히 뉘앙스를 달리하고 있다. 단적으로 그들은 수신자를 단순한 커뮤니케이션 과정에 있어서의 하나의 구성요소로 보는 것이 아니라 역사 과정에서의 주체자로, 환경을 개혁해가는 창조자로 파악한다. 가령 "'수신자'라는 카테고리는 이미 매스커뮤니케이션 과정의 하나의 구성요소라는 범주에 머무르지 않고, 더욱 큰 역사적 사회의 제 과정에 위치한 인간의 범주에 접속하고 확대되어갈 수밖에 없는……"[39] 것으로 해석되는 것이다. 그리하여 또한 "일본적 '수신자' 개념을 구축한 연구자들의 발상의 기반에는 '수

---

38) P.F. Lazarsfeld, *Radio and the Printed Page: An Introduction to the Study of Radio and It's Role in the Communication*, of Ideas 1940, esp. Chap. II, "Why do People like a Program?"; H.J. Kaufman, "The Appeal of Specific Daytime Serials"(1944), in P.F. Lazarsfeld and F.N. Stanton(eds.), *Radio Research*, 1942~1943.

39) 早川善次郎, 小川摩, 앞의 글, p.31.

신자'로서 일괄되는 역사적 · 사회적 존재로서의 인간상, 말하자면 역사적 커뮤니케이션의 주체자로서의 인간 파악으로 나아간 사상적 특질이 있다. 이 인간성이라는 것은 대중사회론에 의해서 회색으로 칠해진 수동적 매스맨(mass man, 대중사회의 인간)이 아니고, 역사적 사회의 제 과정 안에서 소외되면서도 그러한 자기부정을 모색하고, 반역과 자기를 구하려고 하는 '시민형 인간상' 또는 '생활자'였다고 할 수 있다'[40] 고 하면서 인간의 역사 과정에서의 주체성과 창조성을 적극적으로 부각시킨다. 일찍이 1955년에, 말하자면 카츠와 라자스펠트가 '개인적 영향'(Personal Influence)을 내어놓던 그해에, 일본의 히다카 로쿠로(日高六郎)는 매스커뮤니케이션의 힘이 만능이 아니며 역사 과정에서는 인간의 인식활동, 특히 대인적 커뮤니케이션이 기본적이라는 문제의식을 제기하고 있다.

이와 같은 결과는 매스커뮤니케이션의 힘이 결코 만능이 아니라는 것을 암시하고 있다. 무엇이 매스커뮤니케이션의 힘에 저항하고 있는 것일까. (중략) 첫째로는 현실세계의 동향, 현실의 일상생활에 대한 긴박한 반성에서 나오는 사실과 매스커뮤니케이션이 퍼뜨리는 선전과의 사이에 개재하는 거리에 대한 인식이며, 둘째로는 거의 같은 반성과 인식을 가능케 하고 강화시키며 격려하는 반대선전의 존재, 특히 퍼스널 커뮤니케이션의 존재이다.[41]

여기서 우리는 미국과 일본에서 거의 동시에 대인적 커뮤니케이션의

---

40) 早川善次郎, 小川肇, 앞의 글, p.32.
41) 日高六郎, 「マス・コミュニケイション概論」, 『講座マス・コミュニケイション』 卷1, 河出書房, pp.65~66.

중요성을 재발견하고 있지만, 사실은 전혀 다른 시각이나 문제의식에 입각해 있음을 알게 된다. 미국의 그것은 가령 상품구매 행위에 있어서 매스커뮤니케이션의 직접적인 영향력보다는 제1차 집단 내의 의견지도자의 영향이, 말하자면 대인적 커뮤니케이션이 강력하게 작용한다든가 하는 것이다. 여기서는 수신자들은 어디까지나 직접적으로 영향을 받건 간접적으로 영향을 받건 간에 어디까지나 영향을 받는 수동적인 존재임에는 틀림이 없다. 그러나 히다카 로쿠로의 문제의식은 매스커뮤니케이션의 영향력에 저항하는 존재로서의 인간상, 그것도 대인적 커뮤니케이션을 통해서 상황을 공동으로, 집단적으로 인식하고 거기에 대응해나가고 있는 인간상을 부각시키고 있다. 여기에 나타난 인간상은 주어진 상황을 자기에게 알맞은 것으로 개조하고 역사 과정을 주체적으로 창조해나간다는 이미지가 뚜렷하다. 이와 같은 히다카 로쿠로의 시각에 대하여 한 연구자는 다음과 같이 설명하고 있다.

매스커뮤니케이션에 대한 대인적 커뮤니케이션의 설정을 중심으로 한 이와 같은 파악은, (중략) 수신자에 대한 수동성의 부정과 송신자의 중요성을 부정하고, 매스커뮤니케이션 폭력론 내지는 물신숭배론에 대한 부정으로 한 발을 내딛은 것이었다. (중략) 무엇보다도 현실 속에서의 국민적 저항의 대두를 반영한 것이었다.[42]

그리하여 결국 미국의 수신자 상이 주어진 상황에 적응적이며 수동적인 존재라고 보는 데 반해, 일본의 수신자는 단순히 매스커뮤니케이션

---

42) 佐藤毅, 「マス・コミュニケイションの理論」, 『講座現代マス・コミュニケイション』
　　Vol. 1, p.103.

과정의 일개 구성요소로, 수동적으로 존재해 있는 것이 아니라 모든 사회 과정이나 역사 과정 속에서 주체적인 존재로, 주어진 상황을 더욱 자기에게 알맞은 것으로 개조해가는 창조자로 파악하고 있는 것이다.

이상 몇 가지 점에서 미국 커뮤니케이션 연구와 일본의 그것과의 견해 차이를 살펴보았으나 이것들은 비교적 기본적인 견해 차이라고 볼 수 있다. 이 외에도 부분적인 차이점이 많겠으나 여기서는 생략하기로 한다. 그리고 이들 두드러진 몇 가지 점들은, 사실은 따로따로 분리된 것들이라기보다는 상호 연관되어 하나로 이루어지는 것으로 보아야 할 것이다.

일본 커뮤니케이션 연구의 몇 가지 특성

이상에서 살펴본 바와 같이 미국 커뮤니케이션 연구의 성격과 일본의 그것과를 대응시켜보면 몇 가지 두드러진 견해 차이들이 나타난다. 특히 일본의 커뮤니케이션 연구는 미국의 그것을 지름대로 하여 성립되었음에도 불구하고 미국의 연구 성과를 직수입하지 않고 그들의 역사적·사회적 풍토에 맞추어 비판적으로 수용하고 있다. 그리하여 그들은 오늘날에 와서는 미국의 커뮤니케이션 연구와는 상당히 다른 문제 의식과 논리를 구축해놓고 있다. 일본의 연구자들이 지난 약 20년 동안에 쌓아놓은 연구 성과들을 여기서 몇 마디로 소개할 수는 없다. 다만 여기서는 그들의 연구가 갖는 몇 가지 특성을 지적하고 넘어가기로 한다.

① 커뮤니케이션 연구의 시각은 송신자의 입장에서가 아니라 수신자, 즉 일반 시민의 관심에서 출발하고 있다.

② 따라서 연구의 방향은 수신 과정보다는 송신 과정 쪽에 비중을 더 두고 있다. 구체적으로는 '효과분석'이나 '수신자분석'보다는 '송신자 내부구조 분석'이나 '내용의 생산과정 분석' 등에 치중한다.

③ 그렇기 때문에 매스미디어의 존재양식이 사회 경제적 구조나 정치적 체제와의 연관 속에서 해석된다.

④ 그리고 수신자를 수동적인 '대중'(mass)으로 보는 것이 아니라 역사 과정이나 사회 과정에서 주체성을 가지고 창조활동을 전개하는 능동적인 존재로 파악한다.

⑤ 방법론에 있어서도 실증과학적으로 양화해서 현상을 파악하기보다는 문헌 연구와 논리 전개적인 경향이 주류를 이룬다. 따라서 응용적이고 실용적인 정책과학적 연구에 대해서는 금욕적이다.

⑥ 그리하여 다분히 일본의 커뮤니케이션 연구는 문명비판적인 성격인 동시에 일부는 현상비판적인 성격으로 나타난다. 이런 점과 연결하여 일본의 한 연구자는 단적으로 다음과 같이 말하고 있다. "미국사회에서의 커뮤니케이션 연구의 의의나 연구자의 사회적 지위와 역할에 비교하면 일본의 그것은 극히 대조적인 성격을 가지고 있다. 말하자면 미국의 경우 대개 연구자들이 (중략) 현상의 테두리 안에서 인식활동을 전개하고 있는 데 비해 일본의 연구자들은 오히려 '현실비판적' 입장에 서는 것을 사회과학자로서의 보람으로 생각하고 있다."[43]

⑦ 따라서 미국의 커뮤니케이션 연구를 '미시적 연구'라고 한다면 일본의 그것은 상대적으로 '거시적 연구'라고 할 수 있을 것이다.

---

43) 日高六郎, 佐藤毅, 稻葉三千男 編, 『マス・コミュニケイション入門』, 有斐閣雙書, p.220.

한국의 커뮤니케이션 연구는 미국, 독일, 일본 등 외국에서 이루어진 연구 성과들을 수용하고 있는 단계로 안다. 동시에 한국적인 커뮤니케이션 이론을 모색하고 전개하려고 노력하고 있을 것이다. 이와 같은 시기에 우리는 외국에서의 연구 성과들을 비판적으로 폭넓게 수용하고 우리의 상황에 적합한 이론으로 다듬어나가야 할 것으로 생각한다.

1970년대 후반으로 접어들면서 우리 사회에서도 청소년 비행이 큰 사회문제로 대두되기 시작했다. 청소년 비행과 범죄는 날로 조직화·집단화·과격화·지능화되어갔다. 특히 산업화가 진행되고 빈부의 격차가 늘어나면서 욕구 수준은 높아지는 데 비해 충족 수준은 그것을 뒤따르지 못했다. 젊은이들의 욕구불만은 늘어나는데, 한편에서는 방송 드라마나 영화 등에서 화려한 세계가 펼쳐지고, 향락과 소비, 부와 권력 등이 판을 친다. 젊은이들은 아무런 죄의식 없이 놀이를 하듯 비행을 일삼고 범죄를 저지른다.

오늘날에도 이런 문제들은 여전하고 일상화되어 있다. 여기서 문제가 되는 것은 대중문화와 청소년 비행이 어떠한 상관관계를 갖고 있는 것인가, 즉 방송이나 영화 등 대중문화는 감수성이 예민한 청소년들에게 과연 어떠한 영향을 주고 있는가 하는 것이 절실한 연구주제가 되는 것이다. 이 논문은 그러한 문제를 이론적인 차원에서 정리한 것이다.

● 『서울대학교 신문연구소 학보』 Vol. 15, 1978.

제5장 청소년 비행과 커뮤니케이션 연구 서설

—퍼스널 커뮤니케이션과 매스커뮤니케이션의 두 차원을 중심으로

매스커뮤니케이션 시대의 청소년

청소년들의 비행이 지난 수년 동안 충격적으로 사회적 물의를 일으켜왔다. 그것은 양적으로 증가[1]하고 있을 뿐간 아니라 그 수법에서 조폭화·집단화·조직화·지능화되고 있으며 또한 연소화되고 있기도 하다.[2] 그런 한편 유희화되어가는 일면마저 노정하고 있는데, 유희화라는 것은 별다른 죄의식을 느끼지 않고 일종의 게임을 하는 것과 같은 가벼운 기분으로 비행을 저지르고 있는 현상을 가리킨다. 이와 같은 청소년 비행의 원인은 어디에 있는 것인가. 청소년들의 일탈행위나 비행은 인류의 역사와 더불어 존재해왔으나, 현대사회로 접어들면서 그것

---

1) 1971년에서 1976년까지 6년 동안의 소년 비행 증가율은 연평균 8.6퍼센트로 나타나 있다. 『비행소년통계』 제6집 및 제7집은 물론 범죄통계는 항상 표면화된 수, 말하자면 검거된 숫자만을 나타내는 것이고 사회적으로 실재했던 수를 표시하지 않는다. 따라서 현재화된 통계는 '빙산의 일각'일 수도 있다.
2) 최치록(서울소년원장), 「빗나가는 청소년」, 한국행동과학연구소, 『국가발전과 청소년』, 249~251쪽.

이 더욱 두드러지게 된 원인은 무엇인가. 이러한 점들은 많은 학문분야, 특히 심리학, 사회학, 정신분석학, 문화인류학 등의 영역에서 연구되어왔다. 특히 사회학적인 시각에서는 청소년들의 비행을 특정 사회구조나 문화의 산물로 보는 입장을 취해왔다.[3] 이러한 입장은 행위자의 생물학적 차이나 퍼스낼리티(personality)의 다름을 인정하지 않는 것이 아니라 그와 같은 행위자의 개인적 차이는 연구의 대상 밖으로 하고 있는 것이다. 따라서 청소년 비행에 대한 사회학적인 문제의식은 "왜 일탈행동의 빈도가 사회구조의 상이에 따라서 달리 나타나는가, 왜 일탈의 양상이 사회구조의 상이에 따라서 그 종류나 형식을 달리하는가"[4]라는 것으로 제기되는 것이다. 그렇기 때문에 다른 시대 다른 사회가 아닌 오늘날의 한국사회에서 물의를 일으키고 있는 청소년 비행이란 무엇이며 그 원인은 어디에서 찾을 수 있는 것인가, 하는 시각에서 문제는 제기된다.

오늘날의 한국사회의 특성은 여러 측면에서 살필 수 있겠으나 특히 청소년 문제와 직결되는 것으로 산업화 현상과 매스커뮤니케이션 현상을 들 수 있겠다.

한국의 산업화 과정은 정부주도형의 계획경제로서 지난 수년 동안에 걸쳐서 강력하게 추진되어왔다. 여기에 따라서 생산구조에도 급격한 변화가 일어나고 있는데, 1961년의 경우 국민총생산 가운데 농수산 부

---

3) Émile Durkheim의 *Suicide*라든가 Robert King Merton의 *Social Structure and Anomie*, Albert K. Cohen의 *Deviance and Control* 등의 저작들이 이러한 사회학적 입장을 대표한다.
   청소년 비행이 하나의 하위문화에 불과하다는 문화전달론은 시카고 학파의 William I. Thomas, Florian Znaniecki, Robert E. Park, 그리고 Ernest W. Burgess 등이 주창하고 있다.
4) R.K. Merton, *The Social Theory and Social Structure*, p.131.

문이 차지하던 비중은 40.2퍼센트, 광공업 부문은 15.2퍼센트이던 것이 지난 1975년에는 국민총생산에서 차지하는 농수산 부문과 광공업 부문의 비율이 역전된 바 있다. 전자가 25.4퍼센트였는 데 비해서 후자는 29.7퍼센트였던 것이다.[5] 이와 같은 추세는 중화학공업의 중점적 개발에 따라서 가속적으로 진행될 것이 예견되고 있다. 가령 제4차 5개년계획이 끝나는 1981년에 가서는 국민총생산에서 차지하는 농수산 부문의 비율이 18.5퍼센트인 데 비해서 광공업 부문의 비중은 40.9퍼센트로 추정되고 있는 것이다.[6] 아무튼 생산구조의 변화는 취업인구의 이동을 수반할 뿐만 아니라 지역 간 인구 이동 또한 가져오고 있다. 이와 같은 현상은 주로 농촌인구의 도시 유입 현상으로 나타나고 있으며, 특히 젊은 청소년들의 도시나 공장으로의 유입이 현저하다.

그뿐 아니라 한국의 산업화 과정은 서구의 산업화와 같이 긴 역사 속에서 완만한 템포로 진행된 것이 아니라 계획적이며 인위적인 것으로 강행되고 있기 때문에 많은 불합리와 부작용이 뒤따르고 있다. 특히 급격한 산업화 과정에 따르는 사회규범이나 가치관의 혼란은 걷잡을 수 없는 것으로 나타나고 있다.[7] 이러한 현상은 감수성이 예민한 청소년

---

5) 한국개발연구원(KDI) 및 한국산업개발연구소(KID) 자료.
6) 같은 자료.
7) 가치관의 혼란은 비단 젊은 청소년뿐 아니라 나이 든 지성인들까지도 흔들어놓고 있다. 이러한 단면의 한 생생한 모습을 최근의 신문기사는 다음과 같이 보도하도 있다. "그 자신도 대학강사인 안효숙 씨(37, 반포아파트)는 지난 몇 달 동안 시름시름 우울증에 빠져들게 되었다. '1,000만 원이란 돈은 큰돈인가 아니면 하찮은 돈인가, 복부인이 안 된 나는 올바른 여자인가 아니면 무능한 여자인가……. 1,000만 원이란 돈을 대학교수인 남편의 월급으로 저축하려면 10년은 더 걸리겠지요. 그러나 한쪽에선 이 돈을 하루아침에 벌고들 있어요. 그러니 1,000만 원 정도는 '우스운 돈'이 아니겠어요?" 장명수 기자, 한국일보 1978년 7월 7일자.

층에서 더욱 심하며, 그들은 그들 자신을 의탁할 지주, 가치관을 찾지 못하고 있는 것이다. 오로지 산업화 과정 속에서 제시되고 있는 사회적 목표—물질적 부나 사회적 지위, 권력, 그리고 안일한 생활—만을 추구하는 경향이 강하게 나타나고 있다. 이러한 사회적 목표를 추구하는 데 있어서도 자기 자신의 능력, 노력으로 정당한 절차를 밟아서 도달하자는 것이 아니라 편법이나 샛길을 통해서라도 좋고, 심지어 부정한 방법에 의해서라도 목표에만 도달하면 된다는 사고마저 횡행하고 있다.

청소년들의 이와 같은 경향은 산업화에 따르는 경제적 성장과 소득의 격차, 분배의 불합리 등으로 더욱 조장되고, 대량생산과 대량소비의 물결은 청소년들에게 소비와 오락 풍조에 휩쓸리도록 하고 있다. 여가산업의 발달이 이와 같은 풍조를 더욱 부채질하고 있다는 사실은 수긍이 가고도 남는다.

급격한 산업화 과정에 따르는 사회규범이나 가치관의 혼란, 주어진 사회적 목표와 거기에 도달하는 기회의 불균등, 소득의 격차와 분배의 불합리, 인구의 도시집중화가 빚어내는 슬럼화 현상, 수입이 도저히 뒷받침할 수 없는 소비욕구의 증대, 이러한 모든 것들에서 빚어지는 좌절의 만연은 청소년 비행의 기본적 요인들이 되고 있다.

또한 현대 한국사회의 중요한 특성의 하나로 매스커뮤니케이션의 폭발적 확산 현상을 들지 않을 수 없다.

지난 수년 동안에 매스미디어들은 놀라운 정도의 증가 추세를 보였다. 특히 방송매체들은 광고매체로 중용되면서 산업화 과정과 병행해서 성장해왔다. 오늘날 라디오 수신기는 약 1,200만 대로 한 가구에 두 대꼴이며, 텔레비전 세트는 500만 대에 육박하고 있어서 두 가구에 한 대꼴로 보급되어 있다.[8] 전파매체의 급격한 보급은 한국의 가정전기산업의 발달과 농촌의 전화(電化)에 따라서 앞으로도 계속적으로 진행될 것이다. 특히 농촌사회에 보급된 텔레비전은 그 지역사회에 충격적 파문을 던지고 있다. 주로 도시중심적이며 중산층 이상에 초점을 맞춘 소비적인 텔레비전 내용이 농어촌 지역에 ㅁ치는 영향은 심각한 것으로 추정되고 있다. 그러한 것 중의 하나가 농어촌청소년들의 이농 현상이나 가출 현상이라고 지적되고 있는 것도 사실이다. 물론 이농 현상이나 가출 현상의 중요한 요인이 매스커뮤니케이션이라는 일반화된 연구결과는 없다. 다만 그러한 현상을 자아내는 주된 요인 중의 하나일 수는 있다고 보고 있는 것이다.

영화나 주간지의 보급 또한 중요한 사회 문화적 특징이 아닐 수 없다. 특히 주간지나 성인용 만화가 청소년들에 노출되고 있으며, 지난 수년 간 만화산업에서도 폭력·범죄물이나 이른바 청소년물들이 다량 제작되었다.

이와 같이 급속도로 보급된 매스미디어들이 감수성이 예민한 청소년들에게 어떠한 영향을 미칠 것인가, 특히 청소년들의 일탈행위(deviant behavior)나 비행(delinquency), 범죄(crime)에 미칠 영향은 어떠한 것인가, 하는 연구는 미국, 서독, 일본 등에서 수없이 이루어져왔다. 특히 매스미디어들의 폭력물이나 범죄물이 이른바 '범죄학교'(a school for delinquency)의 구실을 하고 있지는 않은가 하는 연구가 중점적으로 이루어지기도 했다. 다만 이들 연구들은 그 나라 그 사회의 경제적·문화적 여건이 상이하며 매스미디어의 내용 또한 다르기 때문에 청소년들에게 미치는 영향 또한 다른 것으로 나타나고 있다. 물론 그렇다고 해서 기본적이고 공통적인 일반성이 완전히 결여되어 있는 것은 아니다. 아무튼 이러한 문제, 즉 급격히 보급된 매스미디어들이 청소년

---

8) 문화공보부 추계.

들에게 미칠 영향은 어떠한 것인가, 하는 것이 이 논문의 중요한 관심
영역이다.

또한 매스커뮤니케이션 현상뿐만 아니라 퍼스널 커뮤니케이션, 즉 부
모와의 커뮤니케이션이나 형제자매와의 커뮤니케이션, 그리고 친구들과
의 커뮤니케이션은 청소년 문제와 어떠한 상관관계에 놓여 있는가, 하는
점도 중요한 관심의 대상이다. 매스커뮤니케이션 문제에 앞서서 이들
퍼스널 커뮤니케이션이 청소년 문제와 밀접하게 연관되어 있다는 것은
하나의 구체적 사실이며, 이 문제 또한 이 논문의 초점이기도 하다.

말하자면 이 논문의 주된 초점은 급격한 산업화 과정 속에 놓여 있는
한국 청소년들의 일탈행위나 비행의 문제가 커뮤니케이션 현상—퍼스
널 커뮤니케이션과 매스커뮤니케이션의 두 차원—과 어떠한 관계에 있
는가 하는 점에 맞추어진다. 이와 같은 문제영역을 주로 사회학적 시각
과 커뮤니케이션 연구의 결과를 바탕으로 접근하고자 한다.

청소년 비행

1) 청소년 비행에 대한 이론들

비단 청소년의 비행에 대한 설명뿐만 아니라 인간의 행위를 설명하려
는 이론들은 크게 두 가지 측면에 대한 고려를 하고 있다. 그 하나는 행
위자(actor)의 특성이라는 측면이며, 다른 하나는 행위자가 처해 있는
상황(situations)이라는 측면이다. 행위자의 특성이란 그의 생물학적,
유전적 특질이라든가 퍼스낼리티 구조, 말하자면 가치관이나 의견, 목
표, 욕구, 관심, 흥미, 충동 등을 가리키는 것이며, 행위자의 상황이란
그의 가정환경, 부모형제들이나 친구와의 인간관계, 그리고 그가 놓여
있는 사회 경제적, 문화적 환경 등을 가리킨다. 인간의 행동을 설명하

는 데 있어서 이 두 가지 측면의 어느 쪽에 중점을 두고 설명하는가 하는 것은 각기 그 학문의 성격에 따라서 다르다. 가령 생물인류학적 이론이라든가 범죄인류학(criminal anthropology)은 인간의 생물학적인 또는 해부학적인 특성으로 인간의 행위를 설명한다. 말하자면 인간의 범죄는 선천적으로 생물학적인 기관에 부착되어 있다고 보는 것이다.[9]

생물인류학적 이론과 같이 행위자의 측면에 중점을 두는 이론으로 정신역학적 통제이론(Psychodynamic Control Theories), 그중에서도 정신분석적 본능이론(Psychoanalytical Instinct Theories)이 있다. 이 이론은 인간은 태어나면서부터 공격적, 피괴적이거나 또는 반사회적 충동이나 본능을 가지고 있다고 가정한다. 그렇기 때문에 누구나가 공격적이거나 반사회적 본능을 가지고 있는 것은 동일하지만 다만 그러한 본능을 억제하는 내면화된 통제력의 강도에 따라서 비행이나 범죄를 저지르기도 하고 안 하기도 한다는 것이다. 그렇기 때문에 이 이론의 과제는 먼저 통제구조의 결함을 확인하그 그 통제구조의 결함을 개인의 경력 면에서 설명하는 것이다. 그리하여 생물학적인 특성보다는 개인의 경험 내지는 경력의 차원에서 인간행위를 설명하려고 한다.[10]

---

9) 롬브로소(Cesare Lombroso) 학파의 여러 이론이라든가 Charles Gering의 *The English Convict*, 그리고 Ernest A. Hooton의 *The American Criminal* Vol.1 및 *Crime and the Man*, William E. Sheldon 등의 *Varieties of Delinquent Youth* 등이 생물인류학적인 이론의 대표적 업적들이라 볼 수 있다.

10) Richard L. Jenkins, "Psychiatric Interpretations and Considerations of Treatment", in Hewitt and Jenkins(eds.), *Fundamental Patterns of Maladjustment*; Adelaide M. Johnson and S.A. Szurek, *The Genesis of Anti-social Acting Out in Children and Adults*; William McCord and Joan McCord, *Psychopathy and Delinquency*; John Bowlby, *Forty-four Juvenile Thieves*; John Dollard 등의 *Frustration and Aggression* 등의 업

그리고 또한 심리학적인 이론도 인간의 행위를 설명하는 데 있어서 행위자의 특성으로 설명가능하다고 보고 있다. 이들 이론의 출발점은 '어떠한 사람이 이러한 행위를 하는가?'라는 것이다. 그렇기 때문에 행위의 차이는 퍼스낼리티 구조의 차이에 뿌리박고 있다고 본다. 즉 사람의 종류(kinds of people)를 가려내는 작업이다. 물론 어떤 개인을 둘러싼 상황이 일정한 작용을 하겠지만 그 상황은 어디까지나 이미 그 인간 속에 내재해 있는 행위의 잠재 요인을 현재화시키는 촉진제(precipitating circumstance) 구실을 하거나 방아쇠 역할(triggering role)을 할 따름이라는 것이다. 말하자면 어떤 인간이 특정한 행동을 하기 위해서는 마치 권총 속에 탄환이 장전되어 있는 것과 마찬가지로 이미 그 인간의 퍼스낼리티 구조 속에 행동을 위한 결정요인이 내재해 있는 것이고, 상황의 작용은 방아쇠를 잡아당기는 것과 같은 촉발요인에 불과하다는 것이다. 그렇기 때문에 인간행위의 궁극적 차이는 결국 개인의 퍼스낼리티 구조의 차이에 있다고 보는 것이다.

생물인류학이나 정신역학적 통제이론, 심리학 등이 행위자의 측면에 중점을 두는 데 반해서 사회심리학이나 사회학적 이론은 상황의 측면에 중점을 둔다. 가령 사회심리학적 이론의 극단적 주장은 다음과 같은 논리다. 일탈행위나 비행을 저지르는 인간은 결코 특수한 인간이 아니며, 오히려 누구든지 같은 조건의 환경이 주어지면 동일한 행동을 할 것으로 본다. 그렇기 때문에 일탈이나 비행을 비정상적인 상황에 정상적인 방법으로 반응하는, 본질적으로는 정상적인(normal), 그리고 보통의(average) 인간에 의해서 저질러진다고 생각한다. 말하자면 우발적인(accidental), 부수적인(incidental), 정상적인 범죄인을 상정하는

적이 정신역학적 통제이론을 잘 보여준다.

것이다.

이와 같이 상황을 중요시하는 사회심리학적인 이론과 행위자를 중요시하는 심리학적인 이론은 다분히 상대적인 것이어서 두 이론을 통합한 통합이론(conjunctive theories)이 있다. 이 이론은 행위자와 상황 두 변수 간의 통합을 강조한다. 이들 두 개의 변수는 모두 어떤 차원에 따라서 변화한다. 이 두 변수의 조합(combination)이나 혼합(mixes)이 일탈행위나 비행을 낳는다고 본다. 그 연구모델은 다음 도식과 같이 표시될 수 있다.[11]

행위자와 상황과 일탈행위의 빈도

사람의 종류	상황의 종류	
	S_1	S_2
P_1		
P_2		

여기서는 열(rows)이나 행(columns)이 모두 독립변수를 나타내고 있으며 각 난은 그 컴비네이션을 보여준다. 가령 열의 변수는 '성격의 강도'(strength of character)이며, 행의 변수는 '기회'(opportunity)이다. 그리하여 만약 열과 행의 변수에 수량이 주어지면 그 법칙은 난 안의 빈도가 두 수량의 합계의 함수라는 것을 예측한다.

또한 통합이론과 같이 일탈행위나 비행은 행위자와 상황 간의 상호작용의 결과라고 생각하면서도 그러나 그것은 행위자와 상황이라는 두 변수의 단순한 화학작용 같은 것이 아니라 일련의 단계를 거쳐서 계속

---

11) Albert K. Cohen, *Deviance and Control*, pp. 43~44.

적으로 전개되는 과정이라고 보는 이론이 있다. 그것이 '상호작용과정론'(interaction process theories)이다. 이 이론은 두 변수 간의 상호작용 과정을 강조한다. 어떤 인간이 상황을 고려하면서 어떤 이익이나 목표를 추구해나가는 과정에서 아마 무의식적으로 일탈이나 비행 쪽으로 흘러간다. 그러면서 그의 다음 동작은―그의 행위는 계속적으로 변하지만―처음 상태에서는 충분히 결정되지 않는다. 그는 둘 이상의 방향에 대해서 선택 가능한 것이다. 그 두 가지 선택 중에서 어느 쪽이 나타날 것인가 하는 것은 그때의 행위자와 상황 간의 상호 작용에 달려 있다. 그렇기 때문에 이 이론은 인간의 행위란 과거의 사실만 가지고 충분히 결정되는 것이 아니고 당면한 상황의 변화에 따라서 행위의 방향은 항상 변할 수 있다는 것을 시사하고 있다. 그 이론모델은 하나의 나무 모양으로 표현될 수 있다.[12]

상호 작용 과정과 일탈행위의 표출

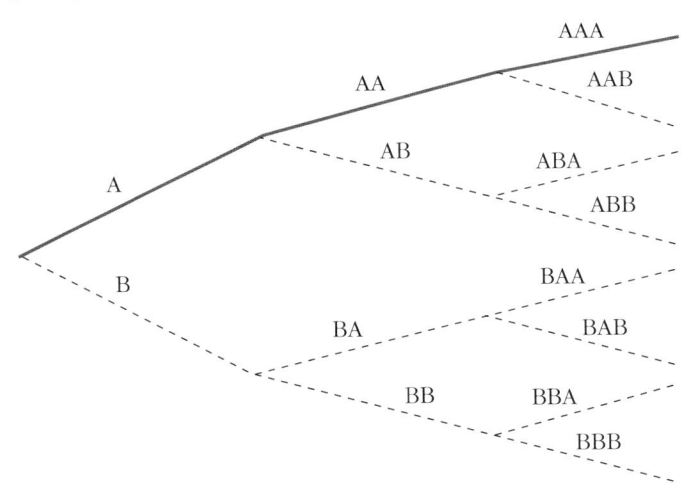

---

12) 같은 책, pp.43~44.

이 그림의 하나하나의 가지(line segment)는 행위 과정 속의 동기를 표시하고 있다. 실선으로 표시된 A, AA, AAA가 일탈행위 속에서 정점 (culminates)을 이루는 행위 과정이다. 점선은 행위가 선택할 수 있었던 다른 방향의 경로다. 이와 같이 일탈이나 비행은 행위자와 상황이라는 두 변수가 계속적으로 변화하는 상호 고정 속에서 선택적으로 이루어져간다고 보고 있다.

2) 청소년 비행에 대한 사회학적 이론

2-1) 사회학적 이론의 차원

위에서 청소년 비행에 대한 주된 이론을 개관하였으나, 이 논문의 시각이 사회학적인 입장에 서 있기 때문에 청소년 비행에 대한 사회학적인 이론을 다소 자세하게 살펴보기로 한다.

사회학적인 이론은 상황에 중점을 둔다. 인간행위의 차이는 퍼스낼리티 구조의 차이에서 유래되기도 하겠지만 사회체계나 구조의 차이에서도 유래된다. 가족, 친구, 이웃, 지역사회, 소속집단, 국가 등의 차이에 따라서 인간행위의 차이가 있다고 보는 것이다. 그렇기 때문에 인간이 소속해 있는 사회의 사회 경제적, 문화적 문맥 속에서 인간의 행위를 설명하려는 것이다. 심리학적인 이론의 출발점이 '어떤 종류의 인간이 구체적 상황 속에서 어떤 방향의 행위를 선택하는가?'라는 것이라면, 사회학적 이론의 출발점은 '한 사회가 갖는 어떤 사회 경제적, 문화적 특성이 그 사회 속의 인간들로 하여금 그러한 행위를 하도록 강요하고 있는가?'라는 물음으로부터 시작된다. 분명히 어떤 종류의 사회인가에 따라서 그 사회 속에 살고 있는 인간들의 행동이나 가치관이 다를 뿐만 아니라 일탈이나 비행, 자살과 같은 특정한 행위도 전체적인 차원에서 빈도가 다르다는 사실을 우리는 알고 있다.

일찍이 에밀 뒤르켕(Émile Durkheim)은 유명한 그의 『자살론』 (Suicide)에서 각 국가나 한 국가 내의 지역이나 사회집단의 차이에 따라서 자살의 빈도가 다르다는 것을 밝힌 바 있다. 그렇기 때문에 자살률과 분포의 차이는 사회구조의 속성에서 우러날 뿐만 아니라 어떤 사회나 어떤 사회집단은 고유한 자살률을 가지고 있다는 것을 분명히 해주고 있다. 말하자면 어떤 사회의 특성은 그 사회 속에 살고 있는 사람들에게 특정한 행위의 빈도를 높이도록 하는 속성을 지닌다. 심리학적 이론이 '어떤 종류의 인간인가' 하는 퍼스낼리티 구조에 관심의 초점을 맞추는 데 비해서, 사회학적 이론은 '어떤 종류의 사회인가' 하는 사회구조의 특성에 관심을 기울인다. 같은 사회라 하더라도 시간의 흐름에 따라서 사회적 특성이 변하면 특정 행위의 빈도가 달라진다. 가령 한국 사회에 있어서도 10년 전의 청소년 비행의 빈도와 오늘날의 그것은 상당히 다르게 나타나고 있는 것이다. 이와 같은 시각에서 접근하는 이론을 우리는 '사회학적'이라고 한다.

그러나 심리학적인 이론과 사회학적인 이론이 상충하거나 대립되는 것은 아니다. 두 개의 견해는 같은 질문에 대한 모순된 해답이 아니라 같은 행위에 관한 다른 질문에 대한 해답인 것이다. 가령 비행의 동기를 고찰하는 데 있어서도 심리학적인 이론은 개인에 따라서 제각기 다른 특수한 동기를 문제로 삼는 데 비해 사회학적인 이론은 대다수의 비행에 공통되는 동기가 무엇인가를 문제 삼는 것이다. 그렇기 때문에 사회학적 이론은 더욱 큰 사회구조 속에 있는 여러 변수와 여러 과정을 확인하는 것을 문제로 삼고 있다.

이러한 사회학적 이론 중에서 가장 설득력이 있는 아노미론(anomie theory)을 살펴보기로 한다.

2-2) 아노미론

'아노미'(anomie) 현상에 대한 사회학적인 고찰은 뒤르켐에 의해 비롯되는데, 그는 사회과정 속에서 가치관의 혼란이 일어나고 규범 (norm)이 무너져내릴 때 아노미 현상이 나타나는 것으로 본다. 그래서 '아노미'란 '무규범'(normlessness)이나 '규칙의 해체'(deregulation)를 뜻한다. 뒤르켐은 그의 유명한 『자살론』에서 자살의 형태를 셋으로 분류하고 있는데 그중의 하나가 아노미형 자살(suicide anomique)[13] 이다. 그는 자살 현상이 경제적 불황 속에서도 높은 빈도로 나타나지만 경제 발전의 시기에도 자주 나타난다는 점을 지적한다. 경제 불황 속에서 생활고와 실의에 의한 자살이 늘어날 것이란 점은 쉽게 이해가 되지만, 경제 발전 속에서는 왜 자살이 늘어나는가? 이 점에 뒤르켐은 유의했던 것이다. 그는 이를 다음과 같이 설명한다.

'권력과 부의 급격한 상승'(an abrupt growth of power and wealth)은 대다수 사회 성원들에게 사회규범이나 가치관의 혼란을 가져온다. 종래 인간들이 가지고 있던 권력이나 부에 대한 욕망의 한계는 무너지고 그것을 얻기 위한 배분의 규칙 또한 믿을 수 없는 것으로 생각된다. 그래서 "가능한 것과 불가능한 것, 옳은 것과 옳지 못한 것, 정당한 요구와 엉뚱한 요구를 갈라놓는 경계선은 애매해진다. 급격한 사회 경제적 변화 속에서 갑자기 뛰어오른 특정 계층들은 대다수 사회 성원들에게 선망을 불러일으킨다. 만족을 가져다주는 것은 아무것도 없고 다만 세상 사람들의 동요만이 끊임없이 계속된다. 그뿐 아니라 이 달성 불가능한 목표를 향한 경쟁은 경쟁 그 자체로 그치고 참가자들의 손에는 아무것도 남는 게 없는 것이다."[14] 말하자면 경제 발전 속의 소

---

13) Émile Durkheim, *Suicide*, pp.241~276.

수 성공자들이 뿌린 선망의 씨가 일부 사람들에게 실의와 좌절을 가져오고 결국 자살로까지 몰고 갔다는 것이다.

뒤르켕의 이와 같은 아노미 개념을 일탈행위에 대한 일반이론으로 구축한 것은 머튼이었다. 머튼은 「사회구조와 아노미」(Social Structure and Anomie)라는 통찰력 있는 논문을 발표한 바 있다.

그는 먼저 이렇게 출발한다. "왜 일탈행위의 빈도가 사회구조의 차이에 따라서 다르게 나타나는가? 왜 일탈행위의 종류나 행태가 사회구조의 차이에 따라서 다르게 나타나는가?"[15] 그리고 또한 "왜 어떤 종류의 사회구조가 그 사회의 일부 사람들에게 특정한 압력을 가하고, 동조적 행위보다는 오히려 비동조적 행위를 하도록 하고 있는가?"[16]라는 것이 머튼의 아노미론에서 제기하는 문제다.

그는 사회적·문화적 구조 안의 여러 요소 중에서 우선 두 가지 요소를 중요시한다. 그 첫째는 문화적으로 규정된 목표나 목적이나 관심(culturally defined goals, purposes and interests)이다. 이것은 사회적 지위나 여건이 다르다 하더라도 모든 사회 성원에게 정당한 목표로 주어져 있는 것이다. 가령 부, 지위, 권력, 안락한 생활 등이 이러한 목표나 관심일 수 있다. 사회 문화적 구조 안의 두 번째 요소는 이러한 목표에 도달하기 위한 수단을 규정하고 통제하고 조절하는 것이다. 이 두 개의 요소, 즉 사회 문화적 목표와 거기에 도달하는 수단을 규정하는 일은 어느 사회집단에서든지 서로 밀접히 관련되어 있다. 그런데 이 허용되고 정당화된 수단은 반드시 특정 개인의 입장에서 볼 때 효과적이라고는 할 수 없다. 오히려 그 사회 문화적 목표에 도달하기 위해서는

---

14) 같은 책, p.253.
15) R.K. Merton, 앞의 책, p.131.
16) 같은 책, p.132.

폭력, 절도, 사기, 권력의 행사 등이 더욱 손쉽고 효과적일 수 있는 것이다. 그러나 이러한 수단은 사회 문화적 규범에 의해서 허용되어 있지 못하다.

그래서 결국 사회 문화적 목표와 제도적 규범이 함께 작용해서 지배적 관행(prevailing practices)을 형성한다고 하지만, 그러나 언제나 양자가 항상적 관계(恒常的關係, constant relation)에 있다고 볼 수 없다. 일정한 목표에 대한 사회 문화적 강조는 제도적 수단을 강조하는 것과는 달리 무관계하게 변화한다. 특정한 목표의 가치가 지나치게 강조되고, 경우에 따라서는 그것만이 강조될 때 이러한 목표에 도달하기 위한 제도화된 수단에 대해서는 무관심할 수가 있다. 이와 같은 상황이 극단적으로 펼쳐지고 있는 사회에서는 원하는 목표를 달성할 수 있는 수단이면 어떠한 수단이든지 채택될 가능성이 크다.

어떤 사회가 안정되고 건전하다는 것은 두 개의 요소, 즉 사회 문화적 목표와 거기에 도달하기 위한 제도화된 수단 간에 균형이 잘 잡혀 있는 상태를 말한다. 그런데 사회 문화적 목표만 높고 화려하고 황홀하게 눈앞에 걸려 있고 거기에 도달하기 위한 정당한 통로는 대단히 좁아서 소수에게만 주어져 있는 사회에서는 많은 수의 실패자와 패배자를 낳을 수밖에 없다. 그뿐 아니라 사회 문화적 목표에 도달하기 위한 경주에 처음부터 참가할 수도 없는 사람, 또는 참가한다고 하더라도 많은 짐을 지고 뛰는 자와 자전거나 자동차를 타고 뛰는 자가 있고, 또 어떤 자는 1,000미터나 앞에서 출발하고 어떤 자는 500미터나 200미터 앞에서 출발하기도 하는 상황이 펼쳐진다면 그러한 사회는 이미 제도화된 정당한 수단이 허물어진 사회라고 아니 할 수 없다.

그러한 사회야말로 아노미 현상이 만연할 수밖에 없는 사회다. 이와 같은 사회에서는 실패자와 패배자들은 게임의 룰, 즉 규제화된 수단을 인정하지 않으려고 할 뿐만 아니라 게임의 룰을 바꾸고자 할 것이다.

이와 같은 상황을 상정하고 머튼은 다음과 같이 이야기한다. "경쟁에 의한 지위의 배분은, 그 지위에 따르는 의무를 고수하도록 하는 적극적 자극이 이 분배적 질서 내의 모든 지위에 대해서 주어져야만 하는 조직으로 되어 있어야 한다. 그렇지 않으면 정도를 벗어난 행위(aberrant behavior)가 나타날 것이다. 이 정도를 벗어난 행동은 사회학적으로 보면 문화적으로 규정된 열망(aspirations)과 그 열망을 실현하기 위한 사회적으로 구조화된 통로가 결합되어 있지 않다는 징조이다. 이것이 바로 나의 중심적 가설인 것이다."17) 말하자면 부나 지위나 권력, 그리고 안락한 생활에 대한 열망에 도달할 수 있는 통로가 막혔을 때 일탈 행위나 비행은 그 빈도를 높일 것이란 가설이다.

그리하여 머튼은 현대사회에 살고 있는 인간은 사회 문화적 목표에 대해서는 강렬한 열망을 가지게 되는 반면, 거기에 도달하기 위한 수단의 정당성에 대해서는 별로 신경을 쓰지 않도록 되어 있다고 다음과 같이 설명하고 있다.

문화적 목표와 제도적 수단이 따로따로 변화하는 몇 가지 사회가 있을 수 있다. 그중에서 가장 우리의 관심을 끄는 것은 제1의 유형이다. 그것은 특수한 목표만이 이상하리만큼 강조되고, 거기에 비해 제도적 수단은 별로 강조되지 못한 사회이다. (중략) 현대의 문화는 문화적으로 제시된 각종의 목적에 대해서는 사람들이 정서적으로 확신을 표시하는 반면, 이러한 목적 달성을 위해서 규정된 방법에 대해서는 거의 정서적 지지를 주지 않고 있는 문화이다. 이와 같이 목표와

---

17) 같은 책, p.134.

제도적 수단을 강조하는 정도에 차이가 있어서 전자가 강조되는 나머지 후자가 짓밟히는 결과, 사람들은 기술적 수단—제도화되어 있지 않으나 효과적인 수단—만을 고려해서 행동하게 된다. 이와 같은 맥락에 있어 유일하고 중요한 문제는 문화적으로 인정된 가치를 획득하기 위해서는 어떠한 수단이 가장 유효하게 이용 가능한가 하는 것이 되고 만다. (중략) 이와 같은 제도적 규정의 쇠퇴 과정이 계속되는 데 따라서 그 사회는 불안해지고 뒤르켕이 달하는 아노미가 출현한다.[18]

결국 그리하여 인간은 사회 문화적으로 제시된 목표를 획득하기 위해서는 수단방법을 가리지 않고 효과적이라고 생각되면 어떠한 수단이라도 채택하는 경향이 나타난다는 것이다. 이러한 불안정한 사회가 아노미, 즉 무규범상태(normlesness)인 것이다.

그렇다고 해서 그러한 사회 속의 모든 인간이 일탈, 비행, 범죄로 흐르는 것은 아니다. 같은 사회 문화적 상황 속에서 개인이 선택하는 적응 양식은 제각기 다를 수가 있다. 그것을 머튼은 다음과 같은 도표로

개인별 적응 유형

적응 유형	문화적 목표	제도화된 규칙
동조(Conformity)	+	+
혁신(Innovation)	+	−
의례주의(Ritualism)	−	+
도피(Retreatism)	−	−
반항(Rebellion)	±	±

---

18) 같은 책, pp.134~135.

요령 있게 정리한다.[19]

  "우리의 관심의 초점은 여전히 제각기 다른 비율이나 종류의 일탈행동이 문화적·사회적으로 발생하는 내력(來歷, genesis)에 있지만, 우리는 문화적 가치 형성의 평면에서 눈을 돌려 사회구조 안에서 제각기 다른 지위를 차지하고 있는 사람들이 문화적 가치에 적응하는 제 유형에 시야를 돌린다. 여기서 우리는 다섯 가지의 적응 유형을 고찰하는데 그것은 그림에서 보는 바와 같다. +는 '승인'(acceptance), -는 '거부'(rejection), ±는 '기존의 가치에 대한 거부와 새로운 가치의 대체'(rejection of prevailing values and substitution of new values)를 뜻한다."[20]

  여기서 볼 수 있는 첫째 유형은 '동조'(Conformity)이다. 그 외의 다른 형들은 모두 일탈행위의 변형이다. 혁신자(Innovators, 예를 들어 직업적인 절도범이나 화이트칼라 범죄자, 시험에서 부정행위를 하는 자 등)들은 목표에는 집착하고 있지만 규범적으로 규정된 수단에 대해서는 거부한다. 의례주의자(Ritualists, 예를 들면 목적 자체는 잊어버리고 규칙이나 규정에만 맹목적으로 얽매여 있는 관료 등)는 사회 문화적인 목표에는 별로 동조하지 않고 제도화된 규칙에만 지나치게 동조하면서 그것이 도덕적인 행위라고 생각한다. 도피자(Retreatists, 예를 들어 부랑자, 알콜중독자, 마약중독자 등)들은 목표나 수단을 함께 포기함으로써 생존경쟁에서 물러선다. 그리고 반항자(Rebels, 가령 혁명가 등)는 그들이 잘못된 것으로 생각하는 문화체계나 사회체계를 거부하고 대신 새로운 목표나 거기에 도달하기 위한 규정을 만들어서 새로

---

19) 같은 책, pp.139~141.
20) 같은 책, p.140.

운 사회를 건설하려고 한다.

그런데 이와 같은 적응 양식의 차이는 가성, 퍼스낼리티의 차이에서 오는 것이 아니라 특정 개인이 그 사회관계 속에서 위치해 있는 사회적 지위에서 오는 것으로 보고 있다. 즉 사회계층에 문제의 초점을 맞추고 있는 것이다. 그래서 "사회구조가 개인에 압력을 가해서 이러한 선택적 행동양식을 취하지만, 사람들이 각기 다른 사회활동의 영역에 참가하게 됨에 따라서 적응 양식 또한 그때그때 달라진다. 그래서 위의 제 범주들은 특수한 상황 하의 역할행동을 나타내는 것이지 결코 퍼스낼리티를 나타내는 것은 아니다"[21]라고 하고 있다.

그래서 결국 머튼은 사회구조 속에서 핵심적인 두 가지 요소, 즉 사회 문화적으로 규정된 목표(goals)와 그것을 획득하기 위한 규제된 수단(institutionalized means)에 주목한다. 그리고 이 두 가지 핵심적인 요소가 사회 성원들에게 어떻게 분배되어 있는가 하는 점이 일탈행위나 비행의 빈도를 좌우할 것으로 보고 있다. 바꾸어 말하면 사회 문화적 목표를 획득할 수 있는 수단이나 기회의 불평등, 또는 배분의 격차가 일탈이나 비행의 기본적 뿌리(genesis)라고 보고 있다.

이 논문의 입장 또한 다분히 아노미론의 시각에 서 있다. 청소년들은 무엇을 사회 문화적 가치나 목표로 생각하고 있는가, 그리고 거기에 도달하기 위한 통로는 무엇이라고 생각하고 있는가, 그 통로가 자기에게 주어져 있지 못할 때, 규제화되어 있지 않은 수단이라 하더라도 그것이 만약 효과적이라고 생각되면 이용할 것인가, 또한 이러한 비합법적 수단에 대한 정서적 지지는 어느 정도 공통적인 것인가 등이 주된 관심영역인 것이다.

---

21) 같은 책, p.140.

청소년 비행과 커뮤니케이션

인간이 단순히 생물학적인 존재가 아니라 사회 문화적인(social cultural) 존재[22]인 까닭은 그가 이 세상에 태어나면서부터 부모, 형제 자매 및 이웃과 커뮤니케이션을 통해서 접촉하고 거기서 생활의 방법 (way of life), 즉 문화를 배움으로써 비로소 인간이 되기 때문이다. 인간은 타인과의 접촉, 즉 커뮤니케이션을 통해서 학습하고 영향을 받으며, 그렇게 함으로써 비로소 사회 문화적인 존재가 될 수 있는 것이다. 가족이나 친구들, 사회 속의 타인들로부터 영향을 받을 뿐만 아니라 학교나 교회, 군대나 직장 같은 제도적인 조직체 속에서 인간은 그 자신을 형성시켜간다. 특히 가족과 동배집단(peer group)이 인간형성 과정에서 중요한 영향을 미치고 있다는 사실은 잘 알려져 있는 일이다. 이와 같은 타인과의 접촉이 다름 아닌 대인적 커뮤니케이션이며, 이 대인적 커뮤니케이션이 청소년 비행과 깊은 상관관계를 가지고 있다는 사실 또한 잘 알려진 일이다. 다만 그 상관성의 정도가 어느 정도인가 하는 것이 문제로 남아 있다.

그뿐 아니라 역시 청소년 비행과 커뮤니케이션의 문제에서 논의의 초점이 기울어지는 곳은 매스커뮤니케이션과의 상관성인 것이다. 매스미디어의 영향이 인간의 형성 과정, 그의 가치관이나 행동, 생활의 양식에까지 미치고 있으며, 나아가 사회 풍조나 문화 전반의 빛깔마저 물들이고 있다는 사실은 수없이 지적되어왔다. 매스커뮤니케이션 연구의 주된 부분이 이 영향을 파악하려는 노력이었으며 실증적인, 또는 논리

---

22) 이상희, 「인간 커뮤니케이션의 본질에 관한 일고찰」, 『서울대학교 신문연구소 학보』, 제5집, 425쪽 참조.

적인 연구들이 수없이 축적되어 있기도 하다.

여기서 그 영향 일반에 관한 논의를 할 여유는 없으며, 다만 청소년 비행 또는 폭력, 범죄와 연관되거나 청소년기의 인간형성 과정과 밀접한 연관성을 갖는다고 지적되고 있는 부분들에 대한 고찰을 이 장에서 살펴보아야만 할 것이다.

1) 퍼스널 커뮤니케이션과 청소년 비행

'인간'이 사회 문화적인 존재로서 타인과의 접촉을 통해서만 형성될 수 있다는 사실을 밝히기 위해서는 많은 갈이 필요하지 않지만, 가령 미드는 단적으로 이렇게 말하고 있다.

자아(自我)는 생리학적 유기체 고유의 그것과는 다른 성격을 가지고 있다. 자아라는 것은 발달하는 그 무엇이다. 그것은 탄생과 더불어 존재하는 것이 아니고 사회적 경험과 활동의 과정에서 생겨나는, 즉 그 개인 속에, 그와 사회적 과정 전체와의 관계 또는 그 과정 안에 있는 타인과의 관계의 결과로 발달하는 것이다.[23]

말하자면 '인간'은 사회과정(social process)의 산물인 것이다. 인간이 형성되는 과정을 살펴보면 갓난 어린아이는 자기에게 가장 가까운 보호자, 가령 어머니와 자기와의 사이에서 몸짓(gesture)이나 말로 커뮤니케이션을 하게 된다. 그리고 자기에 대한 어머니의 태도나 역할을 자기 자신 속에 경험하게 된다. 이와 같이 어린아이가 '타인의 역할을

---

23) G.H. Mead, *Mind, Self and Society: From the Standpoints of Social Behaviorist*, C.W. Morris(ed.), 1934, p.135.

받아들이는 일'(role-taking)을 통해서 비로소 그는 자기 자신을 객관적 대상으로 볼 수 있게 되는 것이다. 미드는 또한 이렇게 말한다. "커뮤니케이션의 중요성은 유기체 또는 개인 그 자신이 객체가 될 수 있는 행동의 형식을 준비해주고 있다는 사실에 있다."[24]

그렇기 때문에 인간이란 여러 가지 타인의 역할이나 태도를 자기 안에 받아들이고, 나아가 자기 주변에 있는 사람들과 공통되는 태도를 형성하는 것이다. 따라서 '인간'이란 결국 '일반화된 타인'(generalized other)에 불과한 것이라고 미드는 보고 있다.

청소년 비행을 파악하는 데 있어서도 이 가까운 타인들과의 접촉, 즉 커뮤니케이션이 중요한 문제로 대두될 수밖에 없다.

1-1) 가족과의 커뮤니케이션

인간이 한 사람의 사회 문화적인 존재로 형성될 때, 일차적으로 가족의 영향을 받는다는 것은 분명한 사실이다. 특히 부모의 교육정도라든가 가치관, 사회 경제적 여건 등이 자녀들의 인간형성 과정에 끼치는 영향은 지대한 것이다. 특히 가족이, 자라나는 가족 구성원에게 사회 문화적 목표가 무엇이며 사회적 가치가 무엇인가를 매개한다는 사실 또한 분명하다. 따라서 가족은 자라나는 가족 구성원에게 사회적 목표나 규범을 주입시키는 기구(mechanism)인 것이다.

그렇기 때문에 자라나는 아이들은 가정환경 속에서 압도적인 영향을 받는다. 그 영향은 직접적인 훈련이나 규율뿐만이 아니라 상당한 부분은 암묵리에 이루어진다. 직접적인 훈계나 처벌 또는 포상, 보수와는 별도로 아이들은 가정 속의 일상생활 속에서 부모들의 행동이나 대화

---

24) 같은 책, p.138.

로부터 사회 문화적 원형을 감지한다. 머튼도 "아이들은 설사 문화적 양식이 암묵적이어서 규제화되어 있지 않다 하더라도 이것을 꿰뚫어 보고 받아들이고 만다"[25]고 말한다.

특히 커뮤니케이션의 기본적 요소인 언어 형식을 통해서 보더라도 아이들이 어떻게 사회화되고 있는가 하는 점을 머튼은 다음과 같은 구체적인 예로 설명한다. 즉 "아이들은 사회화의 과정에 있어서 연장자나 동배들로부터 명시되지도 않고 아이들 자신들로부터 분명히 표명되지도 않는 양식을 꿰뚫어 본다. 가령 아이들은 쥐들(mouses, mouse의 복수형은 mice)이라든가 돈들(moneys, money의 복수형은 money)이라는 말을 지금껏 들어본 적도 없고 '복수형을 만드는 법칙'을 배우지도 않았는데 자연스럽게 사용한다. 그리고 아이들은 세 살쯤 되면, '동사의 활용형'의 법칙을 배우지도 않았는데, falled(fall의 과거형은 fell), runned(run의 과거형은 ran), singed(sing의 과거형은 sang), hitted(hit의 과거형은 hit) 등의 말을 만든다"[26]라고 하면서 결국 아이들은 복수형의 표현이나 동사의 활용형들에 대한 범례를 암묵리에 깨닫고 있다고 보는 것이다.

그렇기 때문에 "아이들은 양친의 무수한 명령이나 설명, 끊임없는 훈계 속에 나타난 명시적인 문화적 지향(cultural orientation)을 습득할 뿐만 아니라 문화적 평가(cultural evaluation), 사람이나 사물에 대한 범주화, 존중해야 될 목표의 형성에 관한 은묵의 범례를 깨닫고 거기에 따라서 필사적으로 행동한다"[27]라고 머튼은 설명한다.

이와 같이 가정환경이나 부모들의 가치관, 행동 양식이 자라나는 가

---

25) Robert K. Merton, 앞의 책, p.158.
26) 같은 책, p.158.
27) 같은 책, pp.158~159.

족 구성원들에게 지대한 영향을 미치리라는 것은 수긍이 가고 남는 바 있다.

특히 한 가정이 '결손가정'(broken home)인 경우, 그것이 아이들에게 미치는 영향은 놀라운 것이다. 부모 중 한쪽이 없는 경우나 양친 모두가 없는 경우, 또는 계모나 계부 슬하인 경우 등 비정상적인 가정이 자라나는 아이들에게 주는 바람직하지 못한 영향은 많은 곳에서 지적되고 있다. 결국 가족끼리의 커뮤니케이션 상황이 어느 정도 원활한가 아니면 어떻게 왜곡되어 있는가 하는 점은 청소년의 가치관 형성이나 행동에 다대한 영향을 끼치는 것이다.

그뿐 아니라 특히 문제가 되는 점은, '가족'이 양친이 속해 있는 사회집단이나 사회계층에서 볼 수 있는 특정한 문화를 전달한다는 사실이다. 산업화가 진전되고 사회계층 간의 격차가 두드러질수록 사회계층이 갖는 하위문화의 성격은 중요한 뜻을 띠게 된다. 특히 하류계층에 속하는 부모들일수록 자기들이 이룩하지 못한 대망을 자식들을 통해 이룩하려고 애쓴다. 이처럼 부모가 자신들의 '대망'을 자식들에게 보상적으로 투사한다는 것은 커다란 부작용을 자아낼 소지가 될 것이다. 이 점과 연관해서 머튼은 현명하게도 다음과 같은 지적을 하고 있다.

자식들에게 커다란 압력을 가해서 대단한 출세를 하도록 원하는 것은, 아이들에게 자유로운 출세의 기회를 줄 능력이 가장 적은 양친, 즉 '실패자'(failures)라든가 '욕구불만에 차 있는 사람들'(frustrates)일 경우가 많다. 이와 같이 한쪽에서는 원대한 대망을 품으면서 다른 한쪽에서는 현실적으로 출세할 기회가 적다는 자각은 바로 일탈적 행동을 일으킬 형태인 것이다.[28]

물론, 산업화를 이미 이룩했거나 그것을 서두르고 있는 사회에서는 이른바 화이트칼라 범죄라든가 중산층, 또는 상류계층에 속하는 청소년들의 비행이나 범죄가 문제가 되고 있기도 하다. 그러나 청소년 비행의 발생 빈도가 상대적으로 중상류계층보다 하류계층에서 압도적으로 많이 나타나고 있다는 사실은 여러 사회에 공통적인 현상인 것이다.

이러한 점에서 우리는 사회계층이 갖는 의미의 중요성을 재확인한다. 그리고 한 가정이 갖는 사회 경제적인, 문화적인 상황과 커뮤니케이션 상황이 밀접한 상관성을 가지고 있을 것이라고 추론할 수 있을 것이다. 사회 경제적 조건이나 문화적 수준이 높으면 높을수록 커뮤니케이션 상황 또한 원활할 것이라는 논리는 성립 가능하기 때문이다. 물론, 사회 경제적 조건이나 문화적 수준이 높다 하더라도 반드시 가족 내부의 커뮤니케이션이 정상적이고 원활할 것이라고 할 수 없는 경우도 얼마든지 있을 것이다. 다만 한 가정 한 가정의 구체적인 경우를 논하는 것이 아니라 사회 전체의 차원에서 거시적으로 조망한다면, 역시 한 가정이 갖는 사회 경제적인, 문화적인 상황과 커뮤니케이션 상황은 정비례의 관계에 있다고 볼 수 있을 것이다.

그리하여 한 가정이 갖는 사회 경제적, 문화적 수준이나 이것과 밀접한 연관성을 갖는 커뮤니케이션 상황은 청소년 비행과 불가분의 함수 관계를 갖는 것이다.

1-2) 동배집단과의 커뮤니케이션

인간형성 과정에서 가족 다음으로 중요한 자리를 차지하는 것은 동배집단(peer group)이다. 인간이 임의의 한 가정 속에 태어나고, 그 속에

---

28) 같은 책, p.159.

서 어느 정도 자란 다음에 그가 접하는 세계는 '또래집단'이다. 그는 골목에서, 유치원에서, 학교에서 같은 또래들과 만나게 된다. 가족 다음으로 가까운 사람들을 이들 또래 속에서 발견하고 영향을 주고받는다. 그러는 동안에 뜻이 잘 통하는 사람끼리, 즉 커뮤니케이션이 원활하게 되는 사람끼리 친한 친구가 된다. 청소년기의 친구 사이는 그들의 마음의 청순함으로 해서 가족 못지않은 친밀한 인간관계가 형성될 수 있다. 그뿐 아니라 그들만이 갖는 공통된 경험세계나 신체적인 변화 등으로 하여 부모나 형제자매보다도 오히려 가까운 위치에 친구가 있을 수도 있는 것이다.

그리하여 그들은 가족에게도 말 못 하는 일들을 친구에게 털어놓고 의논한다. 1972년 11월에 행해졌던 '세계청년의식조사'의 결과를 보면, '마음을 터놓고 이야기할 수 있는 친구'를 가진 수는 스웨덴이 97퍼센트, 유고슬라비아 96퍼센트, 스위스 93.4퍼센트, 미국 92.1퍼센트, 영국 88퍼센트, 서독 87.6퍼센트, 필리핀 87.3퍼센트, 프랑스 84.8퍼센트, 인도 84.2퍼센트, 브라질 78.6퍼센트, 일본 77퍼센트 등으로 나타나 있다.[29] '세계청년의식조사'에서는 조사대상에서 빠졌으나 그와 같은 조사설계를 한국청년들에게 적용시켜본 결과 한국에서는 75퍼센트의 젊은이들이 '마음을 터놓을 수 있는 친구'를 가지고 있다고 했다.[30]

이와 같이 젊은이들은 마음을 터놓을 수 있는 또래를 갖고 있는 것이 하나의 두드러진 특색이다. '마음을 터놓을 수 있다'는 것은 참다운 뜻에 있어서의 커뮤니케이션이 가능하다는 이야기이다. '커뮤니케이션'이라는 것은 원래 커뮤니케이션 당사자끼리가 서로의 마음속에 있는

---

29) 松原治郎, 『日本青年の意識構造』, p.32.
30) 「청소년의 의식에 관한 조사연구보고서」, 서울청소년회관, 1976년 12월.

생각을 아무런 저해 요인 없이 주거니 받거니 한다는 이야기다. 말하자면 커뮤니케이션 당사자끼리가 공유세계를 형성하는 것이 참다운 커뮤니케이션인 것이다. 젊은이들 사이에서는 이러한 공유세계가 어른들에 비해서 상대적으로 많이 형성되어 있다. 그리고 그 공유세계의 밀도도 더 높은 것이다. 그렇기 때문에 젊은이들이 어떤 종류의 또래들과 사귀고 있는가 하는 것은 그들의 가치관 형성이나 행동양식에 밀접한 함수관계를 가지고 있다.

청소년 비행이 갖는 성인 범죄와 다른 특성 중의 하나는 그것이 갖는 집단성이다. 청소년 범죄는 성인 범죄보다도 집단적으로 일어나는 예가 많다. 뜻을 모은 같은 또래들이 모여서 비행을 저지르기 때문이다. 소년집단범(juvenile gang)이 문제가 되는 것도 이래서이다.

결국 청소년 비행의 중요한 요인 중의 하나가 또래집단과의 커뮤니케이션이며, 이것이 '가족' 다음으로 중요한 요인이라는 것은 다른 연구자들에 의해서도 지적되고 있다.[31]

2) 매스커뮤니케이션과 청소년 비행

감수성이 예민한 청소년들에게 매스커뮤니케이션이 지대한 영향을 미치리라는 것은 하나의 사실로 받아들여지고 있다. 다만 그 영향이 어느 정도로, 어떤 사람들에게, 어떤 방향으로 미치느냐 하는 데는 의견이 일치하지 않는다. 그것은 커뮤니케이션 효과를 구명하려고 할 때의 일반적인 문제이기도 하지만, '누가, 어떤 매체를 통해서, 어떤 사람에게, 어떠한 사회 문화적 분위기 속에서, 어떠한 내용을 전하느냐'에 따

---

31) M.H. Neumeyer, *Juvenile Delinquency in Modern Society*, 3rd ed. pp.188ff 참조.

라서 커뮤니케이션의 영향은 다르게 나타나기 때문이다. 말하자면 커뮤니케이션 현상이 일어날 때의 커뮤니케이션 당사자들과 커뮤니케이션 내용, 커뮤니케이션 상황 등에 따라서 커뮤니케이션 영향은 극히 가변적(flexible)일 수 있는 것이다. 이와 같은 커뮤니케이션 효과의 가변성을 추구한 나머지 요인 하나하나의 함수관계를 구명하려 들면, 결국 개인적인, 심리적인 차원의 구체적 사례만이 손에 잡히게 된다. 이른바 수신자 한 사람 한 사람의 선유경향(predisposition)이라든가 자기선택(self-selection) 또는 선택적 지각(selective perception) 등의 변수에 따라서 효과는 다르게 나타나기 때문이다.[32] 이렇게 되면 이른바 나무는 보되 숲은 보지 못하는 결과를 가져오게 되는 것이다.

특히 매스커뮤니케이션의 효과나 기능을 문제로 삼을 때, 그것이 적어도 한 사회 내의 이질적인 사회 성원들을 동시에 대상으로 하고 있다는 사실을 전제로 한다면 더욱 그러하다. 그렇기 때문에 매스커뮤니케이션의 사회적 기능을 파악하려 할 때는 적절한 차원의 일반화와 추상화 작업이 있어야 할 것이다. 그것은 구체적으로는 다음과 같은 차원에서 파악되어야만 한다. 송신자로서의 매스미디어가 갖는 성격, 즉 그것이 갖는 사회 경제적 존재양식이 어떠한 것인가, 말하자면 상업적인 것인가, 정론적(政論的)인 것인가, 정론적 성격이면 어떠한 방향으로 정론적인가, 또는 얼마만큼 상업적이고 얼마만큼 정론적인가 하는 것 등이 인식되어야 할 것이고, 커뮤니케이션의 내용은 기본적으로는 매체의 성격을 반영한 것이기는 하나, 그 테두리 안에서 사회 경제적, 문화적인 여러 측면에서 분석·파악될 수 있을 것이다. 그리고 수신자로서

---

32) Joseph T. Klapper, Introduction의 "The Bases of Pessimism", *The Effects of Mass Communication* 참조.

의 사회 성원들은 그야말로 이질적인 다양한 인간들로 구성되어 있다. 그러나 여기서 중요한 것은 그들을 한 사람 한 사람의 개인으로 파악할 것이 아니라 사회집단으로, 사회계층으로 파악해야만 할 것이다. 즉 어떤 사회집단이나 사회계층에 공통적으로 나타나는 기능이나 효과를 파악하려고 노력하는 것이다. 그리하여 매스미디어의 사회 경제적 성격, 커뮤니케이션 내용의 종류, 수신자들의 사회 경제적, 문화적 성격이 집단적인 차원에서 고려되어야만 하고, 이들이 자아내는 매스커뮤니케이션 현상의 객관적 상황으로서의 한 사회가 갖는 사회 정치적, 문화적인 여건이 또한 고려되어야만 할 것이다. 그러한 차원에서 비로소 청소년 비행 일반과 매스커뮤니케이션의 문제가 시각에 들어오게 된다.

클래퍼는 매스커뮤니케이션의 효과를 파악하는 데 있어서 한 사회가 갖는 사회 경제적, 문화적 상황을 중요시하는 입장을 취하고 있다. 그는 매스미디어의 영향을 한 사회의 전체적 상황 속에서 작용하고 있는 제 영향력 속의 하나의 작용인으로 파악한다. 말하자면 매스커뮤니케이션의 영향은 그 사회가 갖는 사회 경제적, 문화적 문맥 속에서 파악될 수밖에 없다는 것이다. 그는 이와 같은 자기의 연구시각을 '현상론적 연구'(phenomenistic approach)[33]라고 하고 있다.

특히 그는 매스미디어의 내용이 젊은이들에게 미칠 영향들을 앞에서 든 책에서 잘 정리하고 있는데, 그 중요한 부분을 중심으로 이 문제를 살펴보기로 한다.

2-1) 범죄적 · 폭력적 내용이 갖는 영향

매스미디어의 내용 속에 나타나는 범죄적 · 폭력적 양면들은 대개 다

---

33) 같은 글, pp.4~6.

음과 같은 몇 가지 점에서 우려가 표시되어왔다.

첫째, 범죄적이고 폭력적인 장면이 청순한 젊은이들에게 좋은 영향을 미칠 까닭이 없다. 따라서 "아이들을 육체적 위험에서 보호해야 하는 것과 마찬가지로 범죄프로그램으로부터 보호해야만 한다"[34]는 견해가 그것이다.

둘째, 커즌즈(Cousins) 같은 사람의 예에서 볼 수 있는 바와 같이 매스미디어는 청소년 범죄의 제1의 작용인(prime movers in juvenile misconduct and delinquency)이라는 것이다. 커즌즈는 이러한 예를 들고 있다.

보스턴 교외에 사는 아홉 살 난 아이가 붉은 가위표가 가득 매겨진 시험지를 아버지 앞에 내어놓으면서 단도직입적으로 한 가지 제안을 해왔다. 선생님에게 크리스마스 선물로 독이 든 초콜릿을 보내자는 것이었다. "그건 아주 쉬워요, 아빠. 지난주 텔레비전에서 보았어. 어떤 사람이 아내를 죽이려고 독이 든 캔디를 아내에게 선물했지만 아내는 누가 그랬는지 몰랐거든."[35]

셋째, 두 번째 예의 변형이라고 할 수 있는데, 매스미디어의 범죄물이나 폭력물은 이른바 '범죄학교'라는 것이다. 이 세 번째 견해는 매스미디어의 범죄적·폭력적 내용이 직접적이고 비합리적인 모방을 일으킬 수 있는 경향을 서서히 진전시킨다는 것이다.

블루머(H. Blumer)와 하우저(P. Hauser)는 범죄청소년들에 대한

---

34) C.S. Logan, *What Our Children See*, 1950, p.173을 Klapper는 인용하고 있다.
35) N. Cousins, "The Time Trap", *Saturday Review of Literature*, 1949, p.69.

면접조사 등을 통해서 매스미디어가 종종 비행의 원인이 되고 있다고 주장하고 있다.[36)

넷째, 도덕적 의식이 약화되어 있는 사람들에게는 매스미디어의 폭력적·범죄적 내용이 '방아쇠 효과'로 작용할 것이라는 주장이다. 방아쇠 효과라는 것은 도덕적 의식이 약화되어 있고 잠재적으로 비행을 저지를 수 있는 젊은이들에게 결정적인 충격을 주어서 비행을 유발하는 것을 가리킨다. 클래퍼는 미람스(G. Mirams), 블로흐(H. Bloch)와 플린(F.T. Flynn)의 예를 들고 있다.[37)

다섯째, 매스미디어의 폭력적·범죄적 내용이 모방적인 폭력행위를 자아낸다기보다는 오히려 바람직하지 못한 일반적 가치지향(an undesirable general value orientation)을 낳게 한다는 것이다. 말하자면 범죄나 폭력은 어른들 세계에서는 보통 있을 수 있는 일이며 항다 반사라는 생각을 젊은이들에게 갖게 한 결과, 인생의 가치나 도덕적 기준에 대한 가치박탈을 가져온다는 것이다.[38)

이상 다섯 가지의 견해가 매스미디어의 폭력적·범죄적 내용에 대한 비관적·비판적 견해인 데 비해서 낙관적인 견해가 있기도 하다. 그것은 매스미디어의 폭력적 내용이 '유익한 사회적 효과'(beneficial social effect)일 수 있다는 견해다. 왜냐하면 사회에 던져질 수 있는 공격적 충동을 매스미디어의 폭력적 내용이 흡수함으로써 이른바 '대상

---

36) H. Blumer and P. Hauser, "Movies and Conduct", 1933, p.198.

37) G. Mirams, "Drop That Gun", *Quarterly of Film, Radio and Television* VI, 1951, pp.12~13; H. Bloch and F.T. Flynn, *Delinquency: The Juvenile Offender in America Today*, 1956.

38) N. Muhlen, "Comic Books and Other Horrors", 1949; G. Seldes, "The Great Audience", 1950; D.W. Smythe, "Analysis of Television", 1955 등이 그 대표적 예다.

적 동일화'(vicarious identification)를 가져오기 때문이라는 것이다.

위에서 든 여섯 가지 견해가 매스미디어의 폭력적·범죄적 내용에 대해서 지금까지 표명되어온 비관적인 또는 낙관적인 견해들이다.

그러나 이들 견해들은 문자 그대로 의견이나 견해, 추측들이라고 할 수 있어서 주장의 근거가 희박하다. 따라서 경험적인 조사에 의한 제 발견들을 살펴보기로 한다.

클래퍼는 별로 많지 않은 이와 같은 경험적인 연구들을 두 가지로 분류해서 소개하고 있다. 그 하나는 매스미디어의 폭력적 내용들이 아이들의 가치, 태도, 행동에 미치는 효과에 대한 조사결과이다.

먼저, 폭력적 내용에 대한 수용자의 직접적·정서적 반응에 대한 주목할 만한 발견은 역시 이 분야의 고전적 연구라고 할 수 있는 영국의 힘멜바이트(H. Himmelweit)와 오펜하임(A.N. Oppenheim) 그리고 빈스(P. Vince)의 조사결과를 들어야만 할 것이다.[39] 그들은 그들의 조사에 따라서 다음과 같은 점들을 밝히고 있다. 상당한 수, 즉 남자 아이들의 경우에는 네 사람에 하나, 여자 아이들은 세 사람에 한 사람꼴로 텔레비전 내용에 대해서 공포를 느끼고 있다. 그뿐 아니라 어린아이들보다 나이가 든 아이들 쪽이 더 공포를 느낀다. 그 이유는 아마 나이 든 아이들 쪽이 주어진 상황에 자기를 더욱 동일화시킬 수 있고, 행위에 대한 것과 마찬가지로 동기부여에 대해서도 반응할 수 있기 때문이라고 보고 있다.[40]

그리고 어떤 종류의 내용이 아이들을 공포에 빠지게 하는가, 하는 조

---

39) H.T. Himmelweit, A.N. Oppenheim and P. Vince, *Television and the Child: An Emperical Study of the Effects of Television on the Young*, 1958.

40) 같은 책, p.206.

사에서는 폭력이 일어나는 상황이나 그 연출방법, 그리고 투쟁하는 적과 아군에 대한 성격부여의 복잡성 등이 중요한 뜻을 갖는 것이며, 단순히 평면적인 폭력적 장면의 횟수라든가 공격적 에피소드의 수라든가 하는 것은 크게 문제가 되지 않는다고 한다.[41]

아무튼 매스미디어의 폭력적 내용물이, 그것이 주어지는 문맥이나 상황에 따라서 상당한 공포감이나 정서적 충동을 아이들에게 준다는 사실을 재확인할 수 있는 것이다.

다음으로 매스미디어의 폭력적 내용이 수신자의 가치나 행동에 미치는 영향을 살펴보아야 할 것이다. 이 점이야말로 문제의 초점일 수 있다. 클래퍼는 이 문제를 정리하는 데 있어서 일곱 개의 중요한 연구결과를 살피고 있는데, 그중 다섯 개의 연구들이 폭력적인 내용에 많이 접촉하는 아이들이 적게 접촉하는 아이들보다 비행을 많이 일으킨다는 사실은 발견할 수 없다고 보고하고 있다.[42] 그리고 두 개의 연구는 이미 범죄기록을 가지고 있는 아이들이 폭력적인 미디어 내용에 많이 노출되고 있다는 사실을 밝히고 있으나 그렇다고 해서 이들 일곱 개의 연구[43] 중 어느 것도 그 인과관계의 방향을 분명히 해주고 있지는 않다. 즉 폭력적인 내용에 고도로 노출되고 있다는 사실은 비행의 충분한, 그리고 결정적인 원인이 아니라는 점을 밝히고 있다.

---

41) 같은 책, p.191, p.210.

42) F.M. Thrasher(1949), "The Comics and Delinquency: Cause or Scapegoat"; E.A. Ricutti(1951), "Children and Radio"; H.S. Lewin (1953), "Facts and Fears about the Comics"; L. Bailyn(1959), "Mass Media and Children: A Study of Exposure Habits and Cognitive Effects"; Himmelweit et al.(1958) 등 다섯 개의 연구

43) H. Blumer and P. Houser(1933), "Movies and Conduct"; T.F. Hoult (1949), "Comic Books and Juvenile Delinquency" 등 두 개의 연구 포함.

가령, 리쿠티(Ricutti)의 조사에 의하면, 아이들의 학업성적, 개인적·사회적 적응도, 법률에 대한 태도 등과 연관시켜서 라디오 접촉도를 조사한 결과, 범죄물을 특히 좋아하는 아이들은 다른 아이들에 비해서 지능지수가 평균 이하이고 학업성적도 좋지 못하며, 또한 더욱 공격적이었다. 그리고 연속 모험극을 좋아하는 아이들은 다른 아이들과 비교할 때 약간 가정환경이 불행하고, 개인적·사회적 적응이라는 면에 있어서나 학업성적의 면에 있어서 다소 낮은 편이었다.

그리고 블루머와 하우저의 연구결과에 의하면, 범죄를 일으킨 사람들이 더욱 범죄영화를 좋아한다는 사실이 밝혀지고 있으며, 나아가서 홀트(T.F. Hoult)는 비행소년/소녀 235명과 성·연령·학력·사회 경제적 조건 등이 거의 같은 집단과 비교·조사한 결과 비행자들이 범죄적·폭력적 내용이 많은 만화책을 대단히 많이 읽고 있다는 사실을 발견하고 있다.

하지만 이와 같은 조사결과들을 가지고 매스미디어의 폭력적 내용물이 비행의 원인일 수 있다고 속단하는 것은 위험하다. 왜냐하면 이와 같은 결과는 논리적으로 어느 쪽으로도 해석될 수 있기 때문이다. 즉 매스미디어의 폭력적 내용물이 비행에 대한 자극제가 될 수 있을지는 모르나 비행에 대한 잠재적 충동을 가지고 있는 사람이 미디어의 폭력물에 더욱 많이 접촉할 수도 있기 때문이다.

한편, 맥코비(E.E. Maccoby)의 연구[44]와 라일리 부부의 연구[45]는 친구들과 어울리지 않고 혼자서 노는 아이들이나 신경과민인 아이, 그

---

44) E.E. Maccoby(1954), "Why Do Children Watch TV?", P.O.Q. XVIII, pp.239~244.
45) M.W. Riley and J.W. Riley Jr.(1951), "A Sociological Approach to Communication Research", P.O.Q. XV, pp.444~460.

리고 욕구불만에 빠져 있는 아이들은 보통의 아이들보다 폭력물에 대한 욕구가 강하다는 사실을 밝히고 있다. 그리하여 그것을 반사회적이고 도피적이며 적의에 찬, 그리고 때로는 병리학적인 판타지에 빠지는 근거로 사용한다는 사실을 밝히고 있다. 그러나 이와 같은 사실도 앞에서 본 바와 같은 양면논리적인 것이다.

결국, 경험적 연구들의 결과를 종합하면 다음과 같이 이야기할 수 있을 것이다. 즉 매스미디어의 폭력적 · 범죄적 내용물들은 청소년 비행의 직접적이고 충분한 원인은 아니지만, 그러나 그것은 비행 경향을 촉진시키거나 정서적으로 불안한 젊은이들의 욕구불만을 비행 쪽으로 몰고 갈 염려가 있다.[46)]

2-2) 비현실적 내용이 갖는 영향

'비현실적 내용'이란 용어 속에는 매스미디어에 나타나는 여러 가지 비현실적인 내용들, 즉 일반적 · 사회적 현실보다 호화스럽고 화려한 내용이라든가, 하류계층에 속하는 사람들보다는 중류 이상 상류계층에 속하는 사람들이 많이 등장한다든가, 보통사람들(average man)보다 훌륭하고 씩씩하고 잘생기고, 따라서 성공하고 출세하는 이야기가 많다든가, 고된 일상생활은 별로 없이 예쁘고 젊은 애인들과 사랑놀음으로 지새는 이야기들을 담고 싶다. 물론 이 용어 속에는 황당무계한 이야기들이라든가 역사물, 그리고 공상과학소설, 버라이어티 쇼, 코미디, 가벼운 픽션, 만화 등의 내용이 포함될 수 있을 것이다. 그러나 이와 같이 폭을 넓게 잡으면 이른바 '도피적 내용'(escapist content)과 같게

---

46) J.T. Klapper도 앞의 책 p.158에서 Goldenson(1954), Bloch and Flynn (1956), Pittman(1958) 등을 염두에 두면서 꼐의 같은 의견을 표시하고 있다.

될 것이다. '도피적 내용'이라는 말은 정서적·감정적 측면에 초점이 있다면, '비현실적 내용'이라는 말에는 사회 경제적·문화적 측면에 초점이 맞추어진다고 할 수 있다.[47)]

이러한 '비현실적 내용'은 청소년 비행과 상당한 연관성이 있겠으나, '폭력적·범죄적 내용'과는 달리 별로 연구된 바가 없다. 다만 이른바 '도피적 내용'에 대해서는 상당한 수의 연구결과들이 나와 있다. 물론 그것들이 청소년 비행과의 직접적인 함수관계 속에서 이루어진 것은 아니지만……

'도피적 내용'은 주로 두 가지 각도에서 논의되어왔다. 그 하나는 비관론이라고 할 수 있는데, 이러한 내용들이 수신자들로 하여금 허황되고 달콤한 터무니없는 이야기들에 사로잡히게 하고, 현실을 도피하게 하며, 나아가 사회적 무관심(social apathy)에 빠지게 할 뿐만 아니라 사람들의 성숙을 지연시키고 현실생활에 직면하는 능력을 감소시킨다고 비판한다.[48)] 다른 하나의 시각은 낙관론이라고 할 수 있는데, 같은 내용이 오히려 사람들에게 건전한 휴식을 제공하고, 욕구불만을 대상적으로 해소시켜주며, 사람들의 성숙을 도와주고, 공격적인 충동을 완화시킨다고 주장한다.[49)]

---

47) '비현실적 내용'이란 용어는 다른 문헌에서 본 적이 없기 때문에 간단한 개념 설명을 한 것이다.

48) C.S. Siepmann(1948), "Radio", in Byrson(ed.), *The Communication of Ideas*; G. Seldes(1950), "The Great Audience"; V.A. Demant (1955), "The Unintentional Influences of TV", *Cross-Currents*, V.220~225; E.E. Maccoby(1951 and 1954), H.S. Lewin(1953) and J. Dollard(1945), "The Acquisition of New Social Habits", in R. Linton(ed.), *The Science of Man in The World Crisis*; P.F. Lazarsfeld and R.K. Merton(1948), "Mass Communication, Popular Taste and Organized Social Action", etc.

이와 같은 비판적 시각과 긍정적 시각은 다 같이 정서적인, 심리학적인 차원의 연구들이라고 할 수 있다. 이러한 연구들은 청소년 비행과 직접적인 연관성을 갖는 것은 아니지만 간접적으로 많은 시사와 풍부한 시각을 제시해준다. 그러나 이러한 연구들의 한계는 어디까지나 개인적인 차원이나 정서적인 면에 기울어지고 있어서 사회 경제적인, 문화적인 시각이 부족하다는 점이다.

따라서 이와 같은 사회 경제적인, 문화적인 시각에서 위에서 열거한 미디어 내용의 영향을 파악하고자 하는 것이 '비현실적 내용'의 효과에 대한 접근인 것이다. 다만 앞에서도 이야기한 바와 같이 이와 같은 시각에서 접근한 연구가 거의 없다. 따라서 여기서는 하나의 문제 제시나 가설 설정 정도로 언급하고자 한다.

비현실적 내용들이 갖는 화려하고 호화로운 장면들은 감수성이 예민한 젊은이들에게 호기심을 끄는 사회 문화적 가치를 제시할 것이다. 그것들은 대개 재화, 권력, 사회적 지위, 그리고 안락한 생활이거나 낭만적인 사랑 등일 것이다. 이와 같은 사회 문화적 가치들은 사실 비현실적 내용들에서 수없이 쏟아져나오는 이야기들이다. 헤드(S.W. Head)라는 연구자는 텔레비전 드라마 209편에 대해서 내용분석을 한 결과, 상류 및 중류 계층에 속하는 사람들이 주 등장인물이고 하류계층에 속하는 사람들은 거의 등장하지 않는다고 지적하고 있다.[50] 이처럼 외국의 예를 들 것도 없이 우리나라에 있어서도 거의 같은 경향을 나타내고 있다는 것은 쉽게 알 수 있다. 다만 하류계층의 사람이 등장하더라도 그것은 주된 등장인물이 아니라 보조적인, 부수적인 존재에 불과하다.

---

49) E.E. Maccoby(1954), D. Waples, B. Berelson and Bradshaw(1949) 등.
50) S.W. Head, "Content Analysis of TV Drama Programs", 1954.

아른하임(R. Arnheim)은 43종류의 드라마 내용을 분석한 결과 노동자, 광부, 직공은 어느 드라마에서도 중요한 역할을 하고 있지 않더라고 하면서, 대개의 경우 돈 많은 부자가 등장하는데 하류계층에 속하는 등장인물은 "중류의 매력적인 사람이나 실력 있는 사람, 또는 둘 다 겸한 사람에게 항상 굽신거리고 있다"라고 보고하고 있다.[51]

등장인물들이 중상류층에 속하는 유능하고 사회적 지위가 있으며 경제적 능력이 있고 잘난 사람들이며, 또한 그들이 펼치는 이야기들이 보통의 젊은이들이 쉽게 실현할 수 있는 내용들이 아닌 경우에, 이러한 내용을 받아들이는 젊은이들의 반응은 어떠한 것이겠는가. 커뮤니케이션 효과론일반에서 지적되고 있는 바와 같이 이들이 일으키는 반응은 그들의 선유경향(predisposition)이나 사회 경제적 여건에 따라서 다양하게 나타날 것이다. 그러나 다만 우리가 여기서 문제로 삼고자 하는 것은 개인 한 사람 한 사람의 반응이 아니라 어떤 사회집단이나 어떤 사회계층에 공통적으로 나타나는 영향이다.

첫째, 문제의 초점이 되는 것은 하류계층에 속하는 젊은이들의 반응이다. 이들은 그들이 놓여 있는 사회 경제적 환경이나 자기 자신의 능력, 학력 등을 자기들 나름대로 잘 인식하고 있다. 그런데도 미디어 속의 비현실적 내용들은 그들 앞에 손이 닿지 않는 높고 어려운 목표들을 계속해서 집요하게 제시한다. 가령 한국의 젊은이들에게 주어지는 가치는 일류대학에 입학하는 것, 그 다음에는 판·검사, 외교관, 대기업 직원, 중앙의 공무원, 의사, 교사, 그리고 알아주는 문인이나 예술가, 아니면 화려한 연예인 등이 되는 것이다. 그리고 대학에 못 갈 형편이면 돈이라도 많이 벌어서 멋있는 애인과 안락하고 화려하게 사는 것이

---

51) R. Arnheim, "The World of the Daytime Serial", 1944, p.41.

다. 이와 같은 일반적인 가치가 한국의 젊은이들에게 주어져 있는데도 여기에 도달할 수 있을 것 같은 젊은이는 별로 많지 않다. 특히 사회 경제적으로 하류계층에 속해 있는 젊은이들은 도무지 그러한 목표에 도달할 수 있을 것 같지 않아서 처음부터 목표 성취를 포기하는 사람도 많을 것이다. 그러나 의욕적이고 성취욕구가 높은 젊은이들은 포기하지 않고 어려운 여건에 도전할 것이다. 그러나 그중의 대다수는 실패하고 좌절하도록 사회 경제적 구조는 제도화되어 있다. 목표는 같으나 출발점이 다르고 조건이 다른 이런 경주에 있어서는, 하류계층에 속하는 젊은이들은 거의 전부가 실패자나 좌절자가 될 수밖에 없는 것이다. 이러한 실패자나 좌절자 중에서 비행이나 범죄를 일으키는 젊은이가 나올 수 있다는 것은 자연스러운 논리다.

물론, 이와 같은 실패자나 좌절자를 만든 것이 매스미디어 속의 비현실적 내용이라고는 할 수 없다. 그러나 다만 이와 같은 실패자와 좌절자를 형성시키는 여러 가지 요인 중 하나일 수는 있다는 것이다.

그리고 또한 비현실적 내용들이 오히려 긴장을 해소하고 욕구불만을 잊게 해주는 효과가 있다고 앞에서 언급한 낙관론자들은 지적하고 있지만, 그와 같은 효과는 일시적인 심리적 마취작용(narcotizing)에 불과해서 결코 긴장의 원인이나 욕구불만의 근거를 제거해주는 것은 아니다. 그렇기 때문에 오히려 젊은이들은 참다운 문제해결을 위해서 정면으로 문제상황에 도전하는 것을 회피하고 환상적으로 현실도피하거나 아니면 폭력적 방법이나 비행, 범죄로 흘러들어갈 수 있는 것이다. 이와 같은 견해는 달라드(J. Dollard)의 연구나 라자스펠트와 머튼의 연구에서도 언급된 바 있다.[52]

---

52) J. Dollard(1945), P.F. Lazarsfeld and R.K. Merton(1948), J.T. Klapper,

그리고 또한 두 번째로 문제가 되는 점은 젊은이들의 특성이다. 젊은이들은 성취욕구가 왕성할 뿐만 아니라 감수성이 풍부하다. 그러나 그들이 놓여 있는 조건에 대한 인식은 성인들의 그것과 같이 단념적이거나 체념적인 것은 아니다. 그렇기 때문에 그들의 여건이 불리하다는 것은 인식하면서도 성취욕구를 버리지 못하는 것이며, 감수성이 풍부하여 매스미디어의 비현실적 내용으로부터 많은 영향을 받을 수 있는 것이다. 그렇기 때문에 성취욕구에 불타는 젊은이들이 그들의 객관적 여건은 접어둔 채 목표 달성을 서두른 나머지 비행으로 흐를 가능성이 있는 것이다. 이 점에 있어서도 매스미디어의 비현실적 내용은 보조적인 한 요인일 수 있는 것이다.

결국, 매스미디어 속의 비현실적 내용들은 청소년 비행과 상당한 함수관계에 놓여 있는데, 그것은 특히 사회 경제적, 문화적으로 하류계층에 속해 있는 젊은이들인 경우 높은 상관성을 가질 것이다.

물론 앞에서도 언급한 바 있지만 청소년 비행이 하류계층에 속하는 젊은이들에게서만 나타나는 것이 아니라 중산층이나 상류계층에 속하는 젊은이들에게서도 나타나고 있다는 것은 잘 알려진 사실이다. 특히 산업화가 이룩된 사회나 산업화를 서두르고 있는 사회에서는 이른바 화이트칼라 범죄가 심각한 문제로 등장하고 있으며, 그것 자체가 산업사회의 하나의 특성이기도 하다. 그러나 여기서 우리가 문제로 삼고자 하는 점은 사회계층에 따른 청소년 비행의 빈도인 것이다. 청소년 비행을 다룬 많은 연구들에서 언급되고 있는 바와 같이 그것이 하류계층에서 상대적으로 많이 발생하고 있다는 것은 하나의 보편적 사실이다. 하류계층에 속해 있는 젊은이들의 여건이 사회 문화적 목표를 성취하는

앞의 글, p.169 참조.

데 있어서 중상류계층에 속해 있는 젊은이들보다 불리하기 때문에 그들이 미디어 속의 비현실적 내용으로부터 받아들이는 영향은 욕구불만을 조장하고, 현실을 비판적이고 시니컬한 시선으로 바라보게 하며, 나아가 일탈적인 행위나 비행 쪽으로 몰고 갈 수 있는 가능성이 크다는 것이다. 이러한 시각에서 미디어 속의 비현실적 내용은 파악되어야만 할 것이다.[53]

일차적 문제는 사회 경제적 · 문화적 여건이다

지금까지 청소년 비행에 관한 이론들과 이것과 연관된 커뮤니케이션의 문제를 살펴보았다. 청소년 비행에 관한 이론들은 행위자(actor)를 중요시하는 학설과 상황(situation)을 중요시하는 학설로 나누어서 살펴보았으나, 그 전자는 생물인류학, 범죄인류학, 정신역학적 통제이론, 정신분석적 본능이론, 그리고 심리학적인 몇 가지 이론들이었다. 후자는 주로 사회심리학이나 사회학 쪽에서 찾아볼 수 있었다. 또한 심리학적인 견해와 사회심리학적인 견해를 결합하려고 하는 통합이론이나, 이것을 한 걸음 발전시킨 상호작용과정론 등이 우리에게 많은 시사를 던져주고 있다.

그러나 특히 이 논문에서 중요시한 이론은 사회학적인 이론이며, 그 중에서도 아노미론에 공감을 표해왔다. 그것은 청소년 비행을 파악하려고 할 때 한 사람 한 사람의 생물학적인 특성이나 퍼스낼리티 구조를 문제로 삼고자 한 것이 아니라 어떤 특정 사회와 사회집단 또는 특정

---

53) 이상희, 「매스미디어와 청소년의 일탈행위」, 『한국신문학회 신문학보』 제8호, 1975 참조.

사회계층에 공통되는 현상을 문제로 삼고자 하기 때문이다. 그뿐 아니라 오늘날의 한국사회에서 문제가 되고 있는 청소년 비행을 파악하려고 할 때, 필연적으로 오늘날의 한국사회가 갖는 특성, 즉 '상황'을 중요시하는 이론이 더욱 설득력이 있을 수밖에 없기 때문이다. 이와 같은 시각과 아노미론은 잘 일치되고 있다.

한국사회의 특성을 어떻게 볼 것이냐 하는 것은 여러 가지 시각이 있겠으나, 이 논문에서는 급격한 산업화 과정과 폭발적인 커뮤니케이션 현상에 초점을 맞추었다. 한국의 산업화 과정은 그 특성이 계획적이고 급진적인 데 있는 것이 아니라, 오히려 이른바 '자본의 축적' 속에 담겨져 있다. 국제경쟁력을 높인다는 명목으로 자본을 축적한 결과는 소수의 대재벌들을 급격히 형성시켰을 뿐만 아니라 사회계층 간의 격차를 더욱 두드러지게 하고 있으며, 사회에 고도의 소비풍조를 자아내고 있다. 자본의 축적을 위해서는 금융이나 세제·무역 면의 특혜를 비롯한 많은 특별 조치들이 제도적으로 주어져 있으며, 이것은 주로 몇몇 대기업들이 향유하고 있다.

이와 같은 사회 경제적 상황은 뒤르켐이 이야기한 이른바 '권력과 부의 급격한 상승' 현상 바로 그것인 것이다. 이와 같은 '권력과 부의 급격한 상승'이 이루어지고 있는 사회에서는 사회규범이나 가치관의 혼란이 일어나고, 종래 인간들이 가지고 있던 권력이나 부에 대한 욕망의 한계는 무너지고 만다. 그뿐 아니라 중요한 것은 그것을 얻기 위한 배분의 규칙 또한 믿을 수 없는 것으로 인정되는 것이다. 앞에서 인용한 뒤르켐의 이야기를 다시 한 번 들어보자.

가능한 것과 불가능한 것, 옳은 것과 옳지 않은 것, 정당한 요구와 엉뚱한 요구를 갈라놓는 분계선은 애매해진다. 급격한 사회 경제적

344

변화 속에서 갑자기 뛰어오른 특정 계층들은 대다수 사회 성원들에게 선망을 불러일으킨다. 만족을 가져다주는 것은 아무것도 없고 다만 세상 사람들의 동요만이 끊임없이 계속된다. 그뿐 아니라 이 달성 불가능한 목표를 향한 경쟁은 경쟁 그 자체로 그치고 참가자들의 손에는 아무것도 남는 것이 없는 것이다.

이와 같은 상황이 바로 오늘의 한국사회에 펼쳐지고 있으며 이 속에서 수많은 실패자와 좌절자들이 속출하고 있는 것이다. 특히 그중에서도 감수성이 예민하고 성취욕구에 가득 차 있는 젊은이들 사이에 문제는 더욱 만연해 있다. 이와 같은 상황 속에서 빚어져 나온 것이 현대 한국사회의 청소년 비행이라고 말할 수 있는 것이다.

여기에 덧붙여서 이와 같은 사태를 가속화시키고 있는 것이 오늘날의 매스커뮤니케이션 현상이다. 한국의 매스미디어 내용들은 중류 이상 상류계층을 주된 대상으로 하고 있을 뿐만 아니라, 그것은 다분히 소비적이며 향락적인 성격이 강하다. 그것은 극히 정책적인 차원에서 통제받고 있는 동시에 광고매체로 이용되고 있다. 따라서 이와 같은 매스미디어 내용이 청소년들에게 미치는 영향은 다분히 부정적이고 역기능적인 것이다. 그것들은 사회 경제적인, 그리고 인간적인 여건을 갖추고 있지 못한 청소년들에게 화려하고 눈부신 사회 문화적 가치만을 계속적으로 제시함으로써 그들에게 심한 욕구불만과 좌절을 안기기 일쑤다. 이와 같은 불균형적 산업화 과정과 극히 상업적이고 소비적인 매스미디어의 내용이 청소년 비행과 직결된 것이 한국사회의 특성이라 할 수 있다.

이러한 시각에서 오늘날의 청소년 비행을 파악하려고 할 때, 사회학의 아노미론이 설득력 있는 이론으로 대두된다. 뒤르켕의 아노미론을 발전시킨 머튼은 "왜 일탈행동의 빈도가 사회구조의 차이에 따라서 다르게 나타나는가? 왜 일탈행위의 종류나 형태가 사회구조의 차이에 따라서 다르게 나타나는가?"라고 묻고, 또 "왜 어떤 종류의 사회구조가 그 사회의 일부 사람들에게 특정의 압력을 가하고, 동조적 행위보다는 오히려 비동조적 행위를 하도록 하고 있는가?"라는 문제를 제기하면서, 그 해답을 주어진 사회 문화적 목표와 제도화된 수단의 불균형 속에서 찾고 있었다. 즉 사회 문화적 목표는 모든 청소년들에게 동일하게 주어져 있으면서 거기에 도달하기 위한 수단이나 기회는 불균등하게 주어져 있기 때문에 여기서 일어나는 욕구불만이나 좌절이 청소년 비행을 빚어낸다는 것이다. 이와 같은 머튼의 아노미론의 줄기는 오늘날의 한국사회에도 높은 설득력을 가지고 적용될 수 있을 것이다.

한편, 이 논문의 초점은 청소년 비행 그 자체에 있기보다는 사실은 그것과 커뮤니케이션 현상과의 함수관계 속에 있는 것이다. 따라서 이 논문에서는 청소년 비행을 다룬 다른 논문들과는 달리 커뮤니케이션 현상과의 상관관계를 주된 논제로 다루어왔다. 특히 가족과의 커뮤니케이션과 동배집단과의 커뮤니케이션이 얼마만큼 청소년들의 인간형성 과정이나 그들의 행위와 밀접한 연관성을 갖는 것인가, 하는 점을 살펴보았으며, 나아가 문제의 핵심이 되는 매스커뮤니케이션 현상과의 상관관계를 집중적으로 살펴보았다.

가족과의 커뮤니케이션은 젊은이들의 인간형성 과정이나 가치관 형성에 지대한 영향을 미칠 뿐 아니라 특히 '가족'은 그것이 놓여 있는 사회 경제적, 문화적 여건에 따라서 특정의 하위문화를 전달한다는 점에 주목하고 싶었다. '가족'은 그것이 처해 있는 사회계층이나 사회집단에 공통되는 사회 문화적 가치를 가지고 있으며 이것은 곧 그 가족 속의 젊은이들에게 거의 직선적으로 전달되기 때문이다. 이와 같이 '가족'이 갖는 사회계층적 특성은 특히 하류계층에 속하는 가족이 문제가 된다. 왜냐하면 하류계층에 속하는 부모일수록 자기들이 이룩하지 못한 '대망'을 자식들에게 대상적으로 성취하고자 하기 때문이다. 이러한 결과는 아이들에게 자유로운 출세의 기회를 줄 능력이 가장 적은 양친, 즉 실패자라든가 좌절자들일 경우가 대부분이고, 이러한 부모의 압력을 받은 자식들일수록 목표에 도달할 수 있는 기회는 적은 것이기 때문에 욕구불만과 좌절은 더욱 클 수밖에 없다.

그리고 한 가족이 갖는 사회 경제적인, 문화적인 여건뿐만 아니라 그것이 정상적인 가족인가 아니면 결손가정인가에 따라서 가족 내부의 커뮤니케이션 상태는 질적으로나 양적으로 전혀 다르게 나타날 것이며, 그것은 또한 청소년 비행과 밀접한 상관관계를 갖는 것이다. '가족'의 사회 경제적, 문화적 계층이 높으면 높을수록, 그리고 그것이 정상적인 가족일수록 그 가족 내의 커뮤니케이션은 질적으로 원활하고 양적으로 많을 것이다. 이와 같은 커뮤니케이션 상태가 청소년 비행과 밀접한 관계에 있다는 것은 극히 자연스러운 논리다.

다음으로 문제가 되는 점은 동배집단과의 커뮤니케이션이다. 청소년 비행의 특성 중 하나는 그것이 갖는 집단성에 있다. 청소년 비행은 흔히 같은 또래들이 모여서 일으키는 수가 많고 그와 같은 집단성의 밑바닥에는 커뮤니케이션의 문제가 농후하게 깔려 있는 것이다. 젊은이들은 '마음을 터놓을 수 있는 친구'를 가지고 있는 것이 보통이며, 이 마음을 터놓는다는 것은 그 내용이 좋은 것이든 나쁜 것이든, 그리고 그것이 은밀하고 비밀스러운 것이든 간에 서로 마음을 터놓고 이야기한다는 것이다. 이와 같은 현상이야말로 참다운 뜻에 있어서의 커뮤니케이션 현상이다. 이와 같은 젊은이들의 동버집단 내부의 커뮤니케이션 현상이 그들의 인간형성 과정이나 가치관, 행동에 지대한 영향을 미치고 있다는 것은 당연한 논리다.

다음으로 매스커뮤니케이션 현상이 청소년 비행과 어떠한 상관성을 가지고 있는가 하는 점이 역시 문제의 초점이 되고 있다.

지금까지의 매스커뮤니케이션 연구에서는 주로 매스미디어 내용 중의 폭력적 장면이라든가 범죄적 장면이 청소년 비행과 어떠한 관계에 있는가, 하는 점이 연구되어왔다. 그것의 주된 견해와 '발견'(fact finding)은 미디어 속의 폭력적·범죄적 내용들이 이른바 '범죄학교'일 수 있고, 또한 '방아쇠 효과'를 가져올 수 있다는 것이었으며, 특히 주목할 조사결과들은 폭력적이고 범죄적인 내용에 많이 접촉하는 젊은이들일수록 비행이나 범죄를 많이 일으키고 있다는 사실이다.

그러나 이와 비슷한 조사결과들이 미디어 속의 폭력적·범죄적 내용이 청소년 비행의 충분하고 결정적인 원인이라고 밝히고 있는 것은 하나도 없다. 왜냐하면 청소년 비행은 극단적으로는 매스미디어가 존재하지 않은 사회 속에서도 나타날 수 있기 때문이다. 이와 같은 견해는 클리나드(Marshall B. Clinard)를 비롯한 여러 연구자에 의해서도 표명되고 있다.[54]

따라서 범죄적·폭력적 내용에 많이 노출되는 젊은이들이 비행, 범죄를 많이 일으킨다는 사실은 극히 양면논리적인 것이다. 즉 범죄적·폭력적 내용을 많이 접하기 때문에 비행, 범죄를 일으켰는지, 아니면 비행이나 범죄를 일으킬 잠재적 요인을 가지고 있는 젊은이들이 폭력적·범죄적 내용을 많이 접하는 것인지 분명하지 않은 것이다. 여기에는 흔히 이야기되는 '계란과 닭의 관계'가 깃들어 있다. 이것이 지금까지의 매스커뮤니케이션 연구의 한계다.

---

54) Marshall B. Clinard, *Sociology of Deviant Behavior*, pp.223~224.

그리고 지금까지의 매스커뮤니케이션 연구에서 어린이와 젊은이들과 연관된 연구로서 이른바 '도피적 내용'이 갖는 효과라든가 성인 프로그램이 갖는 어린이들에 대한 효과라든가 하는 것이 연구되고 있다. 이러한 연구들은 극히 정서적이고 감정적인 측견에 초점을 맞춘 연구들이다. 말하자면 극히 심리학적인 연구들이라고 할 수 있다. 따라서 사회학적인 시각에 서 있는 이 논문에서는 매스미디어 속의 '비현실적 내용'이 청소년 비행과 밀접한 연관이 있을 것이라는 문제의식을 제시했다. '도피적 내용'이라는 개념이 정서적 · 감정적인 차원의 것이라면 '비현실적 내용'이라는 개념은 사회 경제적 · 문화적 차원의 것이다. 즉 보통사람들의 일상생활보다는 화려하고 눈부신 세계로 충만돼 있는 매스미디어의 내용들을 가리키는 말이다. 이와 같은 비현실적 내용들이 과연 어려운 환경 속에 놓여 있는 젊은이들에게 어떠한 영향을 미칠 것인가, 하는 것이 특별히 이 논문에서 강조하고 싶은 문제제기인 것이다. 중류 이상 상류계층에 속하는 등장인물들이 훌륭하고 멋있는 것으로 그려지고, 도시중심적인 소비생활이 주로 묘사되고 있는 수많은 내용들이 하류계층에 속해 있거나 농어촌지방에 살고 있는 젊은이들에게 과연 무엇을 가져다줄 것인가? 그것은 성취욕구를 복돋우고 신분상승 의욕을 키워줄 수도 있지만, 여건이 여의치 않은 대다수 젊은이에게는 욕구불만과 좌절을 가져오기 쉬운 것이다. 이와 같은 시각에서의 커뮤니케이션 연구는 지금까지 거의 없는 실정이다. 그와 같은 비현실적 내용이 꿈많은 젊은이들의 욕구불만이나 긴장상태를 오히려 해소시켜줄 수도 있을 것이라는 낙관론도 있겠으나 그것은 일시적인 심리적 마취작용에 불과할 것이며, 결코 욕구불만의 근본 원인이나 긴장의 원인을 해결해주지는 못하는 것이다. 그렇기 때문에 오히려 젊은이들은 참다운 문제해결을 위한 실마리를 찾지 못하고 환상적으로 현실도피하거나 아니면 비행으로 흘러들어갈 수 있는 것이다. 이러한 뜻에서 매스미디어 속의 폭력적·범죄적 내용보다도 오히려 비현실적 내용이 청소년 비행과 더욱 깊은 연관성을 갖는 것으로 생각되는 것이다.

아무튼 지금까지의 수많은 커뮤니케이션 연구들은 청소년 비행과 매스커뮤니케이션과의 상관관계를 밝히는 노력을 쌓아왔다. 거기에는 많은 견해 차이와 이견이 있기는 하나, 크게 두 가지 점에서는 공통되는 견해가 있다. 그 하나는 매스커뮤니케이션 현상이 청소년 비행의 직접적이고 충분한 원인은 아니라는 것이며, 둘째는 그럼에도 불구하고 미디어 속의 폭력적·범죄적 내용에 많이 노출되고 있는 젊은이들이 비행을 일으켰거나 공격적 반사회적이라는 사실이다.

커뮤니케이션 연구에 있어서는 신중하게도 이와 같은 연구결과를 가지고 매스미디어가 청소년 비행의 원인 중 일부라고 속단하지 않는다. 왜냐하면 비행에 대한 잠재적 성향을 가진 젊은이가 미디어 속의 폭력적·범죄적 내용을 더욱 즐겨서 접할 수도 있다는 이론 때문이다. 그러나 이와 같은 '신중성'이 사실은 커뮤니케이션 연구의 한계이기도 하다. 왜냐하면 이른바 객관적이고 과학적인 연구라는 것이 단편적인 내용에 대한 단기적인 효과를 측정하는 작업에 매몰된 나머지, 매스커뮤니케이션의 장기적이고 중첩적인 사회적 기능을 결과적으로 외면한 경향이 있었기 때문이다. 그뿐 아니라 지금까지의 커뮤니케이션 연구가 다분히 수신자들의 정서적 반응이나 태도의 변화 등에 초점이 맞추어진 나머지 매스커뮤니케이션의 영향이나 기능을 사회구조나 사회관계의 문맥 속에서 파악하려고 하는 시각이 부족했던 것이다. 인켈스(Alex Inkeles)도 다음과 같이 이야기한 적이 있다. "매스미디어의 활동무대인 사회제도와의 다이나믹한 상호관계에 대한 조직적 연구가 대단히 무시되어왔다."[55]

그뿐 아니라 커뮤니케이션 연구에도 많은 공헌을 한 머튼도 미국 커뮤니케이션 연구의 장단점을 지식사회학과 비교하면서 '유럽종'인 지식사회학의 도움을 받을 필요가 있을 것이라고 하고 있는 것이다.[56]

따라서 이와 같은 커뮤니케이션 연구의 한계는 지식사회학적인 이론을 원용함으로써 상당한 부분이 극복되리라고 생각된다. 그렇기 때문에 청소년 비행에 대한 사회학적인 이론들에 의거하면 그것은 매스커뮤니케이션 현상 이전에 이미 다른 요인들에 의해서 존재하는 것이며, 또는 그 요인들 중의 일부로서 매스커뮤니케이션 현상이 있을 수도 있다는 것이다. 말을 바꾸면 청소년 비행은 일차적으로 사회 경제적, 문화적 여건 속에서 형성되는 것이며, 특히 가족이나 동배집단의 영향이 크게 작용한다. 그 후에 부차적으로 작용하는 것이 매스커뮤니케이션의 영향이라고 할 수 있을 것이다.

---

55) A. Inkeles, *Public Opinion in Soviet Russia*, p.7.
56) R.K. Merton, 앞의 책, Part III 참조.

이상희 연보

1929년	4월 29일, 경남 고성 출생.
1949년	진주고급중학교(현 진주고등학교) 졸업.
	9월, 서울대 예술대학 미술부 제2회화과(서양학과) 입학.
1950년	6·25로 마산까지 피난하여 절과 마산요양소에서 요양하며 일본의 각종 월간 종합잡지와 단행본 등을 탐독하고 NHK후쿠오카 방송을 들음.
1953년	휴전협정 체결 후 정부가 서울로 환도한 후 가을에 서울로 올라옴.
1954년	환도한 후 처음으로 서울대가 서울에서 학생을 모집하여 문리대학 사회학과에 새로 입학.
1958년	서울대 문리대학 사회학과 졸업.
1959~61년	홍익대, 중앙대에서 시간강사를 하고 방송원고 집필도 함.
1962년	일본으로 건너감.
1963~65년	일본 도쿄대 대학원 사회과학연구과 입학, 수료.
1965년	귀국.
1966~67년	고려대, 서울대 시간강사.
1967년	서울대 전임강사. 이후 조교수, 부교수, 교수를 지냄.
1968년	「인간 커뮤니케이션의 본질에 관한 일고찰」(『서울대 신문연구소 학보』Vol. 5) 발표.
1969년	「커뮤니케이션의 근대화이론에 대한 비판적 인식」, 「사회변동과 매스커뮤니케이션」(『서울대 신문연구소 학보』Vol. 6) 발표.

1970년	「近代化に關するコミュニケイション理論に對する一つの異なる視覺」(『新聞學評論』Vol. 19) 발표. 일본신문학회 발행.
1971년	'대중사회론' 강좌를 서울대 문리대 사회학과에 개설.
1972년	「매스미디어의 존재양식에 관한 일고찰」(『서울대 신문연구소 학보』Vol. 9) 발표.
1973년	『Journalism in Korea: A Short History of the Korean Press』(George Won 외, Mimeograph) 출간.
1975년	「미국과 일본에 있어서의 커뮤니케이션 연구의 동인과 성격에 관한 비교고찰」, 「매스미디어와 청소년의 일탈행위」, 신문학보 제8호, 한국신문학회 발표.
1975~77년	한국신문학회(현 언론학회) 회장 역임.
1977년	『현대사회학』(서울대출판부) 출간.
1977~80년	서울대 신문연구소 소장 역임.
1978년	「청소년 비행과 커뮤니케이션 연구 서설」(『서울대 신문연구소 학보』Vol. 15) 발표.
1980년	'비판 커뮤니케이션론' 강좌를 서울대학교 대학원에 개설. '지식인 134인 선언'에 동참 서명하여 중앙정보부 지하실에서 고초를 당함.
1981년	'비판 커뮤니케이션론'을 학부과정에도 개설.
1982년	「유언비어의 생태학」(『유언비어론』, 청람출판사) 발표.
1983년	『커뮤니케이션과 이데올로기』(한길사) 출간.
1985년	『텔레비전 시청행태 및 이용과 충족에 관한 조사연구』(추광영 공저, Mimeograph) 출간.
1986년	현대일본연구회(현 현대일본학회) 회장 역임.
1987년	"The Teachings of Yi Yulgok: Communication from a Neo-Confucian Perspective"(in D.L. Kincaid(ed.), *Communication Theory from East and West*, Academic Press Inc.) 발표.
1989년	『儒教にあられたコミュニケイション思想: コミュニケイション東西比較』(일본평론사) 출간.
1991~93년	서울대 교수협의회 회장 역임.
1993년	『조선조 사회의 커뮤니케이션 현상 연구』(나남) 출간.
1993~97년	방송문화진흥회 이사 역임.

1994년	한국언론학회 희관언론학저술상 수상.
	서울대 정년퇴임 후 서울대 명예교수 임용.
1994~98년	『한겨레』 자문위원 및 경영자 추천위원 역임.
1995~99년	상지학원(상지대) 이사장 역임.
1996~99년	KBS 이사 역임.
1999년	언론개혁시민연대 '21세기 언론견구소' 이사장, 선거방송심의위원회 위원장 역임.
	그 외 민주화교수협의회, 학술단체협의회, 민주언론운동연합, 언론개혁 시민연대, 참여연대 등의 학술·언론·시민운동 등에 참여함.
2001~2003년	한성대 이사장 역임.
2002~2003년	참여연대 공동대표 역임.
2003~2006년	방송문화진흥회 이사장(MBC 이사장) 역임.
2006년	방송위원회 위원장 역임.

지은이 이상희(李相禧, 1929~)는 경남 고성에서 태어났다.
서울대 사회학과를 졸업하고, 일본 도쿄대학 대학원 사회과학연구과를 수료했다.
1967년 서울대 교수로 부임한 이후 대중사회론, 여론과 선전, 대중문화특강,
비판커뮤니케이션론 등의 강좌를 개설하여 후학 양성에 힘썼다. 한국신문학회(현 언론학회) 회장,
서울대 교수협의회 회장, 방송문화진흥회 이사, 상지학원 이사장, 한성대 이사장,
참여연대 공동대표, 선거방송심의위원회 위원장, KBS 이사, 방송문화진흥회(MBC) 이사장,
제3기 방송위원회 위원장 등을 지냈다. 지금은 서울대 명예교수로 있으면서 청암언론문화재단
이사장을 맡고 있다. 저서로는 『현대사회학』『커뮤니케이션과 이데올로기』『조선조 사회의
커뮤니케이션 현상 연구』『텔레비전 시청행태 및 이용과 충족에 관한 조사연구』(공저) 등이 있다.
논문으로는 「인간 커뮤니케이션의 본질에 관한 고찰」「매스미디어의 존재양식에 관한 일고찰」
「매스미디어와 청소년의 일탈행위」「유언비어의 생태학」
「한일관계 40년—한국의 사회, 문화적 변화」등이 있다.

다시 언론자유를 생각한다

지은이 · 이상희
펴낸이 · 김언호
펴낸곳 · (주)도서출판 한길사
등록 · 1976년 12월 24일 제74호

주소 · 413-756 경기도 파주시 교하읍 문발리 520-11
www.hangilsa.co.kr
E-mail: hangilsa@hangilsa.co.kr
전화 · 031-955-2000~3   팩스 · 031-955-2005

상무이사 · 박관순 | 영업이사 · 곽명호
편집 · 서상미 신민희 황은주 이도겸 | 전산 · 한향림
마케팅 및 제작 · 이경호 이연실 | 관리 · 이중환 문주상 장비연 김선희
CTP 출력 · 알래스카 커뮤니케이션 | 인쇄 · 갑우문화사 | 제본 · 경일제책

제1판 제1쇄 2010년 2월 20일

값 25,000원
ISBN 978-89-356-6153-4 03300